万向重心

鲁冠球和他的中国梦

LU GUAN QIU

周荣新 著

红旗出版社

从田野走向世界
从世界返回田野

鲁冠球

鲁冠球（1944-2017）

1944 年生于杭州萧山，1969 年创建万向。四十多年来，他以“奋斗十年添个零”年均 25.89% 的增长业绩，把万向从一个小铁匠铺经营成中国汽车零部件行业的领军企业，发展成为一家涵盖制造、清洁能源、现代农业、金融服务等多领域的现代化跨国企业集团。

他从 1999 年开始探索清洁能源，通过自主研发、技术积累、国际合作、战略并购等多种方式，形成了强大的核心技术和制造能力，成长为行业代表企业，并取得了新能源专用车、商用车、乘用车全部车型公告，造车实力获得国家认可。

2015 年，他提出投入 2000 亿元，在杭州建一个智能互联、面向国际的双创平台——万向创新聚能城。

鲁冠球在为社会创造物质财富的同时，还为人们留下了精神财富。

他在繁忙的工作之余，每天坚持学习，他把学习所得和实践经验总结成文，很多文章在《人民日报》《浙江日报》等重量级媒体发表，并著有《鲁冠球文集》《鲁冠球讲话汇编（1999-2016）》等著作，他因此被称为“农民理论家”。

他是万向文化的创始人，“讲真话，干实事”“利他共生，共创共享”“财散则人聚，财聚则人散，取之而有道，用之而同乐”“一天做一件实事，一月做一件新事，一年做一件大事，一生做一件有意义的事”“人人头上一方天，个个争当一把手”“想主人事，干主人活，尽主人责，享主人乐”“以勤砺志，以俭养德”等等，是他思想的结晶。

他是一位企业家，也是一名思想者，他的精神财富是万向人永远的传承。

鲁冠球亲自在车间检验产品质量

鲁冠球的妻子一直在车间当普通的一线工人，直到退休

鲁冠球第一次出国

1984年美国舍勒公司多伊尔先生来万向公司考察，并对万向的产品赞赏不已。随着“钱潮QC”万向节出口美国，万向开始了“走出去”的新征程

1988年，舍勒公司送来鹰雕向鲁冠球表示敬意

1990年，鲁冠球深入车间了解产品质量情况

2004年3月，鲁冠球（前排右四）参加全国“两会”

2009年3月，鲁冠球出席十一届全国人大二次会议

2009年4月，万向集团纯电动汽车 · 锂电池生产基地在萧山奠基

2011年1月20日，鲁冠球出席罗克福特市欢迎仪式

2014年，应美国副总统拜登邀请，鲁冠球再次走进白宫，在拜登的办公室，两人合影留念

2014年3月25日，美国菲斯科汽车公司高管来访并参观万向电动汽车

2014年8月2日，鲁冠球和参加“十万强”活动的美国学生们合影留念

1991年，鲁冠球成为美国《新闻周刊》封面人物

2008年，鲁冠球成为《福布斯》杂志封面人物

万向现代化生产车间一角

鲁冠球（右）、步鑫生（中）和周荣新（左）

作者周荣新在采访鲁冠球

2012年2月14日，鲁冠球出席中美企业家座谈会

40多年来，鲁冠球每天都要工作十几个小时

父子共同商讨

激荡年代的常青树

吴晓波

我第一次见到鲁冠球是在1990年，那年我大学刚刚毕业，服务于一家通讯社。鲁冠球的万向节厂在杭州城外的一个小镇上，从他的办公室窗口望出去是一片绿油油的稻田。直到今天我还记得他与我一起站在窗口看风景的情景，他用一口浓重的萧山话大声说："我就是不进城，我要在这里造一个工业城。"

那次调研的结果是我在《瞭望》周刊上发表了一篇《中国乡镇企业的常青树》，"常青树"一词从此与鲁冠球的名字连在了一起，而我与这家企业的长期交往亦从此开始。

鲁冠球成名实在太早了，早在1980年前后，他就成了浙江乃至全国乡镇企业的标杆，算来当年他刚过而立之年。他早年做过的四件事情，在当代企业改革史上，都有划时代的意义：

其一，他是最早具有专业主义精神的企业家。1980年，鲁冠球把挂在厂门口的七八块厂牌撤了下来，只剩下一块"萧山万向节厂"，决心今后只把精力投放到一个产品中，那就是汽车的易耗零配件"万向节"上。

其二，他是最早具有质量意识的企业家。20世纪80年代初，鲁冠球曾把40多万元的次品当废品卖掉，以此惊醒员工的质量观念。这一戏剧性的故事比“海尔张瑞敏砸冰箱”还要早两年，表明了出现于商品短缺时期的第一代企业家的自我蜕变正是从质量意识的觉醒开始的。

其三，他是最早具有产权意识的企业家。与同时代的大邱庄禹作敏、华西村吴仁宝等不同，鲁冠球和他的万向节厂，与当地的村级政权并非“一体两面”，他很早就开始着力于企业的产权清晰化，这为万向的长远壮大清除了最危险的体制障碍。

其四，他是最早具备阶层意识的企业家。乡镇企业家的群体性出现，是改革开放最重要的财富和人文景象之一。鲁冠球在很长时间里，自觉投入极大的热情，成了这一新生的商业阶层的代表人物。

就这些事实而言，鲁冠球确乎是一个“早慧型”的改革人物，是改革史上无法绕过去的存在。当年与他齐名的其他改革人物，如吴仁宝、冯根生、步鑫生等等，大多是20世纪30年代左右出生的，鲁冠球比他们要年轻一辈。而与他同龄者，如联想的柳传志、娃哈哈的宗庆后、华为的任正非等，则相继创业于80年代的中后期，当他们草根起步之时，鲁冠球已名满天下。

时间对人生的重塑往往出乎预料之外，特别是在一个激荡伟岸的时代，命运的莫测更是充满了令人好奇的气息。歌德曾言：“人要每日每夜去争取生活和自由，才配有自由和生活的享受。”此句用于鲁冠球这一代人最是合适不过。

今天为这部作品写序言，我不由得再次怀念起20多年前与他站在窗口前瞭望远方的情景。岁月如白驹过隙，鲁冠球离自己的梦想已经很接近了，他还在那座被翻修了多次的楼里办公，从办公室的窗口望出去，满目厂房，再也看不到一块绿色的田野。他的工厂已经办到了大洋的彼岸，当年被他奉为上宾的一些美国商人现在已成了他的下属。在每年的国内各种行业或财富排行榜上，他的家族总是能风雨不惊地排在前列。而作为一个生命个体，今日的鲁冠球则变得越来越沉静，他几乎不出现在喧嚣的商业场合，也很少撰文对外布道，他做的很多公益性项目绝少对外宣告，他涉足的产业越来越多，企业规模也越来越庞大。在他的很多老朋友眼中，他越来越“神秘”和不可言说。

马克斯·韦伯在《新教伦理与资本主义精神》一书中，描述过许多早期资本主义企业家的职业特性，这些人毕生为积累财富而奋斗，但他们对财富的消费却不感兴趣。他们勤俭、自律、诚信、清洁和对单纯娱乐的厌恶，构成一种“现世的禁欲主义”。韦伯认为，这是现代资本主义精神的起源之一。让人好奇的是，我在鲁冠球的身上似乎看到了韦伯所描述的人格景象，在这个意义上，对鲁冠球的长期观察似乎仍然没有到下结论的时刻。

最后，我特别要提及的是这部著作的作者——周荣新老师，他是浙江新闻界的前辈，是我多年来非常尊重的媒体人，他与鲁冠球的结交已经30余年，可谓一段相知相惜的佳话。我记得很多年前，就亲耳听周老师说，当他从新闻岗位上退下来后，最大心愿是要为鲁冠球撰写一本书。近两年来，周老师查核素材，深入访谈，埋头写作，终成大文。当今之世，几事值得兑行，何人可以托付，“一诺不悔”已成一种近乎罕见的古典精神，我却不经意在此目睹。

2014年4月

● 前　言 ●

鲁冠球的名字并没有特别的含义，这在农村很普通。万向在不断发展，没有奥秘，没有所谓的“密码”；鲁冠球说他自己也没有什么特别的本领，只是万向人肯爬坡，敢跨坎，讲实际，能坚守，有梦想。

鲁冠球，一位农民的名字。

鲁冠球，他勇敢地从田野走向世界，又智慧地从世界返回田野，成为中国民营企业家的典范之一。

不论在欧洲，还是在美国业界，他声名远播。2011年，他在中美两国企业家圆桌讨论会上向奥巴马直言，美国的经贸政策不能随便改动。三年后的2014年，鲁冠球应邀到白宫，又向美国副总统拜登进言，美国应该让中国企业享受国民待遇。这在中美企业交往史上，绝无仅有。

鲁冠球的名字起得太好了，好多宾客和朋友都问他，为什么起了这个名字？中央领导来万向视察，也问起过这件事。

我也问过鲁冠球，他说："其实，我也不知道我的父亲为什么给我起了这个名字。我在家中排行'冠'字辈，至于后面的'求'或'球'字，在萧山农村给孩子起名时经常用，也许只是一种随意的选择吧！那年头，饱受饥寒的农民，哪有心思去管地球的事，更没有'誉冠全球'的奢望。讲究实惠的我，当时的追求也和乡亲们一样，不过是'三间草棚大灶头，老婆孩子热床头；不愁日日蹲田头，只盼年关有猪头'。

"只是如今，万向集团有点小名气了，于是我这普通的'符号'也引起了人们的关注和兴趣，以为我的父辈对我寄托了多大的期望。

"我家是农民。我是个早年的'农民工'。我喜欢'农民企业家'这个称号——因为它象征着改革开放后中国农村发生的重大变革。中国农村光明灿烂的现在和辉煌的未来，正源于此。

"如果从1969年算起，已有47年了。这期间，我几乎没有休息过一个完整的节假日，全部身心都扑在企业上。一路走来，坎多、坡陡、磕磕绊绊，经历了不少磨难。希望过，失望过，但从未绝望！快乐过，伤心过，但从未停步……

"其实，人的一辈子，不断去跨坎、爬坡，不断去攀登一座又一座山峰，这才是快乐的人生，这才是美妙的人生！"

1969年，鲁冠球以4000元起家，修造小农具，惨淡经营，收入微乎其微。经过23年漫长积累，他创办的万向终于在1992年营收超过1亿元。

再经过10年努力，2002年万向的营收才超过100亿元。

此后，万向的发展步伐开始加快：2004年超过200亿，2006年超过300亿，2007年超过400亿，2009年超过500亿，2010年超过600亿，2011年超过800亿，2012年超过1000亿……

从1992年到2012年，从1亿到1000亿，一步一个脚印。人们应该记得这些足迹——

1992年，万向出台并运作集团化管理模式。

1994年，“万向钱潮”股票在深圳上市。从1984年万向实行股份制改革开始，为了上市，万向求索了整整10年。同年，万向美国公司成立。

1997年，万向获美国通用汽车公司订单。继1984年万向产品率先进入美国汽车零配件市场后，此时的万向又成为第一家进入美国一流主机配套市场的中国汽车零部件企业。

1999年，万向提出了“奋斗十年添个零”的目标。这个目标其实是有前奏的：在20世纪70年代，企业日创利润1万元，员工最高年收入突破1万元；80年代，企业日创利润10万元，员工收入突破10万元；90年代，企业日创利润100万元，员工最高年收入突破100万元。1999年提出的“奋斗十年添个零”，就是要在2010年以前实现企业日创利润1000万元，员工最高年收入突破1000万元。这目标万向已如期实现了。

就在1999年，万向成立了电动汽车项目筹备小组。

2000年，万向成功收购美国舍勒公司。

2001年，万向财务有限公司获准筹建，成为浙江省第一家获准筹建的企业集团财务公司，为此，万向努力了整整8年。

2003年，万向纯电动汽车动力总成系统项目列入国家“863计划”，并于2006年通过验收。

2007年，万向产品获“中国世界名牌产品”称号，并摘得首届“中国工业大奖”。

2008年，万向下属公司万向德农、大洋世家被列入第四批农业产业化国家重点龙头企业。

2009年，“奋斗十年添个零”目标顺利实现，下个十年的奋斗目标由此又迈开新步伐。

2010年，万向电动汽车电池成为上海世博园清洁能源汽车配套核心部件，圆满完成世博运营保障任务。

2012年到2013年年初，万向成功收购A123系统公司等5家美国新能源企业，为万向的新能源布局打下了坚实基础。

2012年，万向营收超过千亿元。这是万向发展的一个里程碑。

2014年，万向又成功收购美国菲斯科公司，开始形成从电池、电机、电控到整车制造的产业链。

在万向的发展历程中，我们看到了时间的魔力。

记得2002年年初，万向提出“以百亿业绩，迎千亿到来”的目标，许多人还以为千亿遥不可及。然而，10年之后，“千亿”已经成为现实。

记得1993年，万向提出要实现两个“三级跳”，即“省级集团—国家级集团—跨国集团”“省内前10位—国家前100位—国际前1000位”，在很多人眼里，这也是一座大山。然而，不到20年，万向就攀越了这座山峰。

营收超千亿绝非他们的最终目标，这只是万向创建百年企业的一个里程碑，前面还有更高的山峰等着他们去攀登和跨越。

只要有了正确的目标，只要努力与坚持，也许你的脚步不是最快的，但如果分分秒秒都在往上攀登，那么，再高的山峰也能跨越！

但要抓紧时间，珍惜时间。

时间能够让小变大，只要你用正确的方法做正确的事，日积月累，曾经的梦想总有一天会突然间近在眼前。

时间也能让大变小，甚至消失。市场无情，有多少风云企业已经烟消云散！在市场竞争中，如果不超越自己，终将被对手超越。只有不断地超越自己，一年上一个台阶，才有生存的空间，才能走向卓越。

所以，任何时候都要保持不满足的状态，越成功越危险，要居安思危，发奋努力。这不仅仅是发展的需要，更是出于生存的考虑。

鲁冠球说他没有什么特别的本领，但他有他的坚守，有他的梦想。

他坚守信念，坚守诚信，坚守爱和感恩。他坚持要把万向打造成常青企业，以实业报国；坚信自己的路自己走，自己的梦自己圆。

他曾经梦想企业能长久地活下去，梦想他们生产的万向节能填补国家空白。后来他们生产的汽车零部件越来越多，因为他梦想占领更多的市场份额，梦想能够探索出一条国际化的道路，让驰骋在世界各地的汽车都能放心使用他们的产品。他还梦想着制造出世界上最安全、最环保、最先进的汽车，一种不太一样的汽车。

他最牵挂农村的兄弟姐妹，梦想他们在田野上收获快乐，口袋丰盈，脑袋文明，物质、精神都富有，因而他坚持守望田野，让企业从田野走向世界，又从世界回归田野，助推农村尽早融入城镇化。

他知道天下还有很多穷人，他梦想孤有所托，残有所靠，难有所帮，老有所养。

梦想为伴，与我同行！这是恒久的激励，心中的力量。

他的坚守已开始结果，因而他坚信，他的梦想也必将开花！

这些年来，很多媒体朋友说鲁冠球低调，其实他很喜欢与大家，特别是与年轻的朋友聊天。

这是细述他40多年来创业经历的第一本书。

这本书里讲述的一些事，并不是要后人去“复制”，因为创业或奋斗没有捷径，更没有“秘方”。后来的“登峰者”，不必再循着先行者的足迹去攀登。

俗话说“一把钥匙开一把锁”，当你在打开自己的“命运之门”时，应该握住自己打造的“钥匙”。

“中国发展这么快，时代早已不同了。今天的时代，是鼓励创业、创新的时代，是倡导个人自由发展的时代，是人人可以怀抱美好梦想的时代，是经过奋斗可以梦想成真的时代。你们比我幸运得多了！”鲁冠球这么说。

·目 录·
contents

第三部分 到美国“种苹果树”

1985年，鲁冠球第一次到美国考察，两国之间的生产效率差距让他震惊了。美国有一家工厂只有250名工人，但每年能生产400万个万向节，而这时候的万向拥有1000名员工，每年却只能生产80万个万向节。10年后，鲁冠球的想法变了，为什么我们总是把结出的“苹果”卖给美国人，而想不到去美国“种苹果树”呢？

第四部分 在危机中冲浪

大自然的冬天来了，意味着春天已不会太远；世界经济的“严冬”来了，却不会很快过去。在这样漫长的冬天里，我们不能只顾冬闲。如果只是心灰意懒地拱着双手等候春天，那我们一定会失去春天。

第五部分 永不熄灭的汽车梦

造汽车是鲁冠球的一个梦。他曾经立下誓言，这个梦，他圆不了，他儿子、他孙子一定要圆！但他要造的是与传统汽车不一样的新能源汽车，这是一件大事、一件新事、一件难事，当然要敢冒风险，但又要小心谨慎。失败了怎么办？“如果失败了，就算我们花钱买教训。探索是要付出代价的。”

第六部分 世上还有穷人

不能忘记我的农民兄弟，不能忘记世界上还有穷人——这两个“不能忘记”是鲁冠球终身的座右铭，也是他办企业的重要内容和追求。他说:“‘共同富裕’这个课题太大了，我们只能量力而行，但这件事又太重要太紧迫了，中国还有很多贫困地区，还有很多穷人，我们必须为尽早地消除贫困贡献自己的所有力量。”

万向重心

鲁 冠 球 和 他 的 中 国 梦

第一部分

田野里升起的梦想

初中没有毕业，他辍学了。父亲让他用自行车驮着自己四处行医，学习如何“望闻问切”，他却一屁股坐在农家门口，随手捡块石头，在地上乱画乱写，以宣泄心中的郁结。他的梦想是进城当个工人。

第1章　多灾的土地

1945年年初，一个寒冬的夜晚，鲁冠球降生在浙江省萧山县（现杭州市萧山区）童家塘的一幢破瓦房内。

他是这个家里的第三个孩子，也是家里的第一个男孩。他的出现肯定给这间破瓦房带来了欢欣：家中有了“传宗接代”的人，还多了个男劳力。但他也给贫穷的父母增添了忧愁：多了一张吃饭的嘴。而日后更让他们烦恼的是，这是一个不安分、不听话的儿子。

萧山在钱塘江畔。这条江以“天下奇观”的钱江潮而闻名于世。大自然的运动常常会产生惊世骇俗的杰作，当它挟裹着大量的泥沙一泻千里向东流去时，在萧山境内拐了个大弯，便留下了一片滩涂。学者们把它称为江漫滩，而农民却直呼其为沙地。

“沙地沙地，不毛之地。”潮来时，汪洋一片，只见得大片芦苇穗头在风中摇曳；潮退时，黄沙浅滩，覆盖的是厚厚一层碱土。这里是鲁冠球祖祖辈辈赖以安身立命的地方。

在他幼年时，钱塘江留给他的更多的是险恶和贫穷。每逢台风季节，它暴戾地冲破单薄的堤塘，把稻谷、棉麻乃至茅舍、生命一卷而去。倔强的农民不甘心让自己赖以生存的土地就这样被大潮吞走，他们一年又一年筑造江堤。新中国成立后，又一年一年地向海涂要地，这就是著名的围垦。他们为围垦而得的土地取了些好听的名字——“宁围”“盈丰”，像是在祈求上天保佑莫让围堤坍塌，让人们过个安宁日子，让家家仓“盈”谷“丰”。然而，日久年长，农民们往往种下了希望，收获的却大多是贫困。

鲁冠球的家庭是个奇特的医学和佛学的复合体。父亲开过店，又靠自己的摸索，懂得了不少医道，在当地做游方郎中。父亲从业的严谨和治家的节俭，给鲁冠球留下的印象极深。每天晚上，父亲总要翻阅那些破旧得发黄的医书，直至深夜。他不爱求助于人，常常把行医换来的一些米，分成几份，然后掺入蚕豆匀着吃。而穷怕了的母亲，只能终日念经拜佛，希望菩萨能带给她的下一代一种殷实的生活。她常对鲁冠球说，为人要积德，要多做好事。她那中国妇女传统的慈悲胸怀，让鲁冠球难以忘怀。

在当地中学读到初中三年级，鲁冠球辍学了，父亲让他用自行车驮着自己四处行医。父亲并不关心当时地球上发生了什么，好像也没有要求鲁冠球去为这个地球做什么事，只希望他掌握一门简单易学的手艺，日后能养家糊口。父亲要他跟着学中医，可是倔强的他不听父教。

鲁冠球同父亲的争吵以冷战方式进行。当他用自行车驮着父亲到求医的农家，父亲要他跟着去学如何“望闻问切”时，他却一屁股坐在农家门口，随手捡块石头，在地上乱画乱写，以宣泄心中的郁结。

对于小时候的家乡，鲁冠球的记忆早已模糊，总觉得乡间的小道不是泥泞难行，就是尘土飞扬；总觉得遍布田间的茅草屋东倒西歪、弱不禁风；总觉得人们难得有畅快的笑容……

但有件事在他脑海里留下了深深的印记。

记得有一天，老师布置学生们写一篇作文，题目好像是“秋天的田野”或“金色的田野”，总之是希望他们写一写田野上的美景。虽然鲁冠球的家就在一片稻田中，但以前他从不注意田野。为了完成这篇作文，这一天他回家走在那弯曲狭窄的田埂路上，分外仔细地观看两旁田野的景色。

秋日黄昏的田野被一片金色所笼罩，确实美极了。然而，与这田园诗般的秋景格格不入的，是在田野上劳作的父兄们。他们躬着腰，在广袤的田野中显得如此渺小；不时地有些挑着箩担的农民从鲁冠球身边走过，刚收下的稻谷装满了箩筐，但他们脸上却没有一点笑容。因为单靠这点谷子，还很难支撑一家人全年的温饱，分明是那生活的重压使他们总是挺不起腰来。

鲁冠球的心里十分悲凉，莫非这就是我们农民的命运？莫非这就是我自己日后的生活？

应该说，此时的农民已是田野的主人，可是为什么他们还不能称心如意地驾驭这片土地，不能从这片土地中收获幸福，甚至起码的温饱？

鲁冠球已经忘记他有否完成作业，是怎样去写这篇作文的。但那幅凄凉的图画，永远定格在他的脑海中。

第2章　进城梦的破碎

幼稚的鲁冠球认定，当工人也许会好一些，毕竟他们不必受日晒雨淋之苦，还有固定的收入。

去城里，去当工人！要说梦想，这就是他一生立下的第一个梦想。

“工人？你想当就能当？”父亲骂他这是“癞蛤蟆想吃天鹅肉”；母亲那慈祥的目光中，也常常含着许多的忧虑和焦急。

大约半年多后，听说萧山城里有家铁器社要招工人，鲁冠球不顾父母的反对去当了个学徒。

终日在高温的熔铁炉旁拉风箱，抡着大锤、小锤打铁，瘦小的身体艰难地承受着繁重的劳动，但他干得很高兴。每月十来元钱的学徒津贴，足以让他吃饱了。时不时，他还能把积攒的两三元零花钱塞到母亲的手中，让母亲露出欣慰的笑容。而最让他高兴的是：我是工人了！

这，也许就是那时的“农民工”吧！

那时还没有“农民工”这一称谓，即使有这一叫法，鲁冠球也会高兴的，因为有个“工”字。

学徒3年，刚要满师，却遇上了20世纪60年代的三年困难时期。因为他是农村户口，就被精简回家了。

父亲说，这就是命，你认了吧！

鲁冠球偏不认命。不让他在城里当工人，他就在自己家乡当！当时，他看到村里人的粮食脱壳、碾米、碾粉要跑到六七里外的集镇去，于是萌生了办粮食加工厂的念头。这样，一方面自己可以赚点钱，另一方面也能方便村民。

这个想法得到亲友的支持。不到一个月，他就筹集了三四千元资金，买来了脱壳机、轧麦机、磨粉机、电动机等设备，立即开业。

谁知，这个合伙办的工厂在当时属于资本主义性质，是非法的。尽管到处求情，三换地点，但它仍然难逃被“割资本主义尾巴”的厄运。

一次，电动机从支撑架上掉了下来，差点砸死人。村里老年人嘀咕开了：“这工厂办得不吉利啊！”于是，在堂而皇之的行政干预和旧乡俗的舆论压力下，粮食加工厂被迫停办。鲁冠球只好把机器折价变卖，仅得原价的三分之一。他因此背上了沉重的债务，靠抵押了一间祖屋才还清。

两次打击，没有动摇鲁冠球要当工人的决心。城里不能当，到乡下当；乡下的厂里不能当，自己给自己当。他学过钳工活，当时在钱塘江边的九号坝有个海涂围垦工程，那里有人力车、自行车，他便在那里摆起了修车摊。

为了能多赚点钱，又能方便修车的农民，他把修理铺搭在防洪堤外面。车多，生意不错，晚上，他还经常趁着月色加班修车。

一天傍晚，有位民工交来了一辆车，说第二天一早要用。鲁冠球说：“好，保你明天准时拿到。”

这天，在宽阔的海滩上，月亮特别圆，月色分外明亮。他的心情也不错，心想，老天你开眼了，这几天修车的生意好，晚上你又给了我免费的“大灯泡”。

实在是太得意忘形了！月圆之夜，正是农历的月中，是钱塘江大潮汛的时节。

那天鲁冠球一直修到半夜才完工。正睡得迷迷糊糊时，忽然觉得背上很凉。赶紧起身，睁眼一看，只见四周一片汪洋，原来是潮水涨上来了。

第二天早上，民工们看到被水淹没了大半的草棚，叫嚷着向草棚跑去，有的还以为他肯定被淹死了。而鲁冠球正骑在草棚顶上，嘻嘻哈哈地向他们招着手呢！

老年人说，冠球，你命大福大！大难不死，必有后福！

“我会有福吗？”收工后，孤寂的鲁冠球有时会坐在江堤上，不断地这样问。似乎是在问天，天不吱声；似乎在问地，地没回音；似乎在问钱塘江，江风吹来，江水发出“哗哗”的响声，像是一声声叹息。它是不是也在叹息鲁冠球的命运？

“我的福分在哪里呢？”坐进工棚里，鲁冠球这样问自己。每天收工后，民工们早早地挤进简易的工棚。工棚里没有电灯，靠蜡烛照明。常常是蜡烛还没有点尽，疲惫的乡亲们就已呼呼入睡。四周一片漆黑，没有一丝光亮，这似乎也是对鲁冠球的提问的回答！

那年月，他这个修车匠一天干到晚，挣不到一块钱。铺子虽然搭在远离城镇的海塘外，但仍逃不脱“割资本主义尾巴”的那张大网。其实，光靠修车也圆不了他当工人的梦想。左思右想，看到村里人修农具要跑到城里去，想到这里好像有生意可做。找同伴商量，大家都赞成。很快，他办起了一个农机具修理铺，总共7个人，包括他的妻子章金妹。

但日子还是提心吊胆地过着。怎么保牢这个修理铺，这是他们收工后常常议论的一个话题。

东打听西打听，得到了一个消息，说是政策规定，一个公社可以办一到两个农机厂，但必须是社办的。许多原先个人办的农机厂挂靠了公社，就允许办下去。当时人们称它为“戴红帽子”。

这个办法好！

其实，此时公社化了的农村早已喊出“社社实行机械化，农机维修不出社”的口号。宁围公社穷，偷偷办厂的人不多。鲁冠球赶紧到公社去联系，这7个人的修理铺竟被公社看中了，而他们为了躲避“割尾巴”的灾难，也正想寻找个安心做工的“庇护所”，两者一拍即合。于是，带着7人用血汗换来的价值约4000元的家当，修理铺“投奔”到了公社名下，终于戴上了安全的“红帽子”。

鲁冠球永远不会忘记，这是一个火热的7月。“宁围公社农机修配厂”的牌子挂起来了。没有典礼，没有鞭炮声，鲁冠球大汗淋漓地挥着铁锤，狠命地锤打着铁砧上的铁块，心里在默默地念叨：我能当工人了，我当上工人了！

这是1969年。如今，这个招牌已被确认为万向集团的前身。

第3章 炮筒“料头”成宝贝

一个只有7个人的小修理铺虽然挂上了人民公社的招牌而成了“厂”，但贫穷并没有就此离开那幢破屋。作为厂长的鲁冠球，白天拼命抡大锤打铁，晚上还得为原料的进货和产品的销路发愁。

在旧的计划经济铁桶般的壁垒中，一家社办企业是进不了“计划”的。他们这家小小的厂，既没有调拨的原材料，也没有买卖产品的指标，一切全靠自己想办法。

1973年春天，一位朋友告诉鲁冠球，江苏镇江码头上有一批制造大炮筒割下来的“料头”，有两三百吨呢，问他要不要。鲁冠球一听，大喜过望，这是多好的锰钢呀！

他连夜坐火车到镇江。一出火车站，有人就告诉他，对面就是赫赫有名的法海和尚住持过的金山寺，那法海慈眉善目，还有几分英俊，全不是你们杭州人传说中的那般凶狠，要不要去游览一下。鲁冠球说：“白蛇娘娘当年是水漫金山，今天我可是火烧脚跟了。白娘子的水浇不灭我的‘火’呀！还‘游’什么‘览’，快领我去找炮筒子。”

他们来早了，炮筒“料头”还没到！

过了几天，他们再次急忙赶去，才把这批“大家伙”拿到手。好不容易用火车托运到萧山，“料头”堆满了厂房前面的场地。伙计们说：“厂长，这一下干几年都不愁了。”

这话不假！可看着这些炮筒“料头”，鲁冠球犯了愁：“料头”这么大、这么厚，怎么加工成镰刀、铁耙这类小物件呢？

他妻子章金妹倒不愁，说：“我用电焊机把它一块一块地‘切’开！无非是花点时间，花点力气。”

从此，不管天热天冷，不管天晴下雨，金妹这一“切”就“切”了两年多，硬是把这批两百多吨的炮筒“料头”“切”成了一小块一小块的锰钢片，让他们在很长时间里不再愁原材料。

后来有人说，你鲁冠球是用大炮筒“轰”开了旧计划体制的大门。鲁冠球却说，那只是我们用小小的电焊机“切”开了旧体制的一条“缝隙”！

因为材质好，做得又很精细，宁围公社农机修配厂生产的镰刀、锄头在当时的萧山县（现为杭州市萧山区）很快有了名气。可区区一个县的销量，满足不了鲁冠球和同伴们的“胃口”。看着这堆满院子的锰钢，鲁冠球的心思又活络起来了，用现在的话来说，他想开拓市场，特别是打进“高端”的市场，那就是杭州市。

鲁冠球带着一大捆犁刀，骑着自行车，渡过钱塘江，兴冲冲地赶到杭州市农机公司。他小心翼翼地推开公司办公室的门，就见一双警惕的眼睛直盯着他，问：“你是哪里的？”

他赶紧上前递烟，陪着笑说：“我是萧山宁围公社农机修配厂的，想问你这里要不要……”

“不要！不要！我们早就排好计划了，你拿回去！”还没有等他说完，他就被回绝了。

鲁冠球耐着性子介绍产品的质量，也说了厂里的情况，可那位干部总是以“计划”回绝。最后，他不耐烦地拿起一张报纸看了起来——这是逐客令！跑过许多部门的鲁冠球，懂得这“规矩”。

心里窝着一肚子气，但鲁冠球心里想：“你到处去找吧，再也找不到如此高质量的犁刀了！”

沉住了气，鲁冠球又陪着笑道：“这样吧，我从萧山赶来，人也累了，我先把犁刀放在这里，有空你可以看看……”

他把那捆犁刀小心翼翼地堆在角落里，又对那位翻看着报纸的干部说：“同志，你忙吧！”

东奔西跑搞推销，不久鲁冠球就把这件事忘了。

大约过了半年时间，杭州市农机公司的负责人突然由县物资局局长陪同，急匆匆地赶到厂里，问他厂里有没有犁刀，说有多少要多少！

原来，这一年春耕大忙来临之前，原先的定点生产厂因原材料供应不及时、工人调配不当等原因，完不成订购计划，而各县又纷纷到市农机公司要货。公司的人急得团团转：误了农时，这可是“政治问题”呀！突然，他们盯上了在办公室角里落静静地躺了半年、早已积满灰尘的犁刀。他们打开一看，这犁刀质量好，规格又全，当即想起了鲁冠球他们的农机厂。

生意上门，自然热情接待。鲁冠球说：“你要多少我供应多少，不过你要供应我原材料，每年50吨的钢材指标，可以吗？”

有了鲁冠球的允诺，那位负责人如释重负，满口应承说，可以可以！鲁冠球倒有点后悔了，早知道再多要5吨、10吨钢材指标了。

就这样，宁围这家社办企业的原材料供应破天荒地被列入了国家计划，生产的小农具不仅供应了整个杭州地区，在浙江省内也有了小名气。

这是鲁冠球他们对旧的计划经济体制的又一次挑战。如果说，上一次的炮筒“料头”靠的是勤劳、吃苦，那这一次靠的是质量！质量是“市场的通行证”——这一理念，开始烙进了鲁冠球的脑海。

有了两百多吨炮筒“料头”，又有了每年50吨的钢材指标，原材料问题解决了，农机厂如虎添翼。除了打制小农具，市场缺什么，什么能赚钱，他们就做什么。轴承、失蜡铸钢、喷油嘴、万向节轴套……产品虽然五花八门，可也算有了“系列”。

第4章 偏向冷门行

不知道我们的年轻人是否了解1978年党的十一届三中全会对鲁冠球这辈人的意义？

不论是一个企业还是一个人，其命运总是与国家的命运紧紧地连在一起的。国家的命运改变着个人的命运，国家的命运决定着企业的命运。

1978年的12月，党召开了十一届三中全会，宣告了七“斗”八“斗”、折腾来折腾去的时代的终结，明确了“以经济建设为中心”。在这之前，鲁冠球他们的农机厂在萧山虽然也有了点名气，但他们心里总是不踏实，总担心有什么风吹草动，厂又会被“割”掉。他们读了三中全会的公报，终于明白，头上的“紧箍咒”解除了，可以放开手大着胆子抓生产了。

从此，中国进入了一个好时代。

这是一个最好的时代，一个最少干扰、最多实惠、最快发展的时代。这个时代给了鲁冠球他们这一辈人很多很多机会。

鲁冠球回想起来，他办企业40多年，党和国家给了他很多支持，但最大的支持是什么？他认为，是正确路线的引导，是与时俱进的政策的支持！因为这是管全局的，是可以管一辈子的！

那时候讲得最多的一句话是“解放思想”。鲁冠球没有料到，“解放思想”这4个字竟然能产生如此强大的力量——它能产生一种创业的冲动，能激励人们挽起袖子去干一番事业，干一番大事业！

大好的机遇终于来了。这样的机遇他们翘首以盼地等候了多少年啊！等候是漫长的，也是痛苦的，有时真是备受煎熬。但鲁冠球还是在精力充沛的岁月里等到了它，这是一种幸运。

幸运的降临或许是一种偶然，而幸运能否转化为成功，全靠自身。毕竟，自己才是个人命运的设计师！

鲁冠球不敢有任何懈怠，唯恐让这幸运、机遇闪身而过，而留下终身的遗憾。

1979年到1980年间，在中国江南的田野上，开始出现乡镇企业的早期萌芽。当时鲁冠球的农机厂已有四五百个工人，年产值有300多万元，生产着多种多样的产品，日后被经济学家称为“多角经营”。

“多角”虽然分散了企业的风险，但也肢解了技术力量和设备，耗散了他这个厂长的经营管理精力。而逐渐复苏的国有大企业，也对游击式的乡镇小企业构成了竞争威胁。

形势逼着他要从这“多角”中挑出一个拳头产品，走专业化生产的路。

有人劝鲁冠球搞自行车，这是他最熟悉不过的产品。在原材料紧缺的时候，他骑着它在萧山、杭州的大街小巷去收购废铁。他摆过自行车修理摊，还差一点搭上了命。他确实喜欢它，何况中国是以“自行车王国”著称的，生活稍有积余的农民，当时的奢望就是买辆自行车。作为时髦产品，它还是青年人结婚时必备的聘礼。自行车成为当时市场的畅销货，要靠“走后门”、凭票证才能买到。不过他也发现，自行车制造业已在全国一哄而起。人家早已上马，他“赤脚赶”也不过是个“马后炮”。

那些日子鲁冠球经常听广播、看报纸，各种消息都看，从国家领导人的讲话到中缝里面的各种广告。

有一天，一条消息触动了他的神经：国家在安排1981年国民经济计划时，汽车货运指标要达到5.4亿吨，有些专家还建议要缓解中国交通的紧张状况，必须挖掘公路运输的潜力。

他心动了，公路运输靠的是汽车，汽车他们生产不了，但可以生产其中的一两个零配件，例如万向节。

万向节是汽车传动轴与驱动轴的连接器，因为可以在旋转中任意转换角度而得名。它像个十字架，四个头的横断面平滑如镜，磨掉一根头发丝的1/6就得换新的。只要有汽车，就少不了这玩意儿。

早在1974年，鲁冠球厂里的党支部书记祝炳善就从杭州商业机械厂带来了几套万向节，它是用在农用车上的。鲁冠球觉得这里面有“戏”可“唱”，便开始市场调查。了解到万向节里面的“十字轴”已经由萧山闻堰的一家企业在做，经鲁冠球多次争取，农机厂为他们加工轴套。

后来鲁冠球听说，杭州汽车制造厂3.5吨汽车上用的万向节生产计划指标给了杭州汽配厂，可杭州汽配厂搞了两年还没有眉目。鲁冠球立即跑到杭州市机械局，立下了“军令状”：“三个月就出样品！拿不出认罚。”机械局领导看他着急的样子，宽厚地说：“罚就免了，你尽快去试验吧！”

讨来了“令箭”，鲁冠球专门成立了“会战班”，调集精兵强将，如期拿出了五套样品。1974年9月，他们请领导、专家进行鉴定，样品当场获得通过，允许生产，供应维修市场。所以原先农机厂经营的“多角”中，就又多了这一“角”。

那么，在几年后的20世纪80年代，能不能将万向节定为厂里的专业拳头产品呢？鲁冠球着手调查市场的状况，结果却是令人失望的。原来此时全国已有50多家生产万向节的企业，市场几乎呈饱和状态。

但从北京得到的一个消息，给了他希望。中国汽车工业公司的同志说，现在缺的是进口汽车万向节，由于它型号多、批量小、质量高、工艺精、利润少，许多万向节厂都不愿意生产，国家只得花一大笔外汇去进口。他们真诚地对鲁冠球说："如果能填补这个空白，就是为国家做了一个大贡献。"

听了这话，鲁冠球想，他是为了厂里的生存、发展来寻市场的，如今还能为国家做贡献，这样的好事一定要干！他当即表态说："我来搞，给我6个月时间。"

一个新的经营方针在他的脑海里开始形成。第一步，是为国家填补空白；第二步，是在实践的基础上，提高质量，同外国货开展竞争；第三步，将产品打入国际市场，为国家创汇。

他对厂里的同志说，国家的需要其实就是最大的市场，"热门"是"热闹"一时，市场争斗肯定激烈；生产"冷门"产品可以"先入山门为大"。"我们厂小，不能与其他大厂去硬拼，我们可以避开'热门'挑'冷门'，独辟华山一条路。不论哪个国家的哪种型号的汽车，只要在我们国家公路上跑，我们就要把它的万向节生产出来！"

但是，要把他一个人的雄心壮志变成400多个职工的齐心协力，又谈何容易！那时候，农机厂的年产值已有300万元，光农机配件就有70多万元。这是一笔大财富，但也成了他们前进中的一个大包袱。

有人责备他，你鲁冠球是不是疯了，摆着几十万的现成产品不做，却去摆弄新花样，搞砸了怎么办？

鲁冠球对他们说，光摆弄些现成的坛坛罐罐，创不了几百万、几千万的大业。

话是这么说，但真要生产进口汽车的万向节，也确实不容易。外国汽车万向节的技术和工艺是保密的。那么多的进口汽车，又到哪里去找图纸呢？

经多方打听，鲁冠球得知天津海关掌握着全国进口汽车的牌照和去向，便立即派人前去了解，然后再派技术人员分路跟踪。每找到一种进口汽车，他们就恳求这辆车的驾驶员，让他们利用晚上时间把万向节卸下来，按实样画成草图，赶在早晨之前又把万向节装上去。

将草图带回厂里，他们便着手试制。生产出来的产品，鲁冠球规定从哪辆汽车上画的草图，就装到哪辆汽车上去试用。要专程送去，亲手装上，不收分文，只要求驾驶员告诉他们试用情况，提出改进意见。

经过几个月的试制，他们生产的进口汽车万向节通过了行业鉴定。厂里职工捧着这些银光锃亮的新产品，爱不释手，说："这是我们的头生女儿，该给它起个好名字！"

鲁冠球想到了滋润着这块土地的钱塘江，就想到了那举世闻名的天下奇观——钱江潮，便给它取了个名字，叫"钱潮"牌万向节。他希望他们的产品能像钱塘江的潮水那样，流入东海，汇入大洋，举世闻名；同时，也希望挣的钱能潮水般地"涌"来，把企业做大，让职工能过上好日子。

人们常说，"皇帝的女儿不愁嫁"，但这种好事当时只属于国有厂的名牌产品。"钱潮"牌万向节是个"乡下女儿"，倘要出嫁，着实得耗费一番大心血。

都说办企业要有"顺风耳""千里眼"，这说的是信息的重要性。有一次，朋友告诉鲁冠球，山东胶南正召开全国汽车配件订货会，他带着人赶紧租了两辆卡车满载万向节，日夜兼程赶往胶南。赶到一看，他们大吃一惊，这个小小的县城，居然聚集了三万多名客商。沿街的展销摊好似长藤结瓜，不见头、不见尾。

他们赶紧到会务组报到，接待人员看了他们的介绍信，说这里不安排乡镇企业。代表证都拿不到，自然也进不了业务洽谈处。

这难不倒鲁冠球，不让进洽谈处，他们可以摆地摊。自留地上的青菜萝卜，不也是这样推销出去的吗？

三下两下，他们的各种万向节就一字儿摊在了洽谈会的门口。但那些财大气粗的采购员连眼也不斜一下，昂首挺胸地从他们的摊前走过。

其实，整个订货会也没有多大的动静。3天过去了，各个点上，都掀不起销售的浪头。

鲁冠球好生纳闷，便派出30多人分路去探虚实。原来，买方与卖方正在价格上“拗手劲”。买方眼看有这么多的汽车配件，巴望价格能松动；而卖方是带着“指令”来的，“将”虽在外，仍得服从“君命”。

鲁冠球一听心里踏实了：“好！我就从价格上来一个突破，打你们一个措手不及。”

他和大家做了一个估算，按部定价格降低20%，也还有薄利可得。于是，他吩咐厂里的销售员，把降价广告贴出去。

第二天一早，在订货会的各个“要害部位”都出现了“钱潮”牌万向节薄利供货的广告。一瞬间，他们的地摊前，订货的人群蜂拥而至。几天下来，竟订出了212万元的货，占了他们预计年产值的2/3还要多。

那些国有万向节厂的销售员气得直跺脚，因为他们倘若也要降价，还得请示、汇报、批准哩。有一天鲁冠球从旅馆出来，一盆脏水从天而降，抬头一看，只见有人在骂：“乡巴佬，让你得意！”

第5章　绝不将就

有人说，胶南订货会上鲁冠球刮了一次“鲁旋风”。不过鲁冠球知道，他能刮起这股“旋风”，靠的是乡镇企业灵活的机制。但在竞争激烈甚至残酷的市场中，光靠灵活是远远不够的，取胜的法宝是产品的质量和职工的素质。而在这样的较量中，那时的他们毫无疑问处于劣势。

惩罚终于降临了。一天，安徽芜湖来了一封退货信，说是厂里生产的有些万向节出现了裂纹。

心急火燎的鲁冠球把办公桌拍得“呼呼”直响。他把供销人员叫来，大声喊道：“快把合格产品送去，把那些次品换回来。快去！快去！”随后，他又想，次品在芜湖有，销往湖北、四川、山东的有没有呢？于是又派出30多人，走访全国各地的用户，把那些不合格产品统统背了回来。

背回的次品有3万多套，堆在仓库里像个小山包。鲁冠球把全厂工人叫来，说：“你们在农村集贸市场上卖惯了青菜萝卜，我懂得你们的‘套路’，把烂青菜裹在好青菜里‘捎带’着卖出去，只要钱到手，哪管别人骂娘？反正是‘打一枪换个地方’，第二天买主找不到你们。可我们是企业，今天人家买了次品，以后谁还来找我们？这些次品不仅是对‘钱潮’牌万向节信誉的损害，更是对国家、人民的犯罪。我作为一厂之长，有不可推卸的责任。从今天起，我们立个规矩，对那些只能‘将就’的产品，一律按废品处理。”

鲁冠球挥了挥手，让人把这3万多套万向节运往废品收购站。

当时好多老工人对他说：“鲁师傅，这些产品再维修一下还是可以用的呀。”也有人暗地里嘀咕道：“值几十万元钱呢，我们几百年也赚不了那么多呀！”一些女职工眼看着这一堆她们亲手做的产品被丢到废品站的汽车上，止不住掉了眼泪。

几十万元钱是一个怎么样的大数目，鲁冠球心里自然明白。这些农家人，清早起来挑担青菜、萝卜到城里卖，为了多赚一两分钱，还往往同城里人讨价还价，争个面红耳赤呢！但眼下全国有50多家万向节厂在竞争，真要立住脚，并不像别人所说的靠拉关系、请客送礼就行。真正靠得牢的是质量、信誉！他咬咬牙，还是让人把这批万向节装走了！1千克万向节只卖0.12元，总共损失了43万元。

由于产品质量要求高，有一段时间厂里的产量、利润都下降了。不要说奖金，全厂职工有半年领不到工资。但有失也有得，得到的是全厂职工对用户和社会的责任心，是“质量第一，以质量求生存”和“信誉至上，有信誉才有市场”的思想。

乡镇企业的职工队伍，当时不过是由农民组织起来的“游击队”，难免作风涣散、操作马虎。要把这支“游击队”训练成能打硬仗的现代工业的正规军，鲁冠球认为就得严。就个人来说，干事业一个“严”字能得益一辈子；就企业而言，要求发展，一个“严”字就是大本钱。

从这件事入手，鲁冠球开始对企业进行整顿。

当时，中国汽车工业总公司要在全国50多家万向节生产厂中选择3家作为国家定点企业，条件是按当时第一机械工业部颁布的“整顿机械工业企业十二项验收标准”通过验收。一场严峻的考试摆在鲁冠球的面前，而他们还得首先解决进不进得了“考场”、拿不拿得到“考题”的问题。因为乡镇企业不归中央工业部门管，连“整顿验收标准”也拿不到，当然也就没有成为国家定点厂的基本资格。

东托人，西求情，鲁冠球说，这验收标准又不是国家机密，我们只想按国家的规定去把企业搞好，这不是坏事吧？有关部门的同志认为他的说法很有道理，就把那个“整顿验收标准”给了他。

鲁冠球一看，好家伙，条件好高呀！要订规章制度，要投入大量人力、物力。但生死存亡在此一举，他咬咬牙，撤销了建设厂房、宿舍、食堂的计划，集中资金更新设备；又办起了职工业余学校，把教授、专家请来为职工上课；还抽出得力人员加强质量管理，由他自己担任质量管理小组组长，对每个部门、每道工序都规定了质量指标，重奖重罚。

1980年年底，中国汽车工业总公司检查团来到了厂里。那些神色严峻的“考官”们经过一个星期严格得近乎“挑剔”的检查，留下了一个大大出乎人们意料的结论：总分99.4分，属全国同行之首！

从此，鲁冠球的厂与青岛、广州两家国有老大哥厂一起，被中汽公司列为全国仅有的3家万向节生产定点厂。

万向重心

鲁冠球和他的中国梦

第二部分

有风有雨有陷阱

几经折腾，鲁冠球的家产只有父母留给他的两间已很难遮风避雨的破瓦房了。其中一间破瓦房，前几年还因为要偿还办粮食加工厂欠下的债，抵押了出去，最近才赎回来。万一承包失败，所有心血不是又要付诸东流了吗？

第6章　承包乍起风波

1983年的3月20日，是鲁冠球难忘的一天。

那天，厂里简陋的会议室里，他坐在临时拼起来的长桌前，忐忑不安。手里握着的是一支普通的钢笔，所需要做的也仅仅是写下3个他不知写了多少遍的字——鲁冠球。

这是承包合同的签字仪式。在场的有县、区、公社领导和厂里的中层以上干部，还有县司法局公证处的同志。

1982年的冬天，县里召开工业经济大会，县委书记做报告，鲁冠球坐在第一排。

那时候，凡是县里开会，鲁冠球总会提前到，抢着坐在前面。当然过去不是这样的，早先他是“开会坐在角落头，讲话塞在喉咙口”。自从党的十一届三中全会召开之后，鲁冠球从党和国家的好政策中获得了力量，得到了很多支持，因此从那时候起，他就非常关心党和政府制定的政策。而那时候开会，领导总会传达许多好政策、好措施，他特别爱听，总想听得仔细一点、清楚一点。

县委书记叫费根楠。费书记在报告中说了这样一句：“现在，农村联产承包责任制搞得很好，农业产量大大提高，农民很高兴、很满意。那么我们能不能在乡镇企业也试验一下‘承包’呢？”

这句话真说到鲁冠球的心里了！他居然忘乎所以地站了起来，大声地说：“我来试试！”

春节过后，公社通知鲁冠球，说县里经过研究，同意他试验一下乡镇企业的承包，还要订企业经营承包合同。

1982年，鲁冠球他们厂完成的实绩是毛利润103万元。当时公社提出，承包第一年利润要比上年增长13%，以后每年递增率为10%，一定3年不变。为了表示承包的决心和信心，鲁冠球主动要求将每年的毛利润增长率提高到20%，完成指标不奖不赔；若有超额，提取超利润部分的10%奖给承包者，其中的5%由承包者奖给对企业有贡献的干部和工人；完不成利润部分，由承包者赔偿2%。

承包的风险是很大的。很多人劝鲁冠球，何必“自讨苦吃”，要发财路多的是。当时在宁围，许多人光靠种花木，一年也可挣它一两万元。

其实，鲁冠球搞承包并不是为了赚钱，只是为了争得一个创业的主动权。

在当时的体制下，有些部门对企业的行政干预实在太多。譬如，厂里搞绿化买几棵树，要发展生产添几台小设备，甚至给工人发几元冷饮费、加班费，都要请示汇报，隔了多少日子批准了，你才能动。市场就是战场。记得拿破仑说过，我们之所以能够取得胜利，是比敌人早到5分钟。而现在敌人冲上来了，你还得问要不要开枪？开几枪？如此一来，不是早被打死了！当时有许多企业，不正是在烦琐的请示汇报中耽误了良机而被竞争对手击倒的吗？

承包的条件也是苛刻的。在经过公证的承包合同上，鲁冠球用他苦心经营了几年、价值2万多元的花木做了抵押。

对于鲁冠球来说，做出这一决定不是件轻而易举的事。在过去的几年中，几经折腾，他的家产只有父母留给他的两间已很难遮风避雨的破瓦房了。其中一间破瓦房，前几年因为要偿还办粮食加工厂欠下的债，曾被抵押出去，最近才赎回来。他培植的那些花木，全家人没日没夜地看管，浇下的不仅是汗水，还有全家的心血。如今花木长成材了，可以换钱了，盖新房子了，现在却要把它们抵押出去。万一承包失败，几年的心血不是又要付诸东流了吗？

回家后鲁冠球和妻子章金妹商量。他说盖房子的事还得再推迟几年，说不定到年底这些花木就不是自己家的了。金妹一听，说："你厂长当得稳稳当当的，家里刚刚有了些钱，为啥还要去冒险呢？好不容易有了安稳的日子不过，又要让全家人跟着你心惊肉跳了。"鲁冠球对她说："只求安稳日子，创不了大业。往自己肩膀上多压些分量，把自己和企业的生命连在一起，才能把大家的干劲激起来。"

金妹知道鲁冠球是个犟脾气，她没有吭声，就算是默认了。

是啊，这份合同不是那么好签的呀！这"鲁冠球"三个字，是不能随便签下去的呀！倘若企业毁在他的手里，赔上几万元还是小事，全厂五六百个工人多少年来的心血不也就被糟蹋掉了？

"只能成功，不能失败！"鲁冠球咬了咬牙，用颤抖的手写下了他的名字。

会议室里响起了一阵掌声。人们谈笑风生，可鲁冠球怎么也轻松不起来，笑不出来。只是默默地念叨着：万向节厂，我鲁冠球的身家性命都和你连在一起了！

后来有人"考证"，说是乡镇企业由个人承包经营，至少在浙江，鲁冠球是第一个"吃螃蟹的人"。

经营自主，甩开膀子。鲁冠球开始筹划着如何对全厂进行脱胎换骨的改造，在企业方向、员工培养、招工办法、质量管理、经济责任、人才引进等各方面精心设计，大胆改革，建章立制，夯实基础。承包不到半年，成效就开始显现。到了7月初，厂里就完成了合同规定的任务。鲁冠球的心思全在生产上，也没有去计算能超额多少，但有好事者为他测算了一下，说到年底，他可以拿到少则3万元、多则5万元的奖金。这在当时可是个天文数字!

那时有个称呼叫“万元户”，这是“富翁”的代名词。其实，这“万元”还不是纯收入，连自留地上的收成、上山砍来的柴草、鸡鸭生蛋换的钱都算在内的。3万元、5万元，那可是多少个“富翁”集在一个人身上了呀!

“人怕出名猪怕壮”，这话用在这里可是最贴切了。名气，当时鲁冠球还没有；“壮”，好像有点了，虽说这还是别人的一番“测算”，根本还没有影子呢!

果然，“冒富”惹祸了。有人向上递了一份材料，说是萧山这地方“发财的发财，发呆的发呆”，“两极分化”开始了，鲁冠球那里就是典型的两极分化，万向节厂的承包不合理，应予取消，奖金不能兑现。这份“材料”惊动了中央，浙江省委、杭州市委、萧山县委对此高度重视，派人来进行调查。县里还开展了乡镇企业该不该承包的大讨论。

动静够大的，但鲁冠球却蒙在鼓里。厂里的事实在太多，能得多少奖金，他根本没空去计算。市场竞争激烈，他筹划如何完成下半年的任务还来不及呢!

大约8月初，浙江日报社来了两位记者，说是总编辑他们来看看厂里的生产情况。这是鲁冠球第一次与记者打交道，说:“你们有什么问题就提吧，我一定实事求是地回答。”他们了解得很仔细，提到数字还一定要请会计来。除了鲁冠球，他们还到车间与工人谈……

1983年8月17日，《浙江日报》在头版刊登了长篇报道《萧山万向节厂高标准整顿企业，狠抓影响经济的薄弱环节》，足足有2000多字。这是报道万向节厂的第一篇文章，里面有两句话鲁冠球记得特别清楚：一句是称赞他们敢与国有大企业竞争，说这是“虎口拔牙”；一句是称赞他们重视智力投资，说这是“用知识开拓未来”。最后还有一句:“他们还希望有大学生去厂里工作”，这是为他们乡镇企业在吆喝。

时隔两年，这两位记者才告诉鲁冠球，当时他们就是来调查“发财”“发呆”的事的。回去后，他们向总编辑吴尧民汇报了调查情况，吴尧民很感兴趣，说乡镇企业能做成这样，不简单，应该支持他们的做法。

乡镇企业该不该承包，鲁冠球的承包合同该不该兑现，省、市领导更是十分关注。

上面说过，出现这么大的动静鲁冠球并不知情。后来才知道，县里领导态度十分明确。县委书记费根楠说，让鲁冠球承包企业，这是县委、县政府集体决定的；承包合同是经过公证的。承包任务完不成要人家赔，承包任务完成了奖金不许兑现，哪有这样的道理？就这样，把这事兜下来了。

至于上头的情况，时任省委常委、杭州市委书记的厉德馨曾有这样的回忆：

> 萧山万向节厂的结算还未出来，已经有人写信告状，说承包不合理，要求撕毁承包合同，不予兑现。中央把这封信批回浙江处理，并建议征收个人所得税。当时省、市领导都认为合同应当兑现，撕毁合同是不能允许的。省政府要财政厅研究办法，送到我手上。我完全赞成兑现合同，对征收个人所得税也不持异议，但认为要先立法再收税，不能只收鲁冠球一个人的所得税。正在省、市领导讨论这个问题的过程中，从万向节厂传来消息：鲁冠球已将这笔奖金还给企业，用于扩大再生产。因此这个问题也不需要再讨论了。（摘引自厉德馨著《自奋蹄·随心集》第95页，浙江人民出版社2001年版）

事情正如厉德馨老书记所说的那样，鲁冠球把奖金返还给了企业。

当时，鲁冠球怎么也不会想到，他这个年年为缺钱发愁、天天为挣钱养家糊口而疲于奔命的穷农民，突然会遇到钱多了该怎么办的难题。

按照承包合同规定，由于企业的产值、利润、职工收入及上缴国家税收、乡里的收益等各项指标都大大超额完成，鲁冠球作为企业承包者，1983年可得奖金不是3万元，也不是5万元，而是8.7万元；1984年是11.2万元；1985年更是高达25万元。仅此3年，他总共可得奖金44.9万元。

面对这一笔笔巨额奖金，每到年终结算时，鲁冠球都碰到这样一个难题，要不要拿？对此，社会上也议论纷纷。

许多人都让他拿，说是万向节厂的发展来之不易，你鲁冠球是立了汗马功劳的。有位省里的干部还专门跑到他那里说，现在还有一些人怕“冒富”，你就带个头吧!

“冒富”，鲁冠球不怕。何况那时他家还不富。原来鲁冠球打算在1983年建房，因为那一年他把价值2万元的花木抵押出去了，房子也没有造。过怕了穷日子的他，又何尝不向往小康日子？

前几年，他靠借30元钱才办了婚事；想喝杯酸梅汤，兜里却拿不出7分钱；办粮食加工厂亏了本，他拿破瓦房做抵押；办农机修理铺时他变卖了家产。1979年年关时，妻子章金妹想：“办厂已经9年多了，鲁冠球每天东奔西跑的，有时连差旅费都报销不了，自己掏钱垫着。现在厂里好起来了，能否补我们一点？”乡工业办公室同意补助400元，但到上面审批时，一分钱都不肯给，她委屈得直流眼泪。

鲁冠球是懂得钱对人的吸引力和推动力的，但是他又觉得这“钱”里面也暗藏着一种离心力和腐蚀力。

1983年的承包奖结算出来时，鲁冠球正在北京开会。厂里会计打来电话告诉他结算结果，让他几个晚上都睡不着觉。他老在想：“这一大笔奖金到底从哪里来的？是不是我鲁冠球一个人所创造的？这样的奖法还有什么可改进？”

创业的艰辛，员工们为企业也为自己生存而拼搏的情景，时代的变迁，命运的改变……一桩桩往事清晰地浮现在鲁冠球的脑海里。

其实，鲁冠球那时承包的目的，不是为了得奖金，也不是为了个人捞一票。如果只是为了挣钱，他不一定要冒风险去承包一个企业。那时候，政策放开了，挣钱的路子多的是！他之所以要搞承包责任制，目的是为了取得企业经营的主动权，能放手大胆地实行改革，增强企业的发展能力和竞争能力。同时，他也想搞个试验，为乡镇企业的快速发展、让农村尽快富起来探索一条路子。对他来说，把企业搞上去的欲望实在是比个人多拿奖金的欲望要强烈得多。

他认为，承包后之所以出现显著的经济效益，也不是他鲁冠球一个人的功劳，而是靠“天时、地利、人和”。

“天时”，是党的十一届三中全会以后出现的好时机和党的富民的好政策；“地利”即社会各界包括从中央到省、市、县、乡领导的鼓励和支持；“人和”即厂里干部职工的齐心协力，以主人翁的责任感埋头苦干。有过这样一件事：有一次鲁冠球出差在外，厂里意外停电，眼看价值2800元的600多只十字轴就要在高炉中报废，在场的三位职工和其他车间职工一起，硬是冒着8000摄氏度以上的高温，想方设法保住了这600多只十字轴。这件事使他深受感动，说明厂里的职工并没有因为厂被鲁冠球个人承包了就放弃了责任感。

仔细推敲，这份承包合同本身也有不科学的因素。如合同规定“一定三年不变，年递增率为10%”，这在当时的情况下是合理的。但由于我国经济的发展，作为先行官的汽车工业发展很快，企业外部的市场环境变得非常有利，这在当初是意想不到的。同时，企业生产规模扩大，也是企业利润大幅递增的原因之一。

在鲁冠球看来，尽管万向节厂不是国有企业，是乡镇企业，但他们走的同样是社会主义道路，企业是社会主义企业，所以，在分配上既要体现按劳分配，拉开档次，也要考虑共同富裕。从这一角度来考虑，承包合同中奖金分配的比例定得有点不太合理。例如按合同规定，他和全厂500多名职工在超利润部分的分配比例是1：6.41。这3年他的奖金如果照拿的话，1983年就要比每个职工的平均所得多43倍，1984年多50倍，1985年多93倍。如此大的差距，人们在心理上是难以承受的。职工们也许会说："我们做死做活，得利的只是鲁冠球一人。"这就会产生一种离心力，使他与职工之间形成一条不可弥合的鸿沟，影响企业的发展。"钱聚人散，钱散人聚。"鲁冠球心想，绝不能为了个人赚钱让人心散去，让企业失去最宝贵的发展力。

"这钱我不能拿！"

于是，鲁冠球从北京写了一封信给乡政府。信中，他郑重地写道："我愿意将1983年承包超额利润分成部分全部献给企业，用以发展生产和进行智力开发，使企业办得更好。"

之后，1984年的那份奖金，鲁冠球用1.2万元买了国库券，其余10万元捐给宁围乡兴办教育事业。得悉这一消息后，为鼓励鲁冠球，当时分管文教事业的李德葆副省长给他写了一封亲笔信。当鲁冠球捐资的宁围乡中心学校落成时，时任省长薛驹同志和时任副省长李德葆同志还特地赶来剪彩，薛驹省长题写了校名。

1985年的25万元奖金，鲁冠球也仍然返还给企业用于扩大再生产，并主动提出，去掉合同中的"超利润部分的5%归承包者所有"一句，改为"承包者奖金从优"。

对他的想法和做法，省、市领导都十分赞成。

厉德馨老书记当时就对鲁冠球这样说："一个人在处理个人利益方面，可以有几种选择，不该拿的不拿，该拿的全拿，这应当算是好人、正派的人；该拿的拿，不该拿的也拿，数目小是犯错误，数目大就是犯罪；保家活口的钱该拿的拿，供享受的钱该拿的暂时不拿，用来回报社会，这是高尚的人、受人尊敬的人，你鲁冠球就属这一类。”厉书记要市里调查、总结鲁冠球的创业经历，还要鲁冠球到各地巡回演讲。

省领导把鲁冠球的事向中央做了汇报。当时，一位中央领导到浙江调查，听了他的事，就让新华社记者来采访。1986年4月10日《人民日报》发表了新华社记者李峰、林楠的通讯，题目叫“乡土奇葩——记农民企业家鲁冠球”，中央领导同志还在通讯上做了批示，认为鲁冠球的做法完全符合党所提倡的让一部分人先富起来从而带动群众共同富裕的政策，同时，又把创业的目标、实现“四化”与共产主义理想，即走社会主义道路密切联系起来。

那时，鲁冠球去各地做巡回演讲的题目就叫“通往共产主义的路就在脚下”。

第7章 “口袋”和“脑袋”

1984年春天，时任国务委员张劲夫在省委副书记陈法文的陪同下，来万向节厂视察。临走时，他问鲁冠球有什么困难。

困难很多，原材料紧缺、价格还不断上涨、流动资金又少……但这些困难鲁冠球都没有讲，只提了一个要求，能否给他几个大学生？

张劲夫同志说，现在国家教育经费紧缺，大学办得少，大学生很俏，机关、事业单位、国有大企业都要，怕是有些困难。

“那我‘买’行不行？”鲁冠球着急地说。

“‘买’？这话好像有点难听。”

“就算是我向国家付的培养费，5000、10000元都可以！”

张劲夫同志笑了，说：“这倒是个好主意。”并当即吩咐陈法文同志想想办法。

为什么提这个要求呢？因为这时候的鲁冠球有个隐忧。

随着党的农村改革政策的深入，农民挣钱的路子越来越多，乡镇企业也如雨后春笋般异军突起。多少年来，中国农民一直过的是穷日子，一个“穷”字凝聚了多少悲凉凄惨的故事，所以，许多中国人，特别是农民，实在是“穷”怕了。因而党的“脱贫致富”口号的提出，便成了改革之年中国农村最符合民意、最激动人心的国策。在江南一带，不少农民确确实实是率先富了起来。

然而，有谁料到，一些先富起来的农民这时竟感到十分迷茫。许多人不知道挣钱为了什么，钱多了怎么办。

当时，萧山一些富裕农村刮起了一股建房风。“衣食住行”是人生最基本的物质需求。温饱之时衣、食不成问题，“住”的问题就成了热门。常言道，安居才能乐业，几十年住下来的破草舍确实也该换换瓦房了，否则儿子娶不上媳妇。一时间，萧山农村造房成风。这是好事，但同时也出现了攀比风，甚至以建房来斗富：不过是四口、五口之家，房子越造越大，浪费了大量耕地；你造三层，我建四层。有的甚至建了拆，拆了建，折腾来折腾去，无非要比个“谱儿谁家大”；钱折腾完了，不能再建新屋了，就在屋顶矗立个铁杆，反正是一定要比别人的房子高。有人以为这铁杆是避雷针，实际上大多不仅不避雷，还“招雷”，人们笑称这是“齐天大圣的尾巴”——《西游记》里的孙悟空和天神斗法时就用了这一招。

这种迷茫在鲁冠球他们厂里也有。不少工人光顾挣钱，甚至为了多得奖金，在产品和设备上“动手脚”。出了次品怕受罚，丢到厂外河沟里，丢到厕所里，把脑筋动在怎样瞒过产品检验这一关。

鲁冠球把心中的担忧与总支书记祝炳善讲了。他说，老祝呀，现在企业是发展了，市场也变大了，职工们的“口袋”是比过去“满”了，但不能让我们的职工成为“口袋满满，脑袋空空”的“空壳人”呀！

老祝是个好人，他到厂里时间比较早，一直任党支部书记。他支持鲁冠球的工作，之后又支持鲁冠球的改革。他们有商有量，这也是万向节厂的工作和改革能顺利推进的重要原因。

他们两人商量，厂里要搞“两袋投入”，即“口袋投入”和“脑袋投入”。

所谓“口袋投入”就是要尊重员工的劳动价值，严格执行按劳、按效、按资分配，按员工付出的劳动、对企业贡献的大小来决定报酬高低。

但光靠物质的激励是不够的。让职工的思想仅仅停留在“多工作我就可以多挣钱”这个水平上，那还是低层次的。心中没有国家、没有企业、没有他人，只是为了自己赚钱，他就可能会挖空心思地去算计国家、算计企业、算计他人。这就需要“脑袋投入”，即积极开展思想政治工作，教育员工爱祖国、爱共同富裕的集体，只有国家富强、企业效益高、自己勤奋，个人才能富起来。同时，也要把科学技术等知识“投入”进去，不断组织员工学新技术、新知识，提高文化知识水平，全面提升素质。

“两袋”相互交融，循环往复，精神的、物质的辩证地统一起来，从而让员工身心、物质双双受益。

这里，先来看看他们如何做思想政治工作。

鲁冠球觉得，思想政治工作最忌“空对空”，一定要“实打实”，要结合社会的实际、厂里的实际，讲身边的人和事，讲自己的心里话，否则，你即使讲得文采飞扬、辞藻华丽，人家也会说，那只是“阳春面”上再放根葱——“阳春面”是杭州餐饮中的“平民食料”，一大碗面条加点酱油，除了放葱，其他料是不放的。看看漂亮了，实际上还是光面条嘛！

于是，在进行思想教育时，鲁冠球就讲自己的理想，就是现在人们常说的“梦想”，结合自己的实际，结合厂里的实际讲。

他对厂里的工人说，人生最大的快乐就是有理想。坚持理想，去努力，去奋斗，去实现理想，这就是人生的价值。

当然，人生的理想也是不断升华的。

他说：“当初，我想去当工人，犹如今天的农民进城去当‘农民工’，是为了摆脱贫困，过上温饱的日子。后来办企业，是为了让全厂职工脱贫致富，同时也能为国家多做一些贡献。现在企业兴旺了，我们不光要看自己的‘口袋’，不能只看自己的厂里，更要将目光放得长远一些，要看到厂外，还有多少农民没有脱贫；要看到国家，怎样能为国家做更多贡献。只要对社会有利、对国家有利的事，只要我们力所能及的，无论大小，哪怕是赔本生意，我们也要干。”

他举了个例子说：“有一次，浙江火电设备安装公司在半山发电厂施工，一台90吨日本大吊车的万向节突然坏了，严重影响了发电机组的安装。到日本去买，要耗费很长时间；因为赚不了钱，还可能赔钱，国内其他厂又不愿做。安装公司说，这机组每推迟一天安装，就要浪费2000吨煤。无奈之下，他们来我们厂求援。我一听就说，这事我干！这时已到年关，有人说，春节以后再做吧！我说，我们春节过上三五天，那边损失的煤炭可就是上万吨了。春节不休息了，赶快组织一个班子。结果，我们用了13天时间就完成了原先需要三个月的任务。做这个万向节成本6000元，但我们还是按常规收了78元的加工费。”

鲁冠球又举了另外一个例子。他说：“进口汽车有不少用的是特殊的万向节，工艺高、批量少，无利可图，所以好多厂不愿生产。但我认为，这些进口汽车是国家在用，特别是大型的工程车。国家要用，我们应该生产。石油部昆山器材供应站的人有一天也来找我，说他们需要一些规格特殊的进口汽车的万向节，但只要50套。我说，行，我们来生产，一方面可以解决你的难题，另一方面我们也可以‘练练兵’，看看这万向节‘特殊’在哪里。很快，我们把这50套万向节生产出来了，也是按国内定价卖给他们，他们可高兴了，到处宣传，还要所属单位全部到我们厂订货，一下子就订了16万元的万向节……”

鲁冠球把这些事例讲给职工听，并说，你为国家着想，你为别人着想，国家也想着你，别人也想着你。市场就是这样去开拓的，利人才能利己，这是一条原则。不能光想自己挣钱、自己得利。

他又说：“现在我是共产党员，共产党员就要为实现共产主义理想而奋斗。有人说，共产主义目标宏伟，但那是遥远的事。我说，对！但伟大的事、遥远的目标，就要一步步地走，一件事一件事地干。现在我们在干社会主义，先从身边事做起，这就在为共产主义大厦添砖加瓦，为通向共产主义铺路筑桥。所以，那时我去巡回演讲的题目，就叫‘通往共产主义的路就在脚下’。”

以后，万向又把这种精神概括成“一天做一件实事，一月做一件新事，一年做一件大事，一生做一件有意义的事”“想主人事，干主人活，尽主人责，享主人福”。这几句话，成了万向文化中的重要内容。

说到这里，来讲讲鲁冠球申请加入中国共产党的事。

早在20世纪70年代，鲁冠球就开始写入党申请书。因为他认为，一个家庭不能没有当家人，一个国家必须有正确的领路人，这就是中国共产党。“这辈子我跟定共产党了！”

那时候，他年年写入党申请书，厂党支部通过了，但到了上面还是年年不批准。后来鲁冠球也想明白了，因为他是厂长，是所谓的“当权派”，虽然这是个小厂也没啥“权”；再加上他过去摆过修理自行车的小摊，私下里办过粮食加工厂，那就有“走资本主义道路”之嫌。两者加起来，就是“走资本主义道路当权派”，这在当时是“斗争对象”。

虽然暂时不能入党，但鲁冠球还是处处以党员的标准要求自己。他要求自己起码要有两个“带头”：一个是带头干事，另一个是带头吃苦、吃亏。支部书记祝炳善看在眼里，总在支部会上讲，党员要是个个像鲁冠球那样，这厂还愁搞不好？老祝是了解鲁冠球的，懂他心的。

人的命运是同时代、同国家的命运紧密连在一起的，人的政治生命更是如此！1984年4月19日——这一天鲁冠球终生难忘，比他自己的生日还记得牢，他终于被批准入党了。萧山县委组织部部长为鲁冠球主持了入党仪式，县委书记费根楠还特地来祝贺。

从此，他更关心党的工作，他们厂里党员队伍不断地壮大。到2012年年底，万向集团已有1463名党员；在企业的正职干部中，党员比例高达95%。党员们成为开展思想政治工作、进行“两袋投入”的主力军，也是自觉进行“两袋投入”的带头人。

1991年，万向集团成立党委，这是浙江省第一家乡镇企业的党委，鲁冠球被推选为党委书记，这个职务他一直做到今天。

曾经有记者问鲁冠球：“你工作这么忙，要抓的事很多，为什么还要担任党委书记的职务呢？”

他说：“工作确实忙，但党的工作是最重要的工作；事情确实多，但这是大事。因为这个岗位把握着企业的方向。这么多年，万向没有走歪路，就因为方向正确。有人曾说，这是‘万向’上面有‘一点’！”

记者又问：“你既主持企业的工作，又做党的工作，这两者有什么联系呢？”

鲁冠球说：“只要是党员，不管你是普通员工，还是企业老总，都要把自己的点点滴滴做好，才能把党的形象树立好。在企业的经营管理中，我始终牢记党的使命，努力把企业的目标融入党的伟大目标中去，并且把这一理念落实到全体员工的实际行动中——这就是我们一直坚持的‘两袋投入’。”

当然，做好思想政治工作是“两袋投入”的一个重要内容。与此同时，鲁冠球认为，企业还要在科技知识、文化教育上投入。

鲁冠球自己是农民出身，他觉得他最了解农民。当农民过上温饱生活的时候，他们最感到“饥渴”的是什么？是文化，特别渴求的是教育！

有一件事时时使鲁冠球困扰不安。由于历史的原因，他们厂里的职工文化素质很低，1980年以前，全厂只有两名高中生，职工的平均文化水平只有初小。他自己的学历还算“高”的，但也只是“半个”初中生。虽然，靠着灵活的机制，他们厂的产品在市场中所占的份额慢慢地多起来了，但随着改革开放的深入，乡镇企业越来越多，国有企业也会逐步展现出潜藏着的威力，市场的竞争将会越来越激烈，光靠乡镇企业当时所谓的“灵活”的机制是远远不够的。取胜的法宝是职工的素质，是人才和智力的积累，而在这一点上，他们厂明显处于劣势。

鲁冠球清楚地知道，他带领的是一支虽然冠以“工人”称号，但实质上还是农民的队伍。他们中许多人看不懂图纸，不习惯用千分尺、游标卡，几乎没有质量检验的观念，“毛估估”“差不多”就行。全面质量管理的“TQC”三个字母，只熟悉一个“Q”，那还是从扑克牌上认来的，他们将它读成“皮蛋”。

从1980年开始，鲁冠球做了个规定，今后要进他们厂的，必须具有高中文化水平；又挤出4万多元钱，办起了“骨干班”“技术班”及职工文化实习班，规定35周岁以下的职工，都要补到初中水平。企业还规定，把职工来不来文化补习班上课与奖金挂钩，无故缺课的要扣奖金。许多老职工毕竟年纪大，记忆力有所减退，但他们也坚持长年在灯下苦读，有的还是培训班“二进宫”的学生，但硬是凭着一股拼劲、韧劲，达到了初中水平。鲁冠球自己，则是每周两次去浙江大学经济管理专业旁听进修。

但专业技术人才特别是中高级的工程技术人员，仍然是个空白。那时候，许多乡镇企业的厂长开着轿车到城里登门请大专院校的教授、科研机关的专家来企业当顾问，指望通过速成的途径，向他们这些粗陋的企业输入最基本的技术或最时新的信息。这就是人们所说的“抢财神”。

鲁冠球他们也曾开着一辆破吉普、租了一辆“上海”牌汽车四处去“抢”。不过在“抢”了一番后，鲁冠球悟到：与其费力去“抢”，不如着力去“造”。俗话说，“人有不如己有”。“临时抱佛脚”般地“抢”来的是临时的，自己培养的才是永久的。于是他决定在高考的落榜生中再招一批高中毕业生，乡里不够就在全县范围招。

招工通知在县广播站的喇叭里一叫，来报名的着实不少。鲁冠球一本正经地组织了招工考试，还规定了录取分数线，不上线的坚决不取。

鲁冠球有一位外甥女，19岁，高中毕业，也来参加考试了，结果差2分。取不取？群众都在看。他心想：“如果取了，我厂长言而无信，往后怎么工作？”便心一横，不取。

表姐夫上门来求情，说：“看在老祖宗的分上，认认账，收下吧！”鲁冠球说：“也请你看在老祖宗分上，支持支持我的工作。”

尽管许多亲戚朋友都理解，但有的也不谅解，说他六亲不认，从此留下了心结。

结果，好多外乡的高中生被录取了，村里又吵吵嚷嚷：“办乡镇企业不是为了安置本地劳动力吗？如今‘肥水流入外人田’，你鲁冠球搞什么名堂？”他说：“是人才我都要。不要说是本县的，外县、外省的我都收，外国人肯来我也要，这不是‘肥水流入外人田’，是‘肥水’流进我们的‘田’！”

第8章　人才就是“贵人”

在1980年招收进来的47位高中毕业生中，至今有30位仍在万向工作。他们绝大多数都走上了领导岗位，成为部门、下属企业的主要负责人，有的甚至成了业界有相当知名度的领军人物。

从20世纪80年代初开始，一批又一批具有较高文化水平的农村青年加盟万向。他们勤奋工作、刻苦努力、自学成才，在各自的领域内取得了骄人的业绩，许多人走上了企业重要部门的领导岗位。

30多年了！这一大批年轻人见证、参与、负责了万向一系列重大改革，他们承受着繁重的工作压力，品味着创新的艰辛。不论是在艰难坎坷之际，还是在顺畅发展之时，他们都与万向同命运。他们把美好的青春岁月贡献给了万向，成为推动万向持续发展的一支中坚力量。

想起这些，鲁冠球总是心怀感动、心存感激！

就在国务委员张劲夫视察万向节厂三四个月后，即1984年的8月份，时任浙江省委副书记陈法文打来电话说：“老鲁呀，今年有8位大学毕业生分配到乡镇企业。”鲁冠球一听，赶忙说：“那我全‘包’了。”陈法文同志说：“那不行，省里其他地方的乡镇企业也要呀，我给你争取了4位。”

鲁冠球可高兴坏了，立即叫来行政科长，要他无论如何腾出两间房来，让大学生两人住一间，既少打扰，又可做伴。他还吩咐买4辆自行车，要“永久”牌的，这在当时是高档车，其中的意思是想让他们永久地留在厂里。这一年浙江省广播电台搞“万人赞”厂长评选，鲁冠球被评上了，奖了他一台彩电，他舍不得用，也搬来了。当然，他也没有忘记当初的君子协定，向教育部门支付了总共2.4万元的“培养费”。

从这年开始，鲁冠球就向人事部门下达招收大学毕业生来厂工作的任务，每年至少要有80名到100名，但人事部门总完不成。什么原因呢？他就先从人事部门找原因。

1994年年初，鲁冠球免去了曾为集团发展立过功但文化水平不高、在用人问题上缺乏魄力的人事部门负责人，起用一位工程师担任此职。因为他认为，人事部门的领导自身应该是人才，是能用好人的人才。以前那位负责人，虽然有他的许多长处，但在善于用人这一点上有明显缺陷。

鲁冠球担心有的部门对大学毕业生随便安排、照顾不周，便给各部门负责人写了一封公开信，强调大学毕业生来之不易，要“引得进，留得住，用得好”，而“留得住”的关键又在于“用得好”。

1994年7月，鲁冠球又发布了1号指令：“各（下属）公司、企业、部门新提升副经理级的干部，必须是大专毕业或相当于大专毕业学历以上者。若指令生效后仍使用不符合规定人员的，要严厉追究此项工作负责人的责任。”

有人问他，为什么要发指令，而且还是“1号”？又为什么如此严厉？鲁冠球说：“这是因为我心里着急呀！万向集团要第二次创业，‘卡脖子’的是人才！有了掌握先进科学技术的人才，可以弥补设备的不足；而没有人才，先进的设备也许会变成一堆废铁！过去我们在‘小河’里、在‘钱塘江’里行船，‘船老大’还可以将就；现在我们要去闯‘大海’‘大洋’，就必须用懂高科技的‘船长’！”

要重用大学毕业生，必然有一些同志要换下来。自“1号指令”发出后，鲁冠球对未达到学历要求的干部采用了“先换脑子，换脑不成就换人”的办法。其间引起最大震动的是一位主管日常工作的副总经理被免职。

说起来，这位主管日常工作的副总经理还是企业创建时的“元老”之一，他工作勤恳，但文化水平低，办事总按陈规旧法。公司也曾派他出国考察学习，回来后主抓的工作仍起色不大，于是，董事会决定免去其职务。

现在想起这事，鲁冠球心中还是很有感慨。有人说他无情无义。其实就他而言，对一起创业20多年的老员工，怎么会没有感情？但无情的是市场竞争，是经济规律。作为一家企业的负责人，事关企业前途命运，他只能起用有开拓精神、有新办法的人才，不能因为怕伤一两个人的“和气”而损害了国家、企业、工人的利益。除这位元老外，还有7名工作时间较长的同志从厂长、经理职位上退了下来，让位于有大学学历又有实践经验、创新精神的员工。

在鲁冠球看来，对人力资源的投入还有许多事要做。

记得1985年，他第一次赴美国考察时，被两国生产效率的巨大差距震惊了。美国有一家工厂只有250人，但每年能生产400万个万向节。而当时万向已拥有将近1000名员工，每年却仅能生产80万个万向节。也就是在那个时候，万向出台了“三淘汰”“四提高”的政策。

“三淘汰”就是淘汰落后的设备、落后的工艺和技术落后的人员。

这里牵涉到相当多的老员工，所以对这一政策的执行，他们相当谨慎，并不是一步到位。首先让年龄较大的员工提前退休，并给予一定的补偿。而对于留下来的人，要求他们在生产中按新标准提高质量。在可能的情况下，又把其中一些老员工调到新岗位，考虑到新岗位的不适应可能会影响到他们按劳计酬的收入，因此保留他们之前的工资待遇。与此同时，还让员工轮换岗位。总之，这个政策是逐步实施的，并不是一步登天。

“四提高”指的是高起点投入、高精尖设备、高层次人才、高档次产品。依照这项政策，万向将年收入的5%至7%用于研发创新。

20世纪90年代中期，原国家教委还把万向定为大学毕业生重点分配单位，从此，有了更多的大学毕业生加盟万向。

有人问鲁冠球：“有没有大学毕业生来了又走的？”他说：“当然有！但即使你离开了万向，以后你觉得还是万向好，我们照样欢迎。”

早些年，万向有一位研究生听说有家村办企业正在用高薪、房子等高待遇招聘人才，便带了厂里4位大学毕业生离职前往。鲁冠球再三挽留，见实在留不住，便叫了汽车送他们。谁知那家企业给他们“吃”的是“空心汤团”，除领头的那位觉得“无颜见‘万向’”外，其余4位均表示了要回来的意向。鲁冠球听了，毫不犹豫地说：“回来欢迎，一如既往，一视同仁！”其中有位小方，回企业后踏实苦干搞革新，一年为企业节约成本近20万，被重奖1万元，还被评为劳动模范。

尽管万向采取了许多措施，但还是有大学毕业生来了又走了。例如最先分配来的4位大学毕业生，有一位家在杭州，不久就考研去了。后来其他3位也陆续离开了……

对此鲁冠球十分惋惜，还曾埋怨窄窄的一条钱塘江竟然会挡住了人才的来路，也动过把万向总部搬到杭州城里去的脑筋。后来他也想清楚了，对于人才需要感情留人、待遇留人，但最重要的是事业留人。他认为关键是当时的企业还没有更多让他们能施展才能、发展提升的大平台。同时，人才是要流动的。当初乡镇企业人才难得，所以呼吁人才流动；现在不能因为有了人才，便搞“人才封闭”。有道是“树挪死，人挪活”，不管他们到哪里去工作，鲁冠球常常借用一句歌词祝福他们，“只要你过得比我好！”

话虽这么说，但事实并不如歌唱的那么轻松。每一个大学毕业生加盟，都会让鲁冠球他们高兴；而每一个大学毕业生的离开，也会引起他们的伤感。前几年鲁冠球在万向要处理的事还没有现在这么多，每招聘进一个大学毕业生，鲁冠球或者他的儿子鲁伟鼎都要与其一一见面，聊上几句。所以，有时听说某某离开了，他们总会百感交集，毕竟大家已有一面之交，有了“心灵之约”。鲁冠球也总会责怪自己，在留人上肯定有不周之处。

平心而论，吸引人才，引进人才，发挥人才作用，这一关系企业前途、命运的大事，始终是鲁冠球考虑的许多问题中的“重中之重”。

人才是宝。谁能获得人才，就如获至宝，这是企业的幸运。

有道是，办大事必须有“贵人”相助。鲁冠球觉得，人才就是“贵人”。得他们相助，是一种福分。

什么是人才？在鲁冠球看来，有真才实学、敢想、肯干的人就是人才。想，要壮志凌云，也可异想天开；干，要脚踏实地、专心致志。想，是创新探索；干，是把才能智慧付诸创新实践。而这一切，需要有热爱事业的一颗忠诚之心，以及与本职工作相匹配的知识。

万向能发展到今天，靠的就是一大批人才。他们中有在国外学成归来的精英，也有国内外专家；有大学本科、硕士、博士到博士后的高学历者，也有在本企业经过长期历练自学成才者；有高层、中层管理者，也有基层骨干、一线员工……

如果从学历看，在万向集团现有的3万多名员工中，在国内工作的就有6000余人具有大专以上学历，其中博士50多名，硕士400多人，还聘请了5位院士为集团高级技术顾问。

早在1999年，万向集团就依托国家级技术中心，设立了博士后工作站。截至2013年，已获得专利35项，承担国家项目6个、省部级项目4个。2010年，工作站荣获“全国优秀博士后科技工作站”荣誉称号。

值得一提的是，万向现在从事新能源产业的员工有1000多人，具有大专以上学历的员工就占50%以上。因为这是高科技产业，更能吸引年轻人。它再次说明，搭建发展平台是吸引人才的好办法。

但万向要发展，还需要有更多的人才。从1995年起，鲁冠球要求每年能招聘100名大学本科或本科以上的毕业生。

但民营企业在人才招聘上，并不总是那么幸运的。

在一次重要会议上，浙江省一位著名民营企业的负责人曾感叹，一年10多万的年薪、中层的职位，却留不住考“公”的心。考“公”，就是考公务员。

这话引起了与会企业家的共鸣，引来更多的叹息。

鲁冠球说他理解许多年轻人考“公”的心。人各有志，人生的路各人有各自的选择。但由此也可看出，在吸收、招揽人才方面，民营企业的确是一个弱势群体。

谁不想以高工资、高福利来吸引人才、厚待员工？可不管怎样努力，民营企业都比不上“捧公家饭碗”的。

何况，工资、福利的高低，还要受企业效益的制约。现在大多数还相当脆弱的民营企业的效益，怎能与“国”字号企业比，特别是与垄断行业的单位相比？

这一难题，怎样去破解呢？鲁冠球和其他企业家一样，总是纠结着、苦思着。

他逐渐意识到，许多原有的人力资源工作中的观念、规定、做法，可能已经不适应新形势的要求了。

一方面，80后、特别是大批90后的年轻人进入企业，他们为企业带来了一股清新之风，使万向这家已有40多年创业历史的民营企业洋溢着青春活力。他们的新观念、新思维、新要求、新行为，都要求管理者去深入观察和了解，使企业文化和他们表现出来的多元文化进行磨合、融合。这里所说的“磨合”，不是要“磨”去他们的“棱角”，特别是他们身上可贵的充满创新力量的激情，反而是需要去积极吸收它，使企业文化得以发展。

另一方面，现在的民营企业早已不是20世纪的那个模样了。不仅厂房整洁了，机械设备先进了，管理更规范了，而且整个企业“肌体”有了质的飞跃。特别是在这几年的转型升级中，这种变化和飞跃更为明显。企业的转型升级需要“转型升级”的人才，对人才包括对一线员工不论在思想素质、专业素质等方面的要求更高了。这种对人才的新需求，以及在人才培养上的“转型”和“升级”，传统的教育大多没有准备好，而企业在培训和后续教育上，也力不从心。

鲁冠球认为，民营企业不仅需要资金的大量投入，更需要知识和人才的持续、大量投入，这是民营企业须臾不可停止的“两袋投入”。

对民营企业来说，融资一直是个大难题，但人才的吸纳，更是一个难上加难的特大难题。这一难题，将长期困扰民营企业。

破解这一大难题，将是民营企业之大幸！

第9章　做大的诱惑

20世纪90年代，乘着邓小平南方谈话的东风，万向也步入了发展的快车道。

此时，万向名称前冠以的地名早已不是宁围，也不是萧山，而是杭州了。

万向改名的经过，厉德馨老书记有过这样的描述：

万向集团规模越来越大，越来越引人注目。1983年以后，到万向参观的人也越来越多。北京来的客人，不少也愿意到那里看个究竟。尽管那时到萧山还只有钱江大桥一条路，道路状况也很差，要到萧山城边拐弯从一条尘土飞扬的小路上行走几十分钟才能到达，但人们还是要去，真是“好酒不怕巷子深”啊！1984年春，当时的国务委员张劲夫也怀着浓厚的兴趣去了万向节厂，回到杭州对它赞不绝口，说，真想不到在一个穷乡僻壤的地方创出那么一个奇迹。他还当面向我提议把它改名为杭州万向节厂，以进一步提高它的知名度。我当然乐意接受。经讨论，市里决定让万向节厂更名。经过一切必要的手续，万向节厂于当年5月16日在《浙江日报》上刊登启事定名为“杭州万向节厂”。

谈起万向节厂更名还有不少趣事。据统计，随着企业规模不断扩大，企业名称也不断更改，而每次更名，均使它的知名度提升一次。万向至今已10次更名，忠实地记录了它的创业历程。万向集团最早的名字叫“宁围公社金一大队五金修配厂”，那是鲁冠球与村里的几个人一起办的小铁匠铺，为农村生产和修理小农具。到1969年国家提出农业机械化的口号，公社更要求“农机维修不出社”，宁围公社就把鲁冠球的铁匠铺改成“宁围公社农机修配厂”，以后又更名为“宁围农机厂”。1974年开发了万向节，又更名为“宁围万向节厂”。大家都知道，1974年那还是中国尚未开始改革开放的年代，鲁冠球这一批有志的农民已经在选择自己的发展方向。

在万向的道路上，鲁冠球已经走过了32个年头。这是非同寻常的32年，企业的名字就是它的发展记录。1979年改革开放的春风吹拂中华大地，厂里果断地调整产品结构，从多样化生产调整为只做汽车万向节，走上专业化发展的道路，名称也改为“萧山万向节厂”。企业的进一步发展，才有本文开头讲的由“萧山万向节厂”改为“杭州万向节厂”的那个故事。它预示着“万向节厂”要突破地域的限制，走向更广阔的市场。

进入90年代，万向实施多元化战略，不只是生产万向节，还生产其他的机电产品，因此又更名为“浙江万向机电集团公司”。1992年又去掉“机电”二字，改为“浙江万向集团公司”，随后在1994年更名为“万向集团”。至今，它已不再是宁围的、萧山的，也不再是杭州的和浙江的，一切行政区域均被排除出名称之外。这为它实施国际化战略、向跨国公司挺进扫清了道路，行政部门附属物的影子也不见了。

万向的名字不断地改，但在这32年里，怎么改也没有改掉“万向”二字。起初叫万向，是因产品而得名；而后的“万向”已不再只是产品名称，而是企业的品牌。这个品牌你说它有多重要？它的无形资产是多少？恐怕是难以评估的。我以为今后不论什么时候

“万向”这个品牌都是不容忽视的，改掉它将会造成无法估量的损失。“万向”的后人，千万不能忘记！

正如厉老所说，当时“杭州万向节厂”在社会上有点小名气了。报纸、广播、电视会时不时报道万向的情况，所谓报纸有“文”，广播有“声”，电视有“影”。那个时代有一道风景——“参观潮”，哪里有先进，人们就成群结队去参观。万向也是被参观的“热地”。他们成立了接待办公室，专门接待来参观的宾客，忙得不亦乐乎。

鲁冠球那时事务多，厂里事务多、社会事务也多，许多地方邀请他去做报告。评选各种先进，万向也往往榜上有名，他又得去领奖、去座谈。鲁冠球这个人不善言谈，那时候身形又小又瘦，在厂里和员工一样穿工装，外出参加活动也就是穿一件“空军蓝”的中山装，这样的形象实在让人难以恭维。很多活动他想推掉，可是推掉不去人们就说他“架子大”。

万向名气大，但那时厂子其实并不大，产值刚刚破亿元，员工也只有1000多人，也没有气魄的厂房，向参观的来宾介绍情况的场所就放在员工食堂。万向员工包括鲁冠球在内，对种花木很内行，厂里花木很多，养护得生机勃勃，所以唯一可自夸的地方就是万向是家“园林工厂”。

鲁冠球当时心想，会不会让别人失望呀？名气这么大的企业，不过是个小厂嘛！这事让他很纠结，现在他回想起来，觉得纠结的背后实际是一种“私心”。

人，最怕的是被“吹”，因为经不起“吹”。一吹，人变得轻飘飘的，像氢气球被吹上了天，高得很，于是自己也觉得高。人家“吹”你“有本领、能办事”，于是自己也觉得确实“本领大”，似乎什么事都能办了。

名气大，厂子小，这是名不副实嘛！一定要把厂子做大，规模、产值、利润都要大！当时，他就是这么想的。

什么行业能快快地做大？鲁冠球查了好多资料，发现当时有两大行业，一是钢铁，二是电力。

各行各业都在大干快上，钢铁是必不可少的。制造万向节就需要许多钢材，要去各地采购，要到钢铁厂去求情以便能多供应一些。鲁冠球自己就常常去杭州钢铁厂寻求支持。看来，市场是不成问题，而产值利润更是可观，动辄要以“亿”作计量单位。

电力的诱惑力比钢铁更大，它的市场也比钢铁更大。电，任何地方、任何人都需要。在萧山，特别是在农村的乡镇企业，被拉闸限电是常有的事，为此企业蒙受了很大的损失。为了减少损失，尽管资金有限，万向还是挤出200万元去预购电权。办一个电厂，产值、利润同样要以“亿”计算。

办钢厂！办电厂！好像没有人有异议。有当地政府的支持，凭着当时万向的小名气，土地征用、启动资金，很快得到落实，只待上面的批准。

有一段时间，鲁冠球沉浸在“钢花四溅”“电线成网”的美景中。数亿、数十亿元的企业，上万的员工，车水马龙，厂区就是不夜城……

但想着想着，他有点后怕了。

他想：“我是个打铁匠，现在管理一家并不大的乡镇企业，其间经历了20多年的摸索学习，还觉得许多地方管理不到位，力不从心。要是办起了这么大的企业，我能管好吗？

“生产万向节需要的原材料并不多，还要我们东奔西走，求爷爷告奶奶。这钢铁厂、电厂一上马，原材料哪里来？运输力量该如何组织？银行贷款是要还的；厂子上马后，周边的污染是要治理的；人才紧缺，我到哪里去寻找……”

一桩一桩的难题，被他梳理了出来。那些美景离他越来越遥远，成了不能充饥的“画饼”。

“那些不搞了。我，还是搞老本行！”做出这个决定，说出这句话的一刹那，鲁冠球感到如释重负。

20多年过去了，鲁冠球为他当年做出这样的抉择而感到庆幸。

要是上钢铁厂、电厂，经历多少磨难暂且不说，即使上了，也不过是小钢厂、小电厂，早在治污淘汰之列。看看当年规划建厂的那些地方，如今早已成为城镇的一部分，搬迁是必然的，肯定又是一番大折腾。

鲁冠球觉得这件事是警钟，是镜子。由此给了他很多的启示：

做企业，要有一颗平常心。不必为名声所拖累，不要为面子硬撑着。项目没有看准千万不要匆忙上，看准但没有条件做的也千万不要匆忙去做，还是量力而行的好。这与抢占市场没有关系。市场不是你单兵独打的舞台，市场不可能尽由你一家独占，市场上的一切并不是你都能做的，一切要从实际出发。从企业的实际出发，根基扎牢，百年不倒！根基打好了，后发而取胜的事也屡有所见。自然界听说有速生林，但企业不可能速生。

时髦不要赶，假话不能讲，形式不可搞。怨天尤人没有出路，消极悲观走向死路。自己的路自己走，自己的梦自己圆——这成了以后万向办事的一个铁的法则。

从此，鲁冠球用平常心回归本行，尽心尽力，深耕本行，发现在汽车零部件行业中同样有大天地。

改革开放的推进，人民生活的提高，国内汽车业获得了大发展，中外合资的汽车厂家如雨后春笋般地崛起，国外进口汽车也越来越多，中国成了举世瞩目的汽车大市场，这一切构成了汽车零部件业发展的大商机。

经过几十年的潜心经营，万向的汽车零部件产业经历了从零件到部件，再到系统集成，实现了生产专业化、产品系列化、供货模块化，在国内已形成6平方千米的制造基地。

世界汽车业还在发展，需要的零部件越来越多，新的零部件也层出不穷。由于国际产业分工越来越细，许多著名汽车制造商采用限时生产流程，格外关注降低成本，因此，发达国家汽车制造业的零部件生产的转移将会大幅提速。中国是出口大国，从统计数据看，中国企业出口的汽车配件和设备还远不如其他国家，在国际市场上所占的份额还很小，同“汽车大市场”这一名份很不相配。如果中国的产品有足够的竞争力，就能在国际市场上占有更多的份额。

目前，万向的汽车零部件销量在国内市场的占有率在60%至70%，在世界市场上占有率为12%左右，是世界市场上万向节专利最多、规模最大的专业制造企业，并与通用、福特、克莱斯勒、大众、宝马等国际主流汽车制造商建立了配套合作关系。

市场空间还很大。加快全球汽车零部件产业平台的构建，扩大中国汽车零部件在国际市场的布局，提升其在国际市场的地位，是万向的目标。

鲁冠球一直认为，他们不可能也不想占领100%的市场。市场上要有很多的竞争兄弟，才能互相切磋、互相学习、互相激励。

如走路，结伴的人越多，就能走得越远。孤单的独行客，可能会在寂寞中迷失方向，不知所踪。

心无旁骛，丢弃杂念，才能专心致志，更好地考虑企业的改革和发展问题。正是从这时候开始，万向开始建立现代企业制度，从而成长为拥有核心竞争力和核心价值观的现代公司；万向明确了“大集团战略，小核算体系，资本式经营，国际化运作”的经营理念；万向又顺势而为，适时进行企业的股份制改造，争取企业上市……

第10章 敲开“玻璃门”

办企业常常会遇到一个瓶颈：资金。

20世纪八九十年代，经济提速，产业大发展，国家为了应对通货膨胀的问题，进行了政策调整，银根趋紧，贷款更困难了。

一个小品里有这样一句台词：“人最悲哀的是什么？人活着，钱没了。”

企业最难过的是什么？设备有的，员工有的，市场也有的，钱却没有了！

鲁冠球要寻找一个新的支点，一个能撬动企业新飞跃的支点，为此，他摸索着进入了一个新的领域。这个领域的较早进入，得益于他的一个习惯，一个好习惯。

这个习惯就是他喜欢读新闻报道、看新闻节目，每天必读必看。这个习惯已有30多年了。习惯成自然，它成了鲁冠球日常生活中的必修课。

20世纪八九十年代，报纸少，电台、电视台也少。现在呢，报纸又多又厚，电台、电视台节目也多，还有网络，信息真是海量，看都看不过来。怎么办？鲁冠球让几个年轻人替他摘编。内容有新政策、新举措、新项目，目前经济形势及对未来趋势的研判，行业内重大情况、重要事件等，国内的、国外的都需要。每天少则万把字，多则三四万字。

白天事情多，静不下心，鲁冠球把研读的时间大多放在晚上，所以一般情况下他晚上不去应酬。偶有应酬，8点就结束了。大家也体谅，认为他年纪大了，应该早点休息。

其实他是还有“功课”要做。

对摘编的资料，鲁冠球看得很仔细。有心得便写在旁边，重要的还推荐给大家看。当年，他就是看了一则报道受到启发，才做出了专业化的决策，淘汰农机产品，专攻万向节。现在他关注这些信息，依然有助于他的决策。

在20世纪八九十年代大量的信息中，鲁冠球对企业股份制、企业股票上市产生了兴趣。

对上海等大城市的人来说，股票不是新东西，新中国成立前就有了。但鲁冠球是农民，对这些东西感到很新鲜、很好奇，于是产生了浓厚兴趣。

慢慢地，他懂得了一点。

股票，是融资的好办法。当时，万向发展较快，招员工、进设备、购原料都要钱，要很多钱。可银行银根紧，贷款手续复杂，困难很多。而股票是向社会或机构直接融资，发行上市以后，能缓解企业的资金之困，所以鲁冠球首先看中了这一点。

企业上市，会受公众关注和监督，企业运作能更加规范，也能加快万向向现代企业的转变。

企业上市，能提高知名度、美誉度。那时，企业上市条件相当严苛，审批相当严格，人们对上市公司都会刮目相看……

早在1984年，万向就通过股份合作制初步实现了企业产权明晰，为以后成为规范的股份制企业打下了一定的基础。

1987年9月，中国第一家专业证券公司——深圳特区证券公司成立。1988年，国务院财经领导小组决定在全国范围内选10家企业成为股份制试点企业并争取上市。得到这个信息，万向从1988年开始着手企业的股份制规范化改造工作。

万向是民营企业，想成为全国10家股份制试点企业之一简直是天方夜谭，只能凭自己的实力和规范的经营管理水平去争取。而当时许多人对股份制这个新鲜事物连概念都是“两眼一抹黑”，对于整个社会来说，这都是陌生的东西。

鲁冠球说：“有困难不怕，当初中国汽车工业公司要在全国定点3家万向节生产厂，经过自身努力，我们不是也定点上了？我们边学边干，按规定去全力做好企业内部的工作，争取上市。”

他们一边学习股份制的文件，一边按股份制的要求对企业进行规范化的改造，把企业内部的事做好，而且做得比规定的要求还要高标准。在相关领导的大力支持下，万向最终被确定为10家试点企业之一。

但由于多种原因，股票发行、企业上市的工作被搁置了好多年。

1992年年初，邓小平在南方视察时指出：“证券、股市，这些东西好不好，有没有危险，是不是资本主义独有的东西，社会主义能不能用，允许看，但要坚决地试。”

同年10月，国务院证券管理委员会和中国证券监督管理委员会成立，标志着中国资本市场开始纳入全国统一监管框架。

在这样的背景下，按照公司的既定目标，通过不断努力，万向获得了浙江省领导的支持，争取到了浙江省9个名额中的1个。

省里对万向上市十分重视，曾两次向上报送材料，但都被退回。

当时，全国乡镇企业是受农业部管理的。农业部把万向的材料，还有一家广东乡镇企业的材料一起上报，结果也没有获得批准。

万向派人去北京找相关部门征询，相关负责人很明确地说：“企业上市、发行股票，与乡镇企业没有关系，那是对国有企业的一种政策扶持。”

有关部门还对农业部转去的《关于乡镇企业申请发行股票的请示》报告，做了这样的批复：“目前我们批准公开发行股票的政策原则上向效益较好的国有大中型企业倾斜。在目前乡镇企业产权关系不是很明确的情况下，能否批准乡镇企业公开发行股票尚需进一步研究。”

对这样的答复，鲁冠球自然是不服气的。

“‘效益较好’？我们万向是全国同行业中效益最好的，连国有企业也比不上我们。”此时的万向已是我国乡镇企业中的第一家国家级企业，是国内同行业中规模最大、品种规格最多、质量最佳、成本最低的企业，主要经济指标连续7年居全国同行业第一；生产的是国内主要汽车厂家的主力配套产品，国内市场占有率高达50%，销售遍及全国30个省、市、自治区，而且已远销欧美20多个国家和地区。万向是我国当时唯一的万向节出口基地，1991年就创汇17万美元。

“产权关系不是很明确？”早在1984年，万向就开始试行股份制改革。1989年，被正式批准为股份制试点企业。八九年来，他们不断理顺经济关系，改革和提升企业经营机制，明晰产权关系，使股份制不断完善、规范。国务院财经领导小组曾亲临万向调研，专门对他们的股份制试点方案进行了论证，并给予指导和肯定。后经有关部门反复论证，认定万向发行股票的条件已经具备。

此时的万向，正需要运用规范化的股份制来彻底转变企业机制，多渠道地筹措资金，扩大规模，实现企业的大发展、大提高。企业上市，公开发行股票，无疑是一个好途径。“我们如盼甘霖地在期待，而有关部门仅仅因为我们是乡镇企业就把我们‘堵’在门外。”

鲁冠球想，邓小平同志说，证券、股市要坚决地试，他并没有说，只许国有企业试，不许乡镇企业试。恰恰相反，邓小平同志对乡镇企业十分关心和支持，他曾用“异军突起”来称赞和鼓励乡镇企业的发展。

也许当时的鲁冠球锐气较盛，同时企业的发展需求实在是太急迫了，想来想去，他提笔给国务院领导写了一封信。

信是这样写的：

国务院领导：

最近一个时期，我们正在深入学习和贯彻今年年初小平同志的“南方谈话”，小平同志又一次从战略高度肯定了乡镇企业，使我们受到很大的鼓舞。乡镇企业的蓬勃发展，不仅有助于拔掉中国农村几千年来“贫困”的穷根，而且也是小平同志倡导的“中国特色的社会主义”精神宝库的一个重要组成部分。乡镇企业的发展直接体现了中国特色社会主义制度的优越性。

我从事乡镇企业工作已30年了，我们杭州万向节总厂也是最早把我国汽车零部件产品推向国际市场的企业之一。乡镇企业从离土不离乡、解决温饱到走向世界、实现小康目标的发展过程，首先应该归功于党的改革开放政策，归功于解放思想的彻底性。实践证明，束缚少一些，活力就多一些，每一步的思想解放，都会带来生产力的发展，带来我们认识上的飞跃。我觉得，今天国内的形势比以往任何时候都更适应企业发展的需要，不仅乡镇企业在继续壮大自己的优势，而且国营企业也正面临“放虎归山”的良机。对此，我始终这样认为，国营大中型企业是我们的老大哥，现在有不少大中型国营企业把初级产品或粗加工产品扩散给了乡镇企业，事实上乡镇企业已成为国营企业强大的“后方支援基地”，因此，一荣俱荣，国营企业与乡镇企业的彼此关系是唇齿相依，既不是对立面，也不是谁吃掉谁。我理解改革就是要使多种经济成分活跃起来。

从贯彻小平同志讲话精神和我们企业的“八五”发展战略考虑，目前我们正在抓紧做好三件事：一是由于近年来产品内外销形势很好，特别是今年1到5月份，效益比去年同期增长148.2%，尽管产值也同时以62.2%的速度增长，但眼下产品还是供不应求，产销差达10%至15%。为了扩大生产规模，我们早于今年年初，开始申请国家“八五”技改立项。二是由于万向已形成了省计划单列下的企业集团，下属17个独立核算单位，经营3个行业、9大类产品、400多个品种，产品销往世界上20多个国家和地区。为了进一步开拓国际市场，我们正申请企业出口自营权。三是从大投入、大提高、大发展和提高企业的向心力、凝聚力的思路出发，着手进行企业股份制试点，争取发行股票。但这三件事在各级主管部门都表示赞同并且支持的情况下，最后均因为我们是乡镇企业，得到了这样的答复：

1. 国家技改立项，除了国营大中型企业，乡镇企业不能列入；

2. 自营出口权不是国营企业不能申请；

3. 股票上市，乡镇企业不在此列。

我认为，上述“三合一”的答复是不合理的。在党中央、国务院所颁发的各种文件、政策上，并没有将“乡镇企业”放在改革的行列之外；同时，这十几年来乡镇企业所做出的成绩有目共睹，起到了国营大中型企业难以起到的作用。我们所得到的“三合一”答复，如果发生在十几年以前，我认为这可能是一个认识问题，而现在，“水蓄潮发”，我们已经看到了乡镇企业发展的优势，在国民经济中已具有不可替代的雄厚实力，相关部门为什么不“引流归海”，而要人为地“筑堤拦坝”呢？

事实上，改革是全民族的大事，解放思想，真抓实干，既包括国营大中型企业，也包括乡镇企业，以及其他经济成分在内。我想，既然党中央的大方向已经确定，我们的有些主管部门领导就不要再沉湎于讨论“白猫黑猫”的颜色问题上，重要的是看猫的爪子是否锋利，看猫能否逮住老鼠，说白了，也就是企业能不能发展生产力。

十几年来，乡镇企业成功发展的历史证明，我们能发展生产力。我们是这样走过来的，今后还将这样走下去。

上述意见及想法当否，请拨冗斧正。

杭州万向节总厂厂长鲁冠球

1992年6月23日

这封信鲁冠球寄给农业部，请农业部转呈国务院领导。农业部也写了一份报告，把他的信，以及广东那家也想上市的乡镇企业的材料一并呈报国务院。

农业部在报告中说：

按照中共中央八中全会精神，中央关于发展乡镇企业的有关规定，以及最近国务院经济体制改革委员会发布的《股份有限公司规范意见》，我们认为，对凡符合国家规定，具备了相关条件的企业，皆应一视同仁。

乡镇企业是建设有中国特色社会主义的重要组成部分，发展国民经济实现“小康”水平的必由之路。为了更好地体现我国社会主义经济的特色，在我国今后的经济发展中更好地发挥其作用，应鼓励和支持乡镇企业通过筹集长期资金，扩大生产规模，改革企业组织形式，进一步适应企业向高层次发展的需要，完成党中央、国务院给乡镇企业赋予的历史使命。

国务院领导对这件事十分重视，当即对报告做了指示和圈阅，要求有关部门研究、提出新的实施意见。

不久，一项新的规定出台了。主要精神是：以后企业申请发行股票，直接由地方往上推荐，由沪、深两地证券部门最后批准办理手续，不需要再经主管部门审批。

这是当时行政审批的一项重大改革，它打开了乡镇企业股票上市的大门。

1994年1月10日，万向钱潮股份有限公司在深圳证券交易所上市。“万向钱潮”成为改革开放以来中国民营企业上市第一股。

回想“万向钱潮”的上市过程，不免令人想到了现在议论纷纷的“玻璃门”。

大家所说的“玻璃门”，指的是中央已出台了鼓励民营企业积极投资原先由“国资独占”的领域的政策，但无法得到落实。民营企业对这些政策看得见，摸不着，进不去。

在鲁冠球看来，“玻璃门”情况的出现，原因是有多方面的。

一方面，有观念的落差。新政策是改革的新举措，它是观念的更新，但不少人仍然被旧观念所捆绑，对新政策理解不了，放不开手脚。

另一方面，有实践上的落差。中央制定了大政方针，具体实施需要开辟新的路径，制定新的实施细则，但此前谁也没有做过，不敢去破除“惯例”，迈步去走新的路。

怎么办呢？提意见、寻求舆论支持、呼吁有关部门推进改革等，都是必要的。但鲁冠球觉得，有一个办法不妨试一试，那就是与其喊破嗓子，不如以自己的企业实践去做出样子。说直白一些，就是拿自己的企业实践去做“敲门砖”，或者是“抛砖引玉”。

这个“砖”，当然不大好当。

首先，要把自己企业的事办好。

进门有“门槛”，有的门进去还需“准入证”。只要合法、合情、合理，这也是应该的。

以企业股票上市为例，产权要明晰，股份制要规范，财务要清晰合规，在经济效益上有较高要求，这些合理的规定，都要去努力达到。为了使企业股份制改造能够到位，在浙江省有关部门的指导下，万向经过了8年的努力，让每一项规定都达标，这不是一般的“及格”，而是要达到高标准、严要求的水平。即使是对申报材料，他们也一丝不苟地去准备。

对于上市企业的申报材料，那时仅有的几家证券公司也没有制作经验，社会上也没有此类中介服务机构，只能靠自己。万向申报材料开始只有几十页，后来扩充到几百页，最后股份制改造方案加上申报材料一共有6册，共70多万字。

尤其值得一提的是，万向制作的审核材料，不仅内容完善，而且制作精美，它用活页来装订——这在当时还是国内首创，同时还对不同的内容制作了标签以方便阅读。这是细节，但俗话说“细节决定成败”，对细节的重视，也会得到“加分”。后来，中国证监会把万向钱潮的材料格式作为蓝本，要求当时申报的企业参照执行。

鲁冠球认为，出现“玻璃门”之类的情况，主要是观念问题、经验问题。应该说，我国政府部门的绝大多数工作人员是支持改革的，也有服务的热忱。在“万向钱潮”上市过程中，万向团队经常登门去真诚沟通，虚心求教，并得到了来自中央到省、市、县很多部门的支持、指导和帮助。沟通的过程，就是让有关部门深入了解企业状况的过程；求教的过程则是共同切磋、探讨实践新路径的好机会。毕竟，有关部门的同志是行家，熟悉政策，懂得流程。同时，拿自己的企业实践做“案例”，这样沟通交流起来就不会空对空，而是有实际的分析、实在的操作。在真诚沟通、虚心求教的过程中，万向也学到了许多，自我提高了许多。原先的一些隔阂消除了，意见统一了，路径一致了，办法也多了，操作起来就顺手了。

遇到重大问题，特别是基层解决不了的重大政策问题，也可以向省、市领导，直至向中央领导反映。但在反映时，不仅要有理，还要有“例”，这次，他就是以自己的企业为“例”，言之有物。鲁冠球觉得，上级领导十分注重来自基层的意见、建议，在进行顶层设计时，非常关注民情、民声。他相信，以后这方面的渠道将会更加畅通便捷。

以“万向钱潮”股票上市为开端，整个万向集团的资本运作日益红火。到2014年，仅在国内，万向就有5家控股的上市公司。

万向在2000年开始投资民生人寿，2010年万向成为民生人寿第一大股东；2002年成立了万向财务有限公司；2003年开始投资浙江省工商信托，到2012年正式改组为“万向信托”；2004年投资浙商银行等。

在资本运作方面，鲁冠球的儿子鲁伟鼎倾注了大量的心血。正是在他和他的团队的努力下，截至2012年，万向拥有了金融服务11项许可证，并在6家银行和11家上市公司中有股权投资。

搞实业的企业要不要搞资本运营，怎样搞资本运营，“实”与“虚”怎么配合和结合，现在社会上还有不少争论。对此，以万向的实践为例，鲁冠球有自己的看法。

40多年来，万向牢牢抓住汽车零部件主业，一步一个脚印，10年一个台阶稳步发展。但是，制造业本身投资大、见效慢。靠自己赚钱再投入发展，速度和规模都会受到制约，很难缩短与国际同行的差距。正因为如此，他们搞了万向钱潮上市，组建租赁公司、财务公司、万向信托等，不仅很好地支持了实业的发展，而且有效地加速了“奋斗十年添个零”目标的实现。

近几年，接连发生国际金融危机，大家都在呼吁企业要回归实业。美国通用公司申请破产保护，有人认为是“对资本手段极度迷恋毁了通用”。鲁冠球认为这个说法有一定道理。极度迷恋资本手段，离开了“实”去搞“虚”，风险很大。但是，实业的持久发展一定要有金融支持，而金融的深度扩张同样离不开实业的依托，也就是说，“实”与“虚”要结合，要有机配合。

基础打牢，万变不倒。鲁冠球表示，未来万向仍然要坚持做强实业，坚持工业、农业、服务业齐头并进，牢记实业是基础，这是不能动摇的。同时，万向也会做大金融，强化金融与科技、金融与市场的紧密结合，夯实企业发展实力，提升企业发展潜力，为加快实业发展赢得时间与空间。

当然，企业发展金融业务一定要适度，要与实业基础相适应。不从实业的力量出发，离开企业的实力，去搞所谓的“资本运营”，必然引发危机。特别是金融如果建立在沙滩上，盲目搞衍生产品，必然造成泡沫，许多事实证明了这一点。但实业如果没有金融支持，发展会遇到瓶颈，发展速度会受到影响，使实业弱化，难以形成竞争力，这也是许多事实所证明的。

现在大家都在说，回归实业是金融危机给我们的教训。鲁冠球还想说的是，恰恰是这次国际金融危机，也使得中国金融业发展的重要战略机遇期提前到来了，全球金融重心向东方转移已经不是天方夜谭。这一切，给我们带来了无限的可能。

当然，并不是所有搞实业的企业都要同时搞资本经营，这要考虑实业的规模和发展的需要，考虑自有资金的实力，特别是企业要拥有一大批熟稔资本运营的人才。

未来，万向将坚持实业的稳扎稳打与金融的高效率深度融合、有机贯通，形成实业与金融相互依存、相互促进、有节有度的产业格局。

万向重心

鲁冠球和他的中国梦

第三部分

到美国“种苹果树”

1985年，鲁冠球第一次到美国考察，两国之间的生产效率差距让他震惊了。美国有一家工厂只有250名工人，但每年能生产400万个万向节，而这时候的万向拥有1000名员工，每年却只能生产80万个万向节。10年后，鲁冠球的想法变了，为什么我们总是把结出的"苹果"卖给美国人，而想不到去美国"种苹果树"呢？

第11章　给奥巴马和拜登的忠告

2011年1月，中国国家主席胡锦涛应美国总统奥巴马邀请访问美国。

这次访问有一项安排，胡锦涛和奥巴马将共同出席中美两国企业家圆桌讨论会。

出席圆桌会议的企业家全部由奥巴马发出邀请，美国方面有微软公司、高盛集团、摩托罗拉、西屋电气公司、赛贝斯公司、通用电气、可口可乐公司、杜邦公司、陶氏化学、波音公司、英特尔公司等大企业的负责人；中方企业家除了鲁冠球，还有联想集团总裁柳传志、中国投资公司董事长楼继伟、海尔集团总裁张瑞敏。

1月19日，鲁冠球和其他3位中国企业家随胡锦涛进入白宫。

胡锦涛首先讲话，他高度评价与会企业家为各自国家经济和中美关系发展做出的贡献，鼓励两国企业家把握经济全球化深入发展的机遇，积极开拓对方国家市场，促进两国互利合作。

胡锦涛指出，中美两国经贸和投资合作给两国人民带来了实实在在的利益，给两国企业带来了重要商机。中国正在加快转变经济发展方式和调整经济结构，着力扩大内需特别是消费需求。美国也在全力振兴经济，实施出口倍增计划。他同奥巴马讨论了推进中美全面经济合作问题，一致同意加强两国金融、经贸、能源、环境、科技、农业、基础设施建设等领域务实合作。中美经贸和投资合作前景十分广阔，胡锦涛希望两国企业把握机遇、积极作为。

胡锦涛表示，中方欢迎美国企业到中国发展。所有在中国注册的企业都享有国民待遇，中国政府在自主创新产品认定、政府采购、知识产权保护上，对它们都会一视同仁、平等对待。中国政府支持中国企业到美国投资兴业。他相信奥巴马总统和美国政府会为来美投资的中国企业提供公平竞争的环境。

奥巴马表示，美中两国工商企业界的合作是美中关系最重要的组成部分。与会美国企业同中国都有长期合作关系，向中国出口产品和服务是美国从良好的美中关系中获益的最好例证。中国企业在美国投资建厂，促进了美国经济增长。美国对华年出口额已达1000亿美元，其中制造业和农产品对华出口为美国创造了50万个就业机会。美国对华出口增速是向其他国家出口增速的2倍，美中贸易仍有很大潜力可挖。他希望企业家们就如何进一步推进美中经济关系等建言献策。奥巴马强调，中国企业在美商机无限，希望美中两国工商界继续加强合作。

在奥巴马讲话后，美国通用电气公司董事长兼首席执行官杰弗里·伊梅尔特首先发言。他认为，中美是世界上最大的两个能源消耗大国，所以必须在清洁能源利用上做出表率。中美合作将呈现出强有力的发展推动力，也会增强全球清洁能源利用的信心。目前双方已经找到了清洁能源共同合作的模式，但是还有更多的领域可以进行有益的探讨和发展。

鲁冠球率先做出回应。他说："我非常赞同杰弗里·伊梅尔特先生的观点，清洁能源是人类最大的挑战和转机。在中美清洁能源的共同合作上，万向已做了积极的尝试：2009年我们在美国设立太阳板工厂，是中国在美国投资成立的第一家；1月18日又与美国Enerl公司签署协议，在中国合作发展清洁能源电池。"

鲁冠球说，万向集团是中美经贸关系深化的受益者，也是双方清洁能源合作的推动者。中国市场巨大，你能看到多远的过去，就能看到多远的未来，通用传统汽车在中国的发展就是生动的例子。目前，新能源发展还有很多问题需要解决，美国的技术优势与中国的市场优势相结合，已经成为全世界的期待。他希望美国政府在这方面不要设限，尤其不要限制技术的流动，支持双方资源的融合，这符合双方的共同利益，更符合全人类的利益。

在讨论中资企业如何继续扩大在美投资的时候，鲁冠球再次发言。他说，他用1分钟的时间，介绍一下万向在美国的发展，再用1分钟的时间回答问题。

他说：“我们万向美国公司创立于1994年，它建在奥巴马总统的故乡，当然这是巧合。目前，万向在美国14个州有28家工厂，提供了5600多人的就业岗位，年销售近20亿美元。2010年，在美国生产的汽车中，每三辆就有一辆使用万向公司在美国制造的产品。”

听到这里，奥巴马非常高兴。他问鲁冠球：“美国政府需要做什么，使你们能够在美国继续扩大投资，或者让你们在中国的朋友愿意来美国投资。”

鲁冠球回答：“搞企业最怕政策多变，国内也怕，国际更怕。中国企业到美国来投资，需要融入美国社会。美国经济政策的连续性，是我们开拓双方互利共赢空间的基础。中国有句老话，叫‘家和万事兴’，中国是我的家，美国也是我们企业的家，只有两国关系的持续和谐，才有中国在美投资的兴旺繁荣。”

从1月17日到21日，鲁冠球在美国的时间只有5天，但活动内容十分丰富。除在白宫参加中美两国企业家圆桌讨论会，他还拜见了多位美国政要，拜访了美国的两位部长、两位州长、两位市长；与几十位企业高管、合作伙伴共商发展规划，参加了合作项目的签约；考察了万向美国公司的5家企业，并与员工举行座谈；还多次接受中外记者的采访。

这里要特别一提的，是胡锦涛与鲁冠球的亲切会面。

在参加了白宫圆桌讨论会后，鲁冠球甚至来不及出席奥巴马在白宫宴会厅举行的盛大欢迎晚宴，就匆匆赶往芝加哥。因为在1月21日，胡锦涛主席将参观美国中西部中资企业展，这个展览的布展工作是由万向美国公司为主承办的。胡主席还要视察万向美国公司，鲁冠球要去做准备，迎接胡主席的到来。

这次展览有中国银行、华为和万向等11家在美国中西部发展较好的中资企业参加。由于多种原因，留给万向美国公司筹备的时间极少，但他们以出奇的高效率圆满完成了任务。事后，会展受到参展中资企业的高度评价。

1月21日，胡锦涛参观美国中西部中资企业展。参观即将结束时，胡主席停下脚步，亲切地鼓励和叮咛鲁冠球。

时至今日，鲁冠球还能一字不落地回忆起当时胡锦涛对他的嘱咐："你们在这里14个州有28家企业，解决了当地5600人的就业，这很好！你们已经不是单纯的生产，更是融会贯通美国的信息与技术。要多同美国的企业合作，相互了解，多向他们学习，做到'你中有我、我中有你'，共同发展。"胡锦涛还说，万向在中国很成功，是榜样；在美国也做得很好，也是榜样。他要求万向承担起更多的社会责任，率先启动"十万人留学中国计划"。

时隔三年半，应美国副总统拜登邀请，鲁冠球再次访问美国。这次，他访问了包括底特律、纽约、威尔明顿、华盛顿在内的多个美国城市，走访了包括国务院，以及财政部、能源部、商务部、交通部在内的多个美国政府部门，并与各部部长进行了一对一会谈。同时，鲁冠球还拜访了多名美国国会议员、联邦参议员、州长、市长等，拜访了中国驻美国大使馆官员。

美国当地时间2014年7月25日上午，蓝天白云下，鲁冠球带着他极具感染力的笑容，走进位于美国华盛顿哥伦比亚特区西北宾夕法尼亚大道1600号的白宫。

白宫是一幢具有古典风格的两层白色楼房，由主楼和东、西两翼三部分组成，拜登副总统办公室位于白宫办公楼群西翼。鲁冠球及随行的万向美国公司总裁倪频、万向资源公司总裁韩又鸿由拜登办公室工作人员引领，翻译则由美国国务院负责中国国家领导人来访的两名汉语翻译之一麦克尔·颜先生担任。颜先生告诉鲁冠球，他是继刘延东副总理之后第二位来访拜登办公室的中国重要人物。

拜登带着极其真诚的笑容迎出办公室，老朋友见面格外地热情。拜登先做检讨，说自己迟到是因为在隔壁与奥巴马总统讨论乌克兰的事情。乌克兰这个全球焦点问题，被一句话带过。这一刻，仿佛世界云淡风轻。

拜登没有忘记赞美倪频，微笑着对倪频说，你很有名气，卡帕参议员说你的英文比他要好。

拜登办公室也比想象的简单。分里外两个套间，外间是工作人员办公区，里间是拜登的办公室。房间不是特别大，沙发和办公桌也看不出特别，地面铺着蓝色地毯，两边陈列着拜登及家人、政要等照片，一如很多美国人的办公室。

拜登对鲁冠球一行人说：“非常欢迎你们的到来，万向是成功的企业，你们在美国有20多家企业，卡帕参议员给我讲了特拉华州政府40多位政界、商界要员刚刚为你们举办欢迎会的事。特拉华州是美国最受欢迎的公司注册地之一，人均收入全美第二，港口、制造、贸易等都是它的重要产业，你们在该州有投资很好。”拜登接着说，“我和习近平主席关系很好，我去中国访问5天，他陪我3天，他来美国访问5天，我陪他3天。最近的一次会面，我们谈了5个半小时。我们都认为，美中两国存在竞争，更需要合作，两国关系不是零和游戏，加强交流，扩大合作，对双方都有利。我受奥巴马总统委托，习近平代表中国政府，2010年开始，我们建立了美中战略与经济对话机制。这对两国都很重要，把对话内容转化为实实在在的成果，需要你们的行动。”

鲁冠球说：“这几年的对话我都参加了，2011年在北京，也是企业家座谈会，习近平主席还专门向您介绍我，介绍万向的情况。他在我们浙江当过书记，对我们比较了解。”

拜登马上表示说：“我记得。”拜登接着说：“你不能代表中国政府，可以代表中国民营企业，我可以代表美国政府，不能代表美国企业。我代表美国政府欢迎你们到美国来投资，今天我们讨论两个问题，一是万向今后在美国的发展打算；二是你们需要我本人和美国政府为你们做什么？”

鲁冠球表示了感谢，并说：“万向产品进入美国，整整30年了，在美国加大投资，也已经20年了。加快发展，应该是近10年的事情。2011年1月，我第一次进白宫，参加胡锦涛和奥巴马总统召集的座谈会，我在会上发言，要加大在美国清洁能源领域的投资。2012年2月，习近平主席访问美国，和您一起召集中美企业家开会，号召两国企业加大合作力度。”

鲁冠球说：“万向加大在美国的清洁能源投资，一方面是兑现上次来白宫对两国元首的承诺，另一方面也是响应习近平主席和您的号召。2012年我们并购A123，经过18个月的整枝疏果，A123已经恢复正常生产，全年订单已满，最大的客户是中国的上汽，破产时离职的人员如今已回来工作，现金流持平，产能已经不足，可以说，A123已经起死回生。因为有了A123，2013年我们又收购了菲斯科，目前正在对其进行资源整合。下一步的打算，我们先把这两个项目做好，A123在巩固技术领先的同时，考虑扩能。菲斯科目前正在解决遗留问题，之后是恢复生产，让没有任何问题的菲斯科汽车重新上市。”

鲁冠球对拜登说：“至于说需要您做什么，我们就是需要公平的竞争环境，美国企业有的政策，我们都有就行了。”

拜登说：“你们在美国投资，我们首先要公平对待，同时要积极为你们创造条件，支持你们更好地发展。你们收购的这两个项目，A123和菲斯科都是政府推动的清洁能源项目，没有搞好，我承受了很大的压力。菲斯科车很好，我的儿子买了一辆，非常漂亮，只是现在开不出去了，因为没有维修服务。清洁环保的汽车，美国需要，中国需要，全世界都需要，你们把它搞好。等你们的菲斯科车出厂的时候，我和鲍威尔国务卿各买一辆，支持你们！”

半个小时过去了，会谈还在持续，办公室的工作人员两次催促，拜登不得不起身说：“很抱歉，有三个国家的总统在等我开会。我还是要强调，感谢你们来投资，欢迎你们加大投资，你们有任何问题，需要我帮助，都可以找我或者找我办公室的人。”

第12章　找上门来的美国人

鲁冠球同美国人打交道，还得从30年前讲起。

1984年春天，鲁冠球接到中国汽车进出口公司的电话，说是有两位美国汽车商想到他们厂看看，要他一两天内办好手续，因为过两天外商就要离开中国了。

为了打开国际市场，万向曾进行多次尝试，把产品销往东南亚，多次参加广交会扩大影响，但收效甚微。有专家建议鲁冠球关注发达国家市场，特别是美国。

现在，美国客商上门来了，当然欢迎，可是一两天内就要办好手续，他还不知道这手续到哪里去办呢！

外商来企业洽谈生意还要办手续？现在的年轻人可能不理解。原因是那时候的萧山还是一个未对外开放的地区，在钱塘江边就立着一块牌，上面写着“外国人禁止超越”，不仅用中文写，还用了英文、日文等多种外文。

说来也巧，那一天正好杭州市委领导在万向做调研，市委书记厉德馨、市长钟伯熙和市委副书记张浚生、许行贯、杨招棣等人都在。当鲁冠球接完电话、满脸愁容地回到会客室，厉书记问出了什么事，他把情况原原本本做了汇报。厉书记说，那是好事，应该让他们来！鲁冠球说，可这手续到哪里办呀？而且时间很紧！

厉书记说：“老鲁，你马上给北京回个电话，说欢迎他们来厂里实地考察。至于那些关卡，我们来解决。这是件好事，又是件特别的事。今天市委常委都在，我们来个'特事特办'，也算是现场办公吧！"

没有一句空话，大家就七嘴八舌地"分"起了"工"，谁联系外事办公室，谁跑公安局……都落实到了人。

"明天务必要办好！"厉德馨同志嘱咐随行的工作人员说，"什么叫改革？改革就是改掉不适应生产力发展的条条框框。改革以什么为中心？就是要以经济建设为中心。乡镇企业没有国家计划，能发展到今天不容易，这样的机遇连国有企业也不一定会有，鲁冠球好不容易走到这一步，不能因为这块牌子的'禁令'而让这一重要机会失去！"

在他的关照下，相关部门当天就办妥了特许通行等相关手续。

"走出去，让我们的万向节去国际市场见见世面！"这一直是鲁冠球的心愿。

承包一年，就见成效。到1983年年底，他们厂生产的万向节，就占了全国万向节总产量的1/4。于是职工们常常满怀喜悦地说："在中国公路上奔驰的每四辆汽车中，就有一辆车装着我们厂生产的万向节。"

但鲁冠球并没有为1/4这个数字所陶醉，反而有另外两个数字总是在他的脑海里挥之不去：一个数字是我国真正出口到国外的车子数量。有人跟他说过，有一年我国卖给国外202辆汽车，但一查，其中200辆是由我国侨胞付款后转赠给家乡用的，而真正出口，把车开到外国去的只有2辆，听说这2辆还是开到非洲去的。当然，由于历史的原因，我国汽车出口当时还有不少困难，因此机电产品出口部门希望万向千方百计先把零部件打出去。

另一个数字是全世界轿车的社会保有量：1983年，美国有1.6亿辆，日本有9000万辆，联邦德国有2000万辆……世界各国总共有不下4亿辆轿车，每年仅维修一项就要2.2亿套万向节。

世界万向节市场非常广阔，十分诱人。鲁冠球常常对自己说：有本事就要到世界市场上闯荡闯荡，去赚外国人的钱。

当然，如果从企业自身利益考虑，万向节成批出口并不合算。此时，“钱潮牌”万向节已颇有名气，国内各地竞相订货，产品供不应求。而出口一套万向节，价格要比内销低7～8元。倘若按鲁冠球的打算，每年至少出口20万套，厂里就要少收入150万～160万元。更何况出口产品规格特殊，工艺复杂，外商要货时间性也很强，不但要按季度交货，有时还要按天计算。当时电力紧张，乡镇企业常常被拉闸，正常的生产计划遇到“临时停电”就全乱套，所以一个环节跟不上，就可能被索赔。

但他想，作为一名中国企业的负责人，既要考虑企业的利益，更要考虑国家的利益。产品出口收入虽然少了一点，但能为乡镇企业争气，能为国家做贡献，同时也能使企业增加压力，在国际市场的交流和打拼中，取得技术、管理等各方面的进步，这件事值！眼下少赚点钱，长远却能赚大钱！

他对厂里的干部职工说，中国的汽车万向节能打入国际市场，能销到号称“汽车王国”的美国和其他一些国家去，外国人会怎么想呢？这好比外国人把丝绸打到有“丝绸之府”之称的浙江杭州一样，我们杭州人又会怎么想呢？此事意义非同小可。

从那时候起，鲁冠球就把相当多的心思花在万向节出口上。一方面搜集国外万向节市场的信息，一方面寻找一切机会，让“钱潮牌”万向节在外国人面前露露脸。广交会、泰国评选会，大的小的会展他都参加，200套、500套他都卖。而这两位美国客商正是在广交会上看到万向的产品的。

两位客商是美国舍勒公司所属派莱克斯公司亚洲经销处的多伊尔公司总裁多伊尔先生和美国席菲柯锻造公司经理奥东尼尔先生。

舍勒公司是一家在44个国家和地区建有万向节销售网络的大公司，他们早就想在中国寻找一个贸易伙伴。在广交会上，他们看到了鲁冠球他们厂生产的万向节，当即产生了兴趣，一定要赶到当时甚至还没有开通公交车的宁围乡来看看。

没有客套，也没有多少寒暄，到了厂里，多伊尔和奥东尼尔便性急地来到车间。他们看得十分仔细，甚至可以说是"挑剔"，一边问，一边还不时地从成品堆里拿出万向节，掏出仪器认真地检测。看得出，他们对万向的产品是满意的，两人不时交换着眼神，常常满意地点点头，露出笑容。

反倒是鲁冠球，不时地提醒两位先生，他们是乡镇企业，设备、技术可能赶不上国有大企业，更比不上美国的水平。而注重实际的美国人，似乎并不讲究企业的"身份"和"级别"，说："我们已经知道你们办事认真，恪守信誉，我们就愿意同这样的企业打交道。"

不一会儿，奥东尼尔从随身携带的皮包里拿出一套万向节十字轴，递给鲁冠球说："贵厂可以生产吗？"

鲁冠球稍稍看了一下，这是常见的品种，但工艺水平很不一般，当即说"行"，并请客人先报价。

只见奥东尼尔伸出一只手。

5美元？鲁冠球心想，这分明在压价，就摇了摇头，在他的手旁，又伸出了两个手指头，意思是至少再加2美元。

这回轮到美国先生摇头了。而鲁冠球却在暗暗地按照当时的汇率快速地进行着"心算"。

"那么，6.3美元！"鲁冠球用肯定的语气说。

多伊尔和奥东尼尔交换了一下眼神，高兴地和他击掌成交！

一份由万向向美国出口万向节总成3万套的合同书，当天下午就在万向简陋的接待室里签了字。不久，"钱潮牌"万向节就出现在舍勒公司的货架上。

这是万向的产品首次出口美国，也是中国的汽车万向节产品首次进入“汽车王国”。这件事震动了国际汽车零部件市场。

当时，美联社发出电讯，说：“一家农民办的工厂，成了中国第一家在美国汽车零部件市场中获得成功的企业。”

法新社在报道中称万向“是中国同行业中产量最高、品种最多、成本最低的工厂”。

《香港经济导报》则认为：“万向节的重要性有限。我们真切关心的是中国汽车工业能否像鲁冠球与杭州万向节厂那样，在不长时间里出现突破性的发展！”

第13章 博弈与自信

1985年5月，美商来函提出增加10个新品种的订货，并要求在7月底交货，而等鲁冠球他们将图纸译成我国标准，再交美方审定，已是6月底了，实际生产时间只有一个月。

平时万向试制新产品是一个月搞一个，这次却要一个月搞10个，成本高，时间紧；如果不能如期完成，还可能面临被索赔的风险。好多人说，这笔生意“算了吧”。但鲁冠球想，良好的外贸信誉就是在人家“急需”的时候树立起来的，打硬仗的队伍也是在面临风险的时刻锻炼出来的，不是说“置之死地而后生”吗？于是，他们当即对生产计划做了调整，选派了一批技术精、素质高的职工，加班加点地干。

7月28日，美方中国部经理从香港赶来。因为在图纸交接过程中，他们也有延误的责任，便说可以适当推迟些时间，问万向方能否在8月中旬交货？

鲁冠球说：“我们中国人说话是算数的，7月份要发的货决不拖到8月份。”

果真，到了7月30日这一天，万向按时如数发了货。经美方测试中心检测，全部数据都达到国际标准。但他们还不放心，又把产品安装在卡车上，在美国、澳大利亚、南美等地进行路试，结果这批万向节又经受住了复杂路面和恶劣气候的考验。公司总裁舍勒先生给鲁冠球发来电传，说：所有结果表明，目前情况良好，未发现有一个尺寸上的出入；未发现任何磨损或过早磨损，焊接情况很好。我们对杭州万向节厂的技术能力表示敬意，希望这一点将来能一直保持。

这是一个万向节营销巨头对万向的肯定，也是一位行家里手对产品的鉴定，因而鲁冠球对此十分珍惜。

在此期间，鲁冠球应邀访问了美国舍勒公司，公司总裁贝利·舍勒在总部门口迎接他。他说，鲁冠球是第一个来到美国的中国农民企业家，也是他接待的第一位中国乡镇企业厂长。贝利为此感到自豪，因为贝利的爷爷也是农民，他们俩都有农民的血缘。

在美国，他们再次签订了在以后的5年里由杭州万向节厂每年向美方出口20万套万向节的意向书。

第一次走出国门的鲁冠球，在美国看到了许多新奇的景象，也见识了许多先进的东西，但留给他印象最深的是那次签字仪式。

舍勒对那次签约十分重视，仪式也十分隆重，公司的许多高管都兴奋地来见证这一时刻。当鲁冠球看到在一张铺有绿色丝绒的长桌上插着中美两国国旗时，他的心怦然一动："我代表的不只是杭州万向节厂，我代表的是我们的国家，也代表着正从田野上奋起的中国农民！"

贝利·舍勒握着鲁冠球的手说："我们两家一起干，去占领世界市场！"

但市场上的竞争是残酷的，你死我活的。特别是在国际市场上，会出现许多意想不到的难题。

1987年9月，多伊尔和舍勒公司国际部经理莱比赶到万向，向鲁冠球提出了一个"垄断性"的要求：凡是杭州万向节厂的产品，都必须经过他们的公司才能出口。

鲁冠球断然拒绝了这一要求。

虽已入秋，但闷热并未消散。响着空调器"丝丝"声的洽谈室内一片沉寂，紧张的气氛似乎使温度陡然上升。

莱比说话的口气咄咄逼人："鲁先生，你还是签了这个协议为好，否则，我方将削减向贵厂的订货量。”

多伊尔老成持重，“威胁之剑”不露声色地藏于他那不失身份的轻言慢语中：“尊敬的鲁先生，您会看到，这里有两种选择：一种是我们向贵厂提供技术、资金、先进设备、市场情报、代培工程师等等优惠，而条件只是贵厂的产品由我们独家经销；还有一种是你们可以把产品卖给其他客户，但我们也可以转而购买其他地方的产品，例如印度、韩国还有中国台湾地区的产品。鲁先生，您会选择哪一种呢？”

鲁冠球心想，在美国那次庄重的签字仪式上，他们的总裁不是说过“我们两家一起干”吗，怎么又要由他们“独家经营”了呢？既然是“贸易伙伴”，那就是平等相待、机会均等的，由他们“独家经营”，不是要把我系在他们的套索上吗？

于是，鲁冠球对他们说：“我厂与贵公司的关系，只是买方与卖方的关系，它的基点应该是相互合作、共同发展。至于产品，我们愿意卖给谁就卖给谁，这是市场基本的游戏规则，贵公司是不应该干涉的。”

听鲁冠球这么一说，原先不露声色的多伊尔显得很激动，“霍”地站起来，收拾皮包，大声地嚷道：“我感到遗憾，我们将停止进口贵厂的产品！”

听完翻译的话，鲁冠球把身子靠向沙发，尽力抑制着内心的怒火：“那请便！多伊尔先生，倘若您能在世界各地找到比我们的价格更便宜、质量又比我们好的万向节，您可以随时终止合同。但我仍感谢当初贵公司对我厂的支持，因此也随时欢迎贵公司与我厂继续合作。”

不久，一份措辞严厉的函件出现在鲁冠球的办公桌上。美方在信中说，万向的产品存在问题，需要检验，检验费由万向支付。随即，他们原先订购的1987年46.5万套的万向节计划，被削减为21万套。“只要签订独家经营合同，检验费和削减合同等事可以一笔勾销。”多伊尔在捎来的信中“宽容”

地说。

对手的这种背信行为，确实使万向一度陷入困境。数十万套万向节积压在仓库，资金流转出现困难，企业效益直线下降，工人奖金大幅度削减。但全厂职工不仅没有在对方的压力下屈膝，反而生产劲头更足了。许多工人来找鲁冠球，说："厂长，我们要挺住！不能吞下那个苦果。"

人是活的，不会吊死在一棵树上。鲁冠球再一次感到压力真是一种动力啊！全厂职工憋着一口气，在相关政府部门和外贸公司的大力支持下，齐心协力地开发出了60多个新品种，还打开了日本、意大利、法国、澳大利亚、德国等17个国家以及中国香港地区的市场，当年创汇140万美元。

圣诞节前，一辆豪华轿车驶进了杭州万向节厂，走下车来的是多伊尔和莱比。他们捧着一只铜鹰，还一定要亲手放在鲁冠球的办公桌上。"鲁先生，我们敬佩您的精明、强硬的性格，愿我们的事业像鹰一样腾飞全球！"同时，双方重新签订了1988年的供货合同。

美国先生们有否到过印度、韩国去寻找新的货源，鲁冠球不得而知。但他想："精明的美国商人一定是没有发现价格更便宜、质量又比我们好的万向节。"因此鲁冠球并不把这只铜鹰看作是对他的褒奖，而把它看作是世界对他们的一种承认：中国农民在国际市场上已不再是那个佝偻着身子、穿着破衣烂衫的"华工"，而是昂首挺立、敢与强手竞争的贸易伙伴。

鲁冠球把那只铜鹰复制放大，矗立在厂门口的万向路上。这不是炫耀，而是要告诉每个员工，在风云变幻的市场中翱翔，需要像鹰那样坚强的翅膀，需要像鹰那样敏锐的双眼！

第14章　春雷的祝福

由于产品质量高、信誉好，万向的出口业务不断增长。单是与舍勒公司的交易额，从1988年起就超过了百万美元。但此时的鲁冠球也看到中国出口业遇到了不少困难，出现了不少弊端。

首先是路途遥远，而外商往往十分重视“准时化生产”，不管你遭遇什么天灾人祸、有何种借口，他们一定要你按时把货品送到，为此，中国企业曾付出过巨大代价。其次是低价竞争，对方实施保护主义而随时设置的各种壁垒，还有汇率风险，使中国企业很难掌握主动权。如果你手里无品牌、生产无基地、产品无专利，一味为他人作嫁衣裳，是难有长久立足之地的。在美国土地上，日本人就吃过这个亏。

面对国际市场的风云变幻，鲁冠球苦苦思考着、寻找着对策。他想：“现在我们的出口好比是在卖苹果，把中国土地上结的苹果装上箱，运到外国市场上去卖。那么我们能不能到国外去‘种苹果树’呢！那就是把企业办到国外去，在外国的土地上，用外国人的资源，当外国人的老板，赚外国人的钱。同时，在这过程中，将中国优势资源和外国优质资源进行整合，学习好、吸收好他们先进的技术和管理经验。而更重要的是，在外国的土地上，更容易融入他们的文化。”

万向的“种苹果树”计划率先在美国进行，由万向美国公司实施。

万向美国公司在1994年成立，由鲁冠球的小女婿倪频出任公司总经理。

那时倪频正在美国攻读博士，再过半年多时间，完成论文就可获得学位。

鲁冠球是个急性子，心想："等他拿了学位再办公司，时机就错过了。"鲁冠球对倪频说："你读博士为了什么，不就是要干一番事业吗？读博士是学理论，增加知识；到公司干，就是把理论用于实践，达到了最终目的。"

倪频理解他内心的焦急，同意了！

鲁冠球交代倪频，在美国建公司，一是要坚持本土化；二是抓住机会收购适合万向产业链的公司，提升万向在技术和开发方面的能力；三是要建一个有责任感的公司，不要让美国人认为万向是个只攫取利益而不为当地做贡献的唯利是图者。

他给倪频的启动资金只有2万美元。这是因为万向的钱不多，而且当时外汇还有严格管制，所以创业特别艰难。倪频一边当总经理，一边当推销员，雇了几名搬运工，鲁冠球的女儿就做勤杂工。为了省钱，倪频出差住的全是19美元一晚的小旅馆。没有现成的业务，他就把所有潜在客户的名单全部打印出来，一个个挨着打电话给他们。为了省时间，更为了省电话费，他给自己定了一条推销标准——在30秒内用3句话打动客户。这么做的原因是，如果在30秒内用3句话打动不了对方，肯定没戏。因为大家都很忙，谁有时间听你闲扯。一到晚上，为了不影响妻子和孩子的休息，倪频就躲在卫生间里向鲁冠球和鲁伟鼎通报情况。

有一次，倪频到一家企业去推销产品，在大门口坐了两个多小时的冷板凳。而见到这家企业的老板后，人家三言两语不到15分钟就把他打发走了。

由于没有经验，倪频的第一笔生意亏了！当时对方要的是湿油，而倪频送去的是干油。一个还在读书的学生，刚上手哪里记得那么多型号的货？为了不再出错，倪频拿出考托福、GRE的背功，死背货号及型号、各种产品的用途与特点。

美国素有"汽车王国"之称，而万向制造的汽车零部件此时在美国已小有名气，许多美国商人都知道，这是一个品质优良的“苹果”，人们相信它的种子植入美国土地也一定能繁殖出好的品种。

但鲁冠球也清醒地认识到，要想进入美国的汽车主流市场，或者要进入国内普遍由外资控制的合资汽车主流市场，最好的办法是通过收购国外的原配厂家，以此获取渠道。因而，万向美国公司也想方设法在寻找着植入“种子”的土壤：用股权换市场，用设备换市场，用“让利”换市场……

终于，“种子”发芽了。

1995年，那家领鲁冠球进美国门的“师傅”——舍勒公司派人来找他。原来，因为市场竞争激烈，又加上管理层决策失误，此时的舍勒公司已陷入困境。他们试探地问，万向能否收购他们这家公司？

因为长期与其打交道，鲁冠球对“舍勒”有较多的了解：它建立于1923年，是美国汽车维修市场三大零部件供应商之一，在欧、亚、美、澳各大洲都设有分公司。特别是它在万向节领域的专利列全美国之首。

鲁冠球让倪频去谈谈。

1995年1月，芝加哥下了一场大雪。倪频冒着风雪赶赴俄亥俄州的舍勒总部。舍勒公司以很高的规格接待了倪频，对他非常客气，但对舍勒的生产、市场情况只字不提，甚至不让倪频去看工厂。

捉迷藏式的所谓谈判足足进行了一个星期，倪频拂袖而别。临走时，舍勒公司的主人麦克·舍勒和凯文·舍勒神情紧张而神秘地交给倪频一个信封，还一定要倪频在离开俄亥俄州时才能启封。

这让人们想起了《三国演义》中的一个情节，莫非舍勒兄弟信中有什么锦囊妙计？

其实，信中只是一个报价。他们说，愿意卖掉舍勒公司，开价是1936万美元！而倪频仅从“走马观花”般的考察来看，他觉得舍勒的价值并没有这么高。

过了3年，即1998年，舍勒出现了严重亏损。倪频再次应邀赴舍勒总部。哥哥麦克·舍勒流着泪对倪频说："我真舍不得这家公司，它是祖辈留给我们的。但我们已经没有希望了！"他希望早点卖掉公司，兄弟俩准备再回大学深造。

中国人要整体收购一家美国公司了！消息传出，似乎这很伤山姆大叔的尊严，舆论一片哗然。特别是汽车制造业工会在美国拥有很大的话语权，他们出面公开进行阻拦，于是另一家LSB公司乘虚而入。

万向获悉，"LSB"并不需要舍勒的品牌、专利等"无形"的东西，这些他们自己有。他们需要工厂、工人、机器设备等有形的东西。

那就各取所需。鲁冠球同意倪频提出的方案，转而同"LSB"接洽。

老牌的"LSB"似乎有点看不起年轻的中国公司总经理，但倪频的分析，终于使"LSB"感到这或许是一个双赢的妙计。

倪频说："你们可以从舍勒拿走你们所需要的，而我拿走我所需要的。这样，我们可以联手拓展市场，并且由我们向你们每年提供100万套十字轴万向节。如果不能这样，我们只能与舍勒联手了。毕竟在世界万向节市场上，万向的产品是最价廉物美的，因而也最具竞争力！"

这不是吓唬，万向确实准备了多套方案。在竞争激烈的市场中，要扩大自己的版图，并购、收购、参股、合伙，都是可行的选择。

LSB公司还在犹豫，而敏感的市场却出现了异动。他们自然深知万向不会是只说不做的，也懂得其中的利害，立即转而选择同万向合作。

协议迅速达成：LSB公司接纳舍勒公司的工人，收购厂房；而舍勒的品牌、技术专利、专用设备及市场等归万向所有。

这次并购的最后价格是：万向支付给舍勒兄弟42万美元。

而对万向来说，并购舍勒公司的最直接的结果是，万向在美国市场每年至少增加500万美元的销售额。更深远的意义是，由于并购了舍勒，万向产品有了当地品牌以及技术和生产基地的支撑，从而使万向产品几乎是在一夜间融入了美国市场，实现了“本土化”。而日本当年为了这样的“本土融入”，从办厂、培训员工、宣传产品直至让用户接纳产品，整整花了长达20年的时间。

2000年4月，杭州，春暖花开。舍勒公司副总裁杰克、LSB公司总裁克劳迪应邀访问万向总部，他们是来签订万向并购舍勒的最后协议的。杰克是老朋友了，他曾多次来万向访问。有心的杰克，在他的手提箱里，还带来了历次访问万向的照片，这些照片真实地反映了万向的变迁。说实在的，当鲁冠球看着这些照片时，也不由得回想起与舍勒公司打交道的一些细节，心中涌起了感动。

“鲁，你是一位成功者！贵公司将成为世界性的大公司！”杰克真诚地说。

“在世界大市场中，我们还只是沧海一粟。我祝愿我们新的合作成功！”鲁冠球也真诚地回答道。

临走时，鲁冠球让杰克带去了给舍勒兄弟的礼物：两辆中国产的最高档的自行车，作为健身之用。事后，舍勒兄弟专门捎信来说，他们为收到这样珍贵的礼物而深受感动。

这里有一个细节不能不提到：就在他们分别在文件上签好字，鲁冠球、杰克和克劳迪的手紧紧握在一起时，一声春雷在天空中突然炸响，惊天动地！

上天也在祝福他们！

对舍勒公司的并购，与LSB公司的合作，还只是万向在美国“种苹果”计划实施的开始。

产品的“本土化”是“种苹果”的重要一招。但要真正深植美国本土，还必须进入美国的资本市场，这样，才能使万向在整个市场中左右逢源、游刃有余。

这就有了万向对在美国纳斯达克上市的UAI公司的收购。

万向收购UAI公司是在2001年8月28日，它开了中国民营企业收购海外上市公司的先河。

2005年，万向收购美国方向连杆企业——PS公司，拥有其60%股权，成为福特公司的核心配套供应商之一。由此万向成为在北美制造并直接供货美国三大汽车厂的一级供应商。

2006年，万向收购Neapco公司；之后，又接管了美国中西部的多家工厂。

2007年，万向投资AI公司；之后，充分利用其已有业务平台，整合万向在中国零部件制造及本地化采购的优势，通过“经营+制造”形成全球最优资源的有机结合。

2008年，万向收购美国福特蒙洛工厂。

2009年，万向收购美国全球转向系统公司。

到2012年前后，万向在美国的收购步伐进一步加快，包括A123系统公司，以及拥有5000多名员工、以制造刹车零件著称的BPI公司，著名的新能源汽车制造公司菲斯科，都归到万向的旗下。

越来越多的美国汽车零部件企业的市场网络被纳入万向体系，万向一跃成为许多国际一流主机厂的一级配套供应商，万向生产的几乎包括汽车所有核心零部件的产品被直接送上它们的生产装配线。

到2012年，在美国1150万辆的汽车生产总量中，有390万辆汽车装有万向在美国生产的零部件。在这390万辆车中，包括了福特、通用、克莱斯勒和其他知名品牌。

第15章 诚信是最好的通行证

回想多年来与美国企业界打交道的经历，鲁冠球觉得有不少心得可以与大家分享：

首先是要讲诚信，诚信是世界市场的通行证。

万向开始走出去时，鲁冠球就对大家说，在世界市场中，万向“个头”很小，实力很弱，与那些大公司无法相比。但有一点可以做得最好，那就是诚信。诚信是金，诚信是世界市场的通行证。

万向出口的每套万向节都经过严格的检验。早年，有一次鲁冠球接到外商发来的传真，说抽查了一批还在口岸正待起运的万向节，发现有不符合规格的滚针。他立即派人赶到现场，一组人马夜以继日地连干10天，将6万多套即600多万根滚针全部盘检一遍，查出有120根不合规格，占总量的1/50000。有人说，这是在差错“允许范围”内。鲁冠球说，“允许”不“允许”要听客户的，你是万分之几的差错，可对客户来说，他的不满意、不高兴是百分之百的。做“信得过”的产品不是广告语，是客户使用产品时的一种感受、一种信任。

万向美国公司成立之初也发生过这样一件事：有一次公司做成了一笔生意，交易金额有3万美元，比公司开创时的资金都多。可是，支票还没来得及存入银行，客户的电话到了：产品不符合要求，要退货。倪频二话没说，连夜开了7个小时的车，把那张还带着体温的支票退给了客户。他对客户说，货没有处理好以前，我不会拿你一分钱。虽然这笔生意没有做成，但美国业界开始知道，有这样一家中国公司，同它做生意，放心！17年过去了，这家企业至今还是万向美国公司的忠实客户，而且在10年前它还把自己51%的股份无偿转让给了万向，成了万向美国公司的一部分。

其实，诚信不只是不卖假货、不说假话，它还包含在商业运作中的诚实，为客户着想，保护客户的利益。

德克先生是美国PTC公司总裁，有一次他向万向美国公司订购了一大批万向节。倪频一看数量，觉得他们订得太多了，就坚决不让下单，要采购员跟德克再核实一下，是不是搞错了。德克是个可爱的倔老头，他打来电话，气鼓鼓地质问倪频："PTC是我的公司还是你的公司？既然是我的公司那就我说了算，你还多说什么？"

倪频心平气和地向他解释，谁知德克更来劲了："我的事情你少管，我做万向节的时候，你还不知道在哪里呢。"啪，就把电话给挂了。

客户坚决要下单，那只能照办。但倪频又把意见写下来传真给他，希望他能少订一些货。

一年半过去了，德克又来电话了，依然是他的大嗓门："频，你现在必须赶过来！"倪频以为有什么大事，就立即驱车赶到PTC公司。进公司一看，墙上挂着一条硕大的横幅："PIN，WE ARE SORRY（频，我们向你道歉）！"那位德克先生对倪频说，由于没听倪频的劝说，现在造成了大量库存，能不能帮忙想想办法？倪频二话没说，收回了他库存的货。

又过了一年多，德克又打电话来，说他要把一个和他合作几十年的客户让给万向。他握着倪频的手说："我这样做，只是为了告诉你，你在我心中是多么重要，我有多么感激你。"

对于企业来说，这就是客户对他们的最好回报。

诚信是一种社会契约、行为规则，是商业贸易中的一种品德。诚信不仅成为万向开拓市场无往不胜的利器，而且成为一种品牌，提升了万向产品有形与无形的价值。

2010年，万向太阳能板刚投产的时候，威斯康星州一家企业就买去了200千瓦。后来，他们听说其他公司的同类产品的价格比万向要便宜15%，就要去别处买。倪频很爽快，说：“没关系，你去别处买吧。”谁知，2011年5月，他们又找上门来了，还一口气下了10倍于2010年、总计2兆瓦的订单。什么原因？那位客户说：“别人便宜是便宜，但售后服务差劲，有些事太麻烦了，还是你们的服务好。上次我们说少个盖子，45分钟以后，你们的负责人就赶到了，其他公司根本不会这么做。”

“当客户因为产品问题而睡不着的时候，我们怎么能回家睡觉？我们没日没夜地工作，就是因为我们放心不下客户。”这是万向美国公司不成文的行事规则，内涵是什么？是诚信，是自始至终为客户提供让他们放心的优质服务。

当年，舍勒公司拂袖而去时，鲁冠球曾对他们说，他们可以到世界上其他公司去看看，不可能买到价格比万向便宜、质量又比万向好的万向节。

现在，鲁冠球也许还可以这样说了：“你们不妨到其他地方看看，不可能买到质量比我们好、服务比我们更精细和周到的产品！”

第16章　赢得尊重

包容互利，兼济天下，是鲁冠球分享给大家的另一个心得。万向美国公司总部被戏称为“小联合国”，36位员工中，从国内去的只有12人，其他有土生土长的美国人，还有墨西哥裔、巴西裔、秘鲁裔、波兰裔的雇员。

鲁冠球说的在美国“种苹果树”，不只是在美国办一家企业，更重要的是要把万向的企业文化“植入”美国的文化中，而文化的融合首先是人的融合、观念的融合。

你们要是去万向美国公司，第一眼印象肯定是井井有条，各种设备、家具、文件全都站队般整齐。16000平方米的仓库里，所有的产品货箱大小不一却都排成一条条直线，水泥地上光可鉴人。在洗手间的地面和水池周围，甚至没有一滴水迹。也许没人会相信，这里没有专门的清洁工，保洁公司每周来收一次垃圾，所有公共区域的卫生都是仓库的8名员工轮流来做的，这不是公司要求，而是员工自愿的。他们每天提前半小时上班，把会议室、走廊、就餐室等公共区域全部擦抹一遍，把卫生间的水池清洗好，纸巾放整齐。下班时还要用拖布把地面再拖一遍。公司里的人曾自豪地告诉鲁冠球，要是三明治掉在地上，没问题，捡起来就可以吃。来过公司的客户也说，这么干净的汽车零部件仓库，以前还真没看到过。

其实，原因很简单，因为美国员工把这里当成他们的家。不只是搞清洁卫生，连厂房的油漆、装潢，他们也会趁休息日加班来干，而在美国文化中，在休息日来加班，那是十分罕见的。

首席运营官盖瑞在万向美国公司已经工作了16年。他说：“我从来没有在一家公司工作这么长时间。”他“死心塌地”为万向效力，是因为万向对他的尊重。

当盖瑞来到万向美国公司时，那时的中资企业在美国远没有现在这样的地位。有一天见盖瑞要出门去拜访客户，倪频真诚地对他说：“盖瑞，如果对方因为你为中国企业工作而说三道四的话，你不用跟他们多啰嗦，我们不是什么业务都要做的。”

就是这句话，让盖瑞感受到了万向的文化。“他很重视我的尊严。”盖瑞这样说。正是对人的尊重，使万向美国公司有了一位称职而出色的好管家。

作为营运长和财务长，盖瑞参与了公司一系列收购投资活动和技术项目引进。在他的努力下，他们不仅扩大了万向在国际市场的影响，而且有效加深了美国大企业高层对中国改革开放发展现状的认识，促进了中美经贸合作交流。2003年9月30日，在北京人民大会堂，盖瑞从温家宝总理手中接过中华人民共和国给对华友好人士的最高荣誉——“友谊奖”奖杯。盖瑞把中国政府的褒奖看作是他一生中最为闪光的顶峰。他曾说，希望自己能成为永久的万向人。

还有一位美国朋友叫罗杰，他是D&R公司董事长，也是公司合伙人之一。他的名片上一面是英文，另一面是中文，两面同时都用英文在D&R公司名称下面印着“A Wanxiang Company（万向公司）”和万向的司徽。罗杰曾是私募基金经理，最多的时候同时拥有过23家公司。对他来说，钱早就赚够了，本来打算退休，到迈阿密海滩上晒晒太阳、钓钓鱼。有人曾经问他，为什么如此信任万向，又为什么认为万向是一个非常好的合作伙伴时，罗杰说：“我仔细研究了万向的经历，发现万向收购一家企业之后更多的是保留，而不是转手卖掉。这一点，D&R的经营理念和万向基本一致，就是给员工、企业、社会和客户都带来效益，有足够的资本来保证将来发展。遇到万向以后，我发现除了能赚钱，更重要的是能够做我自己想要做的事情。”

2000年，万向美国公司租住的房子即将到期，新家的地址选在哪里呢？离市区近的，价格贵；而便宜的房子地段都很偏，怎么办？公司把这个选择的权力交给员工，所有的房产信息都醒目地标注在一张告示牌上，放在会议室，让大家拿主意。

为此，倪频还专门开了一个征询意见会。直爽的美国人站起来就讲，干吗要这么麻烦，公司决定就好了，公司说去哪儿我们都去。大家立刻齐声附和："是啊是啊，公司去哪里，我们就去哪里。”不论在哪里，在美国，在中国，企业搬家都会失去一些员工。但是万向美国公司搬家时，一个员工都没丢。说实在的，这个新“家”有点偏，有的员工上班单程就有100多公里，但谁也没舍得离开公司。

原因或许是多方面的，鲁冠球认为，其中一个重要原因是文化，是“海纳百川，有容乃大”的中国文化。优秀的文化能凝聚人心。文化看似是虚的，但一旦渗入到实体的经济中，就会产生巨大的力量。中西文化有很大差异，但也有相通之处。特别是优秀的文化元素，以及当代商业文明通用的准则中所包含的价值观，例如为顾客创造价值、为股东创造利益、为员工创造前途、为社会创造繁荣等等，具有普适的意义。而万向美国公司中的关爱、尊重、感恩、包容、互利等中国文化，更能被来自各国、具有各种文化背景的员工所认同。沟通、尊重，不同而“和”，这正是万向美国公司和谐而高效运作的源泉。

2009年8月，万向美国公司收到了康涅狄格州州长瑞尔的一封感谢信，感谢万向美国公司投资GSS公司，并为它保留和创造了135个工作岗位。

GSS即美国全球转向系统公司。早在2006年，万向曾经在竞购GSS时败给了一家纽约的私募基金。2008年，在金融危机的冲击下，这家基金被迫清盘。私募基金的清算者找到万向，希望出售设备；管理层也找上门来，希望万向拯救公司。2009年，万向与克莱斯勒合作，从经济、技术及管理上成功收购了克莱斯勒旗下的GSS，并使三方都获得了利益：工人保住了工作，万向拥有了一个非常技术化的生产团队，克莱斯勒继续保持生产线的正常运行。事后，GSS公司执行长莱瑞·芬尼尔说，如果当时没有万向出面拯救这家企业，那么这家企业如今已经成为历史。按照收购时财务顾问的建议，GSS通过缩减规模、降低成本，仅出售非主营业务就带来了很大成果，使它在被收购后的第一个季度就奇迹般地开始盈利了，收回了全部投资。

说到这里，鲁冠球觉得必须指出的是，由于历史的原因和现实的因素——某些政客的操弄和某些媒体以严重的偏见所进行的“选择性传播”，不少美国人对中国和中国人怀有疑惑和戒备心理。他们害怕中国的崛起，担心中国产品进入美国市场，有些人甚至把投资并购的中国企业咒骂为“窃贼”，说是“偷”走了他们的工作岗位。而万向美国公司所做的一切，让美国人从身边更深入地去认识、了解了一个真实的中国企业，一个真实的中国，让他们转变了一些看法，扭转了他们的一些成见。

有一次，倪频去一家拟收购的企业考察。对方老板特意叮嘱他：“来的时候，在前台不要签到，也别留名片，千万别穿正装，也不要系领带。你到的时候给我电话，我会把你从旁边的小门带进厂里。”原来，老板担心工人知道公司要被卖掉了，尤其是被卖给了中国企业，那麻烦就大了！

倪频听从了老板的要求，一身休闲打扮，悠闲地走进车间。当他在一台设备旁专心地观看时，一位工人凑过来问他：“你们准备什么时候来买我们公司？”倪频很惊讶地问：“你知道我是谁？”那个工人露出“那还用说”的表情说："我们早就知道你是谁了，我们已经等你很久了。你再不把我们公司买去的话，我们就完了。"

当中国企业在美国从事并购重组时，最大的抗拒者往往是工会。20世纪80年代中期，万向要收购美国的舍勒公司时，就遇到了工会这个难缠的对手，最后万向只得到了舍勒公司的技术和市场。后来，万向想收购一家濒临破产的汽车发动机部件企业，也被工会拒绝。对此，该企业负责人和企业所在地的市长非常失望，他们说，与万向交易成功，至少可以保住工人的就业机会。

时间，填补着隔阂的鸿沟；事实，特别是身边的事实，更能颠覆偏见。美国人逐渐知道了谁是为他们好，谁在创造着工作岗位，谁在创造财富。万向的行动逐渐为美国的工会所理解，他们在并购重组中投赞成票的高达80%，甚至100%。在收购德尔福的时候，工会甚至明确提出："我们只支持万向。"他们说，他们没有任何要求，只要万向继续投资。因为从事实中，从许多经历中，他们了解到，万向同某些企业、某些私募基金不一样。他们有时会骂某些私募基金是"吸血鬼"，把钱吸光了，不要公司了，不管工人了！

截至2010年年底，万向美国公司的总工资单上已经有5686名员工，其中绝大部分是美国公民；而到2013年，在万向集团海内外公司上班的外籍员工已达到12000多人，占万向集团员工总数的1/3。

2011年8月25日，鲁冠球应邀出席了在北京举行的中美企业家座谈会。时任国家副主席习近平和美国副总统拜登都出席了这次座谈会。习近平在会议讲话中还特别提到了万向。他说："我在浙江工作过，鲁冠球是浙江万向集团负责人，万向不仅在国内发展得很好，在美国也发展得不错。他在美国办了很多企业，为解决美国的就业问题做出了贡献。"

至今，万向对美国企业的并购重组，几乎是并购重组一家就盘活一家，而且很快就盈利，投资回报率远远高于一般工业投资。

这里需要特别强调的是，万向的并购重组采用的是“包容”的文化，互利共赢的原则，对世界优质资源进行整合。按鲁冠球的说法，万向的做法是不拿走技术和就业，支持企业就地联合、就地优化、就地提升，形成“中国投资、美国运营、全球市场、创新技术、提升中国”的优势，最终达成共赢。

有人认为，并购就是“大鱼吃小鱼”，鲁冠球说，不一定！例如，万向并不“大”，对方也不“小”。万向去并购重组，不是“吃掉”，而是合作、合伙，优势互补，利益共享！所以万向在收购一家公司时，往往会连同这家公司的主管一起请进来，让不少原公司高管成为新公司的投资者或持股人。如果公司的管理层存在问题，那他们就会谨慎考虑，即使产品很合适，有时也会放弃。

这里还不能不提到万向在美国的“廉洁治理、厚道经营”。如今在商贸领域“潜规则”暗流涌动，所谓的“公关”登堂入室。这在世界市场上司空见惯，中国有，美国有，世界各国各地都有。但远在异国他乡的万向美国公司以“慎独”的精神，坚持廉洁行事，严格按照美国的法律法规合规经营。

其实，要做到廉洁治理并不难。首先要严字当头，严格要求，严格管理，一丝不苟，铁面无私。做好“五管”：管好上级，管好下级，管好亲朋，管好子女，管好自己。其次，是寻求规范化，放弃自由度。规范，有人认为是给自己套“紧箍咒”；而所谓的“自由”往往会漏洞百出。万向美国公司选择套“紧箍咒”，创办之初就引入了银行监控体系，请银行推荐人员来监控公司；公司财务完全外包，请专业会计事务所负责公司财务；所有交易电子化、票据化，没有现金账号，从不领取或支付现金，公司也从不搞公关销售或所谓的“招待性销售”，销售费用每月仅数千美元。公司人员也公私分明，如参加陪审团补贴、友谊奖奖章、在工作交往中对方馈赠所得的纪念品、奖品及补贴，全数交公并登记在册。作为总经理，倪频没有秘书，没有司机。去几百公里外办事，倪频都是自己驾车，带上妻子做的烙饼作途中餐，与车上的同事共享。

有段时间，不少怀有戒备心理的美国监察管控部门对这家中国公司格外“关照”：联邦调查局、税务局、海关等不断登门“造访”；审计、调查、检查经常进行。然而他们渐渐地发现，这家中国公司竟是如此的“阳光”“透明”，竟然没有“秘密”。美国人倒也幽默，他们说，这是一家“枯燥乏味的公司”，让他们“无用武之地”。美国新闻界常常把负面新闻才看作是“新闻”，擅长刊载负面报道的美国媒体，似乎也很认同上述“评价”，说“这里没有新闻”！

2011年春天，鲁冠球去美国，与公司高管座谈，大家提到这些情况。D&R公司的董事长罗杰十分感慨，他说：“其他东西或许是可求的，但这个东西是不可求的。这个东西是在人的心里面，你教都教不会，也不是钱能够买得到。这就是口碑！”

美国前财长保尔森请鲁冠球吃饭时，他对万向也作了这样的评价：“在美国很多人会获得成功，但能够同时得到政府的认可和合作伙伴的一致称赞，受到普遍的尊重，是很少见的。万向美国公司做到了！”

做人要厚道，经营企业更要厚道。所以鲁冠球很相信这样一句话：许多成功的果实，是长在德行的大树上的！

第17章 "你中有我，我中有你"

2011年7月8日，是万向创业42周年纪念日。每年这个日子，万向都要召开一个隆重但又简朴的会议，回顾万向艰难的成长历程，规划今后的发展路径。

这一次，鲁冠球讲的题目是"在中美全面经济合作机遇中推进万向国际化进程"，与集团员工分享他在年初的美国之行的感受。

鲁冠球的讲话从与舍勒公司的交往讲起。他说："1985年2月，我受舍勒公司的邀请，第一次以供货商的身份访问美国，参观、谈判、宴请点点滴滴，我都深切地感受到话语权的极度不对称。所见设备、技术、管理之先进程度，时时处处都让我觉得望尘莫及。

"2011年1月，接受奥巴马总统的邀请，以投资者的身份，我再次访问美国，并且在白宫和胡锦涛主席、奥巴马总统一起，就中美企业合作发展进行了坦诚的对话和交流。这让我深深感到，中国企业包括中国民营企业有了自己的话语权，甚至是高端话语权。

"这期间过去了26年。26年里，中国的改革开放全面推进，经济高速发展，中美经贸往来日益密切。万向作为其中的参与者和受益者，取得的每一点进步都带着鲜明的中美关系发展的时代特征。

"可以说，是中美互利合作的历史潮流，推动万向从中国走向了世界；是中美两国巨大的互补利益，铸就了万向国际化发展的扎实平台。"

鲁冠球说："如果说改革开放给了我们量的积累，那么中美全面经济合作带给我们的是质的飞跃。这是历史的机遇，更是现实的挑战。我们无法预见中美两国未来的分歧在哪里，但是，我们可以牢牢把握中美两国现实的合作需求，做好自己的工作。”

鲁冠球在这次会议上提出了三点：

第一点是，深化“你中有我、我中有你”，密切利益交融。

胡锦涛在美国视察中西部中资企业时，曾对鲁冠球说：“你们已经不是单纯的生产，更是将美国的信息与技术融会贯通，要多同美国的企业合作，相互了解，多向他们学习，做到你中有我、我中有你，共同发展。”他的话既是对万向过去做法的肯定，又是对万向未来方向的指引。

大家都知道，中美经济的高度互补，决定了在未来相当长的时间里两国合作的必然性；而两国经济总量之大，对全球经济走势影响之深，也决定了中美合作的必要性。

万向在中国能讲“英文”，在美国能讲“中文”，这迎合了中美两国“升级”和“转型”的需要。比如万向收购福特的传动轴工厂，把它原有的技术和装配优势与中国的制造和市场优势有效对接，产生了巨大的增值利益，印证了“合则两利”的现实。

26年来，从传统的汽车零部件到新能源，万向与美国企业在广泛的领域开展了灵活的合作，形成了股权、技术、设备、市场等多点位和多层次的深度融合。

从“供货商”到“投资者”再到合伙人，万向充分利用中美的资源差异，优化配置，不断创新业务模式，创造互补利益，从而与更多的美国优秀企业形成了利益共享、风险共担、共同进退的命运联合体。

鲁冠球认为，今天的世界，比以往任何时候都更加密切地关注着中国；今天的美国企业，比以往任何时候，都更加迫切地需要与中国企业合作；今天的万向，比以往任何时候，都更加拥有国际化发展的独特优势。可以说，当前是全面提高与美国企业合作水平的最佳时机。“你中有我，我中有你”业务模式的深化，是通过利益的密切交融，加深相互依存关系，促进与跨国公司的对接式成长、开放式成长和协同式成长。

第二点是，“走出去”做受人尊重的企业，以共赢促发展。

美国前财长保尔森称赞万向能够同时得到政府的认可和合作伙伴的一致称赞，受到普遍的尊重，这很不容易。同时，他还说，他不希望看到中国企业在美国虽然发展得很好，但得不到合作伙伴的尊重。其实，这种现象并不少见。怎么办呢？鲁冠球的答案是，从自身做起，从最基本的合规做起。

万向美国公司1994年创立以来，正是这样做的，不仅业绩稳步增长，社会效益也同步提升。正因为如此，2011年3月，由奥巴马总统倡议、胡锦涛主席支持的“十万人留学中国计划”交给了万向率先启动。这是中美两国政府和人民对万向的巨大信任，该计划对促进两国文化的融合、友谊的加深、经济的发展，都产生了持久的推动作用。鲁冠球觉得，这也是万向应该肩负起来的重大责任。

在美国时，胡锦涛主席就嘱咐他，企业应该树立全球责任观念，自觉地将社会责任纳入经营战略，遵守所在国法律和国际通行的商业习惯，完善经营模式，追求经济效益和社会效益的统一。

遵照胡主席的嘱咐，鲁冠球提出万向要在世界市场上做一家受人尊敬的企业。他认为，企业“走出去”，无论走到任何国家，互利共赢是发展的条件，受人尊敬是生存的前提。所谓受人尊敬，不只在于企业“个头”大小，更在于境界是否高尚；不只在于营收、利润的多少，而在于对文明、对道德的崇尚和对社会责任的担当。他说：“当我们在信奉实力、策略等魔力时，更要注重企业文化、行为道德和担当责任的魅力。虽然这些不容易做到，但万向必须努力去做，在美国做到了，在世界上的任何国家都要做到，这样，企业的国际化才能成功。”

第三点是，万向要努力“引进来”做一流产品，以技术确立国际领先地位。

在鲁冠球看来，过去的26年，万向国际化的大背景是中国的改革开放，万向做得比较好的是“走出去”。现在，大背景是中国的崛起，万向要在“走出去”的基础上，把“引进来”做得更好。

他说，美国的工业化发展历经了上百年的进化与完善，如果万向能够善用资源，有效组合，不仅可以少走弯路，而且有助于他们站在巨人的肩膀上攀登。他说：“引进来，当务之急是学习国际的经验解决万向的问题。比如说，劳动力成本上升将是未来中国企业10年、20年工作中的挑战，也是将来的工作中必须成就的目标之一，该如何解决。”

鲁冠球提起自己在美国参观时看到的情景：美国企业的厂房并不气派，装修也不豪华，但布局非常合理；车间不大，甚至有点拥挤，但现场非常干净，早餐可以安排在车间里。车间的机器旁布满了小轨道，轨道上往来穿梭的都是小型的运输机器人，而且都是企业自己开发的，模块产品全部由机器人在搬运。工人使用的工具、夹具、检测设备丰富多样，可贵的是，这些都是他们自己设计制造的。无论走到哪里，参观者都会感受到创新在增加、浪费在减少、流程在优化、效率在提高，一切都在持续改进中。

这种持续的改进能力来自于员工的知识、技能和经验的密切结合，来自于他们高度的责任感和精益求精的工作作风。也正是这种能力，时时刻刻在为公司提高价值，使得企业在美国这样更高的劳动力成本环境中依然具有更强的竞争力。

鲁冠球说，这一切，都是他们要认真学习的。早学早有利，多学多见效，尤其是人力资源工作这方面。“引进来”，最要紧的是要引进他们的技术。技术开发有先后，技术应用无国界。今天的竞争环境，争的是时间，拼的是实力，尤其是以技术为核心的软实力。

他说，万向在国外已经有了一定的技术资源平台，并且，已经在技术引进消化、吸收创新及自主创新方面，取得了巨大的成效。现在，要以更大的力度、更快的速度，让国外的技术资源平台与国内的业务，形成更紧密的合作关系，与国内员工的优秀技能，形成更大的合力。以技术确立万向在行业中的国际领先地位，使世界一流的技术不断在中国生根、开花、结果，生产出更多的世界一流的产品。同时，要以更大的魄力，利用海外已有的优势，加快以技术为核心的并购，打造技术引进的更大平台，培养国内企业的技术增值能力、管理支持能力、服务领先能力，以及员工技能的自我提高能力等，把万向的产业能力做深、做透，把产品质量做精、做强，让国际一流的企业、一流的产品，从中国的本土走向世界。

最后鲁冠球对大家说，美国为什么强大，是美国的经济强大；美国经济为什么强大，是美国的企业强大。一个道理，国家强大的背后是企业的强大。

不论在对世界大事的看法上，还是在个人生活习惯上，中国人和美国人有很多不同，有很多分歧乃至摩擦。因此鲁冠球认为，不管是现在还是将来，中美两国一定还会有很多很多争论，会有很多很多争吵。他说：“美国有些政客对中国有成见，不但吵，还会闹，有些人还叫嚷什么要‘围堵中国’。中国的崛起，你阻挡得了吗？你‘围堵’得了吗？但说句实在话，分歧归分歧，争吵归争吵，在当今世界的格局下，特别在经济领域，中国和美国，谁也离不开谁，分歧、摩擦必将让位于互利共赢！”

还有一点鲁冠球认为值得一说，许多人经常把美国个别议员的声音理解为美国政府的声音，把美国媒体的声音理解为美国全社会的声音。这实际上不完全正确。在美国，不管你做什么事情，都会有人出来说话，说什么话的都有。其实，美国许多的州或城市，对中国到美国投资是非常欢迎的。万向的做法是，当美国媒体或者议员开始争吵时，万向只是跟着法律程序走。

对此，倪频有一个形象的比喻：美国的体系相当于是一辆在轨道上运行的火车，轨道是既定的，政治的影响相当于"风"，有的人爬到车顶上，风一吹就掉下来，其实风过了什么事情都没有。

在鲁冠球看来，增进中美之间的沟通，促进中美人民的友谊，企业之间的交往也是一个好渠道。交往是了解的前提，多交往就能深入了解、消除障碍、冰释误解。做生意也是一种交往，除了谈交易、谈钱，也可以拉拉家常、叙叙友情，生意不成也能情意在嘛！鲁冠球同美国许多企业家有交往；不少美国政要从政之前是企业家，退下来之后也会进入企业工作，他们对中美关系的推进，有相当的话语权，对中国企业如何在美国得到发展和融入可以提供有价值的意见，鲁冠球也同他们有来往。

美国前总统布什的兄长是万向的高级经济顾问，据说这是他在中国企业的"第一次任职"，因而在留言簿上写道："布什夫妇和我非常高兴访问万向集团，我很荣幸接受了高级顾问这一称号，并为能有机会与像鲁冠球这样优秀的人才共事感到高兴。"

美国前财长保尔森先生曾经到万向考察过，鲁冠球到美国也曾去拜访过他，他对万向十分了解，经常向美国同行推介万向。除此之外，鲁冠球同美国其他政要包括不少州长也建立了友谊。

国之交在于民相亲。国家之间的信任首先必须建立在国民相互信任的基础上，国民的信任则建立在了解、友谊和谅解的基础上。所以我们国家的领导人出访总是想方设法去接触当地的民众。2012年2月，鲁冠球随时任国家副主席习近平再次出访美国，参加中美企业家座谈会等活动。让鲁冠球有些意外的是，在这次习近平访美的行程中，有一项是专程赶赴爱荷华州会见习近平27年前到美国专题考察学习时结识的老朋友，包括他那时的房东。房东德沃切克已经不住在爱荷华州，但为了这次会见，他和夫人特地赶来。爱荷华州州长布兰斯塔德先生这样评价习近平的这次访问：“（这次访问）在过去和未来之间架起了一座桥梁，续写了我们之间在27年前结下的特殊缘分和友情，同时也在中美两国人民之间树立了一个榜样。”而习近平在讲述当年的友谊后也指出：“我们应该进一步加强中美两国人民的交流，厚植中美互利合作最坚实的民意基础。”

中美的未来寄希望于青年，“厚植”最坚实的民意基础更要着眼于青年。这次习近平出访时，也同美国青年进行了交流，并称这样的会见和交流是“点睛之笔”，意味深长。

在2009年访问中国时，美国总统奥巴马提出了“十万人留学中国计划”（也称“十万强”）。根据计划，美国将安排十万名美国学生到中国学习，以加深中美在教育、科技、体育等领域的互动合作。2011年1月，胡锦涛主席访美期间视察了万向美国公司，他对鲁冠球说，“十万人留学中国计划”即将启动，希望万向能承担一些社会责任。根据胡主席的嘱托，鲁冠球回国后当即部署落实，决定项目由万向美国公司负责，在国内由万向职业技术学院具体执行，负责安排国内课程和活动等。

在中央和浙江省委、省政府的全力支持下，万向与美方进行了多次交流沟通，计划迅速得到实施。截至2013年8月，万向已先后安排“十万人留学中国计划”学员8个班来到中国。他们在万向参观清洁能源产业、学中文、品茶艺、练书画、习武术、了解中国文化；他们深入家庭、社区，体验中国生活；他们在西湖泛舟、登北京长城、观西安兵马俑……生活充实而有趣。

“我体会到中国人民是多么热情与友好，我也了解了中国正在努力解决问题。”来自爱荷华州马斯卡廷市的克朋·爱德曼这样说。

“在此之前，我认为中国是一个很穷的国家。但我现在看到中国是个很现代化的国家，而且正处于发展阶段。”西北大学的艾迪·李这样说。

“非常感谢这个项目帮助我们找到了学习中国文化的信心。未来我会继续学习中文。”芝加哥公立中学的华裔学生张伟鹏有这样的感受。

……

这仅仅是开始。但可以想象，只要持之以恒，在未来，这十万年轻人在中国讲美国的故事，在美国讲中国的故事，对促进两国人民了解的深入、友谊的增加、文化的融合和推动两国经济交流合作的发展都将产生巨大的作用。

第四部分

在危机中冲浪

大自然的冬天来了，意味着春天已不会太远；世界经济的“严冬”来了，却不会很快过去。在这样漫长的冬天里，我们不能只顾冬闲。如果只是心灰意懒地拱着双手等候春天，那我们一定会失去春天。

第18章　突如其来

2008年，是人们难忘的一年，因为它是搅动世界的激荡的一年。

当万向人刚跨入2008年的大门时，怀着的是欣喜的心情。

2007年，万向交出了一份不错的成绩单：每天的营收超过1亿元，每天创造的利税超过1000万元，每月出口创汇1亿美元，全年实现营收408亿元、利税37.3亿元、出口创汇12.7亿美元。

万向还获得了“中国工业大奖”和“世界名牌”两项荣誉。这几年万向获得过许多荣誉，但这两项特别重要，因为在全国汽车行业，在浙江省，都是“零”的突破。

企业开门红，订单络绎不绝。外贸、内销、营收、利润一路飙红。按照“奋斗十年添个零”的行动计划，万向人喜滋滋地把2008年的万向目标定在营收520亿元，其他指标也据此按比例提升。按照万向这几年的发展速度，应该不难完成。

同时，万向将加快实施基层员工收入倍增计划，争取使员工整体收入早日翻一番。

鲁冠球还对大家说：“形势这么好，我们要树立大产业的意识，有服务大市场的本领，集聚大发展的力量，以大智慧、大动作、大格局赢得企业大发展、大繁荣。”

一切都是悄无声息，一切都在不经意间。

9月15日，美国雷曼兄弟突然申请破产保护，这是一个不祥的信号。犹如闸门洞开，全球股市大跌，经济遭受重挫，银行破产、企业破产甚至政府破产，经济危机、欧债危机、全球金融危机等坏消息潮水般涌出，漫溢在世界各地报纸的版面上、电视的荧屏上、人们的手机上。

鲁冠球闭门不出，潜心研究着各类信息。市里、省里、国家相关部门一批批来调研，众多媒体也来采访。他们一起分析着经济的走势，探讨着未来的前景，商量着应对的策略。

一切都变幻莫测，一切都猝不及防。

与2007年的最高值相比，“万向钱潮”股票损失了130亿元的市值。这只是纸上富贵。但从9月份起，万向企业的订单减少了1/3，仅汽车零部件出口这一块就下降50%以上，这可是肉里、心里的痛了！

与此同时，汇率的波动，更使万向“雪上加霜”。

以“太阳能”这一块为例，原本7月份已完成了全年的销售和利润指标，8月份汇率一波动，获取利润的50%被“回吐”了出来。有什么办法呢？合同早已签了，即使亏钱也得照样发货。万向不能做不信守合同的事，否则以后谁还同你做生意？

一桩桩难事涌了出来，一个个问题等待解决。

鲁冠球首先想到的是员工。订单少了，工作量轻了，但员工们的心头却像铅压似的沉重——今后的日子怎么过？

他说：“先要安员工的心，员工安心，企业安定。留住了员工才能支撑住企业，才能有企业的明天。要让员工吃定心丸。”

万向宣布，不裁员、不减薪、不减少福利！

万向没有提“不欠薪”。这是因为，是否如期按时发薪，是对员工及其劳动价值尊重不尊重的大事，是考验企业是否诚信的大事，万向40多年来从未发生过欠薪这类事。

万向员工的工资是在每月16日发放的。从20世纪80年代至今，这是万向的一条“铁律”。鲁冠球曾告诫过各分公司的负责人，如果16日这一天发不出工资，你的位子就危险了！

这里讲一件小事。2013年2月16日，恰逢春节，员工还在放假，工资无法按时发出。万向便向员工发了一封信，告知他们本月工资要推迟一天，即上班第一天17日才能发放到手，请广大员工谅解。这就是一种诚信。

而提薪、减薪、增员、裁员和福利的多少，这是企业内部的经营管理之道，可由企业按实际情况自主决定。

现在的情况是，企业有困难，国家也有难处，而员工更困难。一裁员，他们一家老小的生活怎么办？社会压力也会大大增加。大家都说，员工是企业的主人。“下雨逃走，有难分手”，这可不是主人公的态度。

鲁冠球说：“这个时候，只要万向能扛得住，员工的就业、生活等方面的难事一定得扛起来！手头钱紧？把多年的积累拿出来，将其他开支压缩，这件事一定要办好，这是为国分忧，为员工解难。”

他们鼓励员工休假。以前，万向订单多，质量要求高，时间紧，许多职工每周只能休息一天。现在每周休息两天，如果有探亲、旅游的需求，企业也鼓励他们休假。

工会还组织丰富多彩的文体活动，拔河比赛、跳绳比赛、歌咏比赛，只要能增添乐趣的事，就办，而且要多办一点。

鲁冠球对员工们说，经济环境严峻，人心压力很大，但日子还要过下去，不妨给生活多点欢乐、多点色彩。

他嘱咐管理层，许多员工远离家乡，在这非常时期，依然要让他们感到温馨，让远方的家人少一分牵挂，对企业增一分归属感。

是的，这是苦中作乐。但鲁冠球知道，“苦”的阴云会很快散去，太阳会出来的，阳光会依旧灿烂！

同时，鲁冠球也强调，大自然的冬天来了，世界经济的严冬也来了，但经济这个冬天不会很快过去，三年、五年，或者更长。他说："在这样漫长的冬天里，我们不能只顾冬闲。如果只是心灰意懒地拱着双手等候春天，那我们一定会失去春天。"

时间，对于创业者来说，分分秒秒都是宝贵的！在安排休假的同时，企业也安排培训，并对设备进行改造和提升。车间里面静悄悄，课堂里面却热热闹闹。人力资源部制订了详细的培训计划，包括出国培训。2008年，万向第一批派到美国考察的27人，不仅在万向美国公司而且还到客户单位考察学习，开阔眼界，对接资源，沟通感情，促进合作。许多出国的员工说，百闻不如一见。他们从国外客户口中听到了第一手的意见，也看到了客户单位的生产环境、生产情况、工作方式、精神状态，深感差距很大，回来后不仅改进了自己的工作方式，还提了不少合理化建议。

员工大致安排好了，鲁冠球开始思考，如何在日渐衰落的市场中保住眼前。

市场越衰落，竞争越激烈。不要认为金融危机来了，人们的钱少了，肯定都去买低档货了。事实并非如此，危机时期是市场的又一次大洗牌，被淘汰、受冷落的不少是那些低质量、低附加值的产品，而那些高质量、高附加值的，特别是具有创新意义的产品却依然鹤立鸡群、引人注目。试看，今日从国外归来的人带回的东西中还有以前常见的那种电视机、洗衣机吗？至少是苹果手机及那些价格不很高但质量好的日用品，甚至是一些奢侈品。此时企业要出手，需要拳头产品，也就是那些具有独特品质和有很强市场竞争力的核心产品。

万向的核心产品是汽车零部件，但早已不只是万向节等零件，还有部件和系统模块。所幸的是，在2008年以前，万向已经对核心产品开始了调整升级，而到2008年，许多产品的调整升级已告一段落。

鲁冠球说："这不是我有先见之明，我们是被形势逼出来的。"

第19章　磨刀与砍柴

1997年的那场金融危机，有人把它叫作“东南亚金融危机”，这是有一定道理的。那次危机更多的是发生在金融领域，危机重创的是东南亚国家及我国的香港、台湾地区。美元，是索罗斯用来“攻击”的“炮弹”，欧美等发达国家的经济并未受很大影响。而当时我们内地的金融领域还未开放，也无形中筑起了一堵“防火墙”，大部分企业的内销、外贸业务基本上能正常运作。

于是，不少人就相当自信了：金融危机，危言耸听，不过如此嘛！

打个比方，这好似隔壁邻居失了火，而自家只感到了有点炙热，但以为已经受到了熔炉的冶炼，百炼成钢了。

那时候，万向也如此。外面有危机，万向内部的发展却相当顺利。从管理层到普通员工，自豪感越来越强，危机感越来越弱。

这不是什么好事，它与市场的现状不相符合，与万向的实际不相符合。

2005年，万向又一次承受了行业发展的巨大压力，外贸、内销业务面临艰难的挑战。营收、利润虽比2004年有所提高，但离原定目标差了好多。

2005年的年度总结会是由鲁伟鼎主持的，他一上来就说：“去年我们差了两个‘五’，营收差了50亿元，利润差了5亿元。”

同样是在2005年，在美国，鲁冠球熟悉的同行，全美最大的汽车零部件供应商德尔福公司申请破产！

这是怎么啦？市场并没有起什么波澜呀，经济学家们也没有提出严重警告。起起落落、高高低低是市场的常态，可能是经营者的失误，也有可能是市场某一区块信息的不对称而造成流通渠道的堵塞吧？

在繁荣和顺利的时期，人们往往以善良的愿望去诠释有些现象，特别是对突然出现的、碎片状的那些所谓的“个例”。而事实是，这些“个例”是众多隐藏着的现象的一种突出表现。

有句俗话，叫“拔起萝卜带出泥”，而有时候，我们只是看着萝卜疯长，却懒得去拔它。

警钟已经响起，危险的是，人们没有听见。

鲁冠球陷入深深的焦虑。思考中，两个“鲁冠球”在争论。

一个“鲁冠球”说，这也许只是偶然……

另一个“鲁冠球”当即反驳，著名零部件供应商的破产，与我们在市场遭遇的从未有的压力，难道是巧合？

一个“鲁冠球”说，这也许是个别情况……

另一个“鲁冠球”当即反驳，德尔福的触角伸向欧美各地，我们的市场也遍及世界十多个汽车大国，市场已经发出了明确的信号。有道是，“春江水暖鸭先知”，那么，市场的冷暖谁最先知晓呢？当然是企业，是企业的经营者。

这是寒流来袭还是冷风过境，暂且不问，但在阳光灿烂的天空中，早有乌云在集聚，这是不争的事实。

最终，两个“鲁冠球”达成一致：

人在路上走的时间长了，累了，不妨歇一歇，找个凉亭，找片树荫。歇，是为了重新积聚能量，是为了再次出发。

也许，我们也应该放缓些脚步，留出一些时间回头看看走过的路，细细思考今后要走的路：

看看我们在快步行走时，脚印有否偏移？

看看我们的产品所处的市场方位是否处于主流？有否被边缘化的危险，或者已经被边缘化？

看看企业的发展在乘势提速时，我们的心气是否变得浮躁了？

看看在眼前的一片繁荣中，我们有没有意识到危机会随时降临？而当危机出现时，我们是否已做好抵御风险的准备和具有自我修正的能力？

……

2006年新年伊始，万向开了个会。鲁冠球做了次讲话，题目是一句俗话——“磨刀不误砍柴工”。

这次讲话他没有多说什么好话，很直截了当地说：“这些年，万向的发展太顺利了，碰到的问题少了，很多人不再像从前那样，努力地去发现问题和认真地解决问题了，这样下去是非常危险的！”

2006年怎么干？他提出，要“磨刀”！

他说，“磨刀”，是因为过去用来发展的“利器”用的时间长了，有些钝了，有的要回炉淬火，好好打磨打磨了。磨，不是追求它的光洁度、亮度，而是要打磨出新的锋芒。因为，前面路上有很多不同寻常的荆棘要去砍伐，还有更多“硬骨头”要去击碎。

怎么“磨”？六个字：调整、完善、提高。发展速度慢一些也无妨，“刀”磨锋利了，“砍柴”会更快。

鲁冠球说，国家有宏观调控，他们公司现在进行“微观调整”。首先是在稳健中调整产业结构。对那些不符合万向发展方向的或者资源过度消耗、效益不好的项目，坚决调整掉，不能拖泥带水。对万向所属的工业、农业、服务业加大科技创新投入；其次，要在调整中完善基础管理，尤其是人力资源管理；第三，在完善中提高质量和效益。他提出一项目标，2006年在营收基本不变的情况下，能否增收利润2亿元。靠什么呢？靠降低成本、挖掘潜力，靠提高效率。

事实证明，2006年一年的调整收到了初步的成效。

2005年万向受了挫折，少了两个“五”——营收少了50亿元，利润少了5亿元。2006年，万向立即补上了这两个“窟窿”，而且超额完成了各项主要经济指标。增长速度过去几年一直保持在20%～30%，而这一年达到了50%。

鲁冠球认为，这是“慢”变“快”的辩证法的胜利。调整，一段时间里会让发展慢一些，但通过完善、提高，企业的发展立即变快了。

这一年，万向资本的回报率也从原先的8.05%提高到12.65%，这说明，钱用对了地方。资本的本性是获利，是产生利润。水往低处流，钱往效益高的方向投。不是只要投入就会产生效益的。人人都懂这个道理，但许多人把握不住这其中的一个规律——正确的定位。

2006年，万向就做了这样一件不花钱的大事，进一步清晰了企业的定位。

万向是干什么的？什么是万向的优势、万向的长处？偌大的世界中，产业那么庞大、那么多、那么复杂，赚钱的机会有的是，但谁也没有本事干所有的事。那么，万向在世界的产业版图上应该处于什么方位呢？在产业分工中万向能做什么呢？万向最擅长的又是什么呢？

一系列问题经过梳理，“理”出了万向制造、万向研究院、万向三农、万向海外、电动汽车、万向财务、通联资本、万向资源、顺发恒业、万向控股等十大领域。在这些领域中，有的领域万向经营已久，有一定经验，也有一定的实力；有的领域有良好发展前景，万向的研发也有了一定基础，并开始了较为顺利的拓展。这十大领域就是万向今后投入的重点，按鲁冠球的想法，面对这些着力点，要心无旁骛、全力以赴、目不斜视。

日后的实践证明，这样的梳理十分必要。万向的精力、物力、资本，还有时间都集中起来了。集中了优势兵力，又看准了目标，这仗就好打多了，胜利的把握也大了！

当然，光有2006年的调整还是不够的。万向提出，2007年仍然要“调整、完善、提高”，重点是调整经营思想、创新发展思路，全面提高整体素质。

由于2006年的调整起到了“提醒”“提神”的作用——“提醒”，即是提醒大家万向还有“内忧”，有许许多多的问题和不足，也有“外患”，即市场的不确定性；“提神”，是要大家振奋精神，克服困难，提升产品价值，提升自己能力。因而当提出2007年继续调整时，大家看到了集团高层的决心，又在2006年尝到了“甜头”，上进心、自觉性更高了。

这次，产业结构的调整、转型升级仍然是主线。根据万向的观察，这时候美国等国际汽车市场日趋疲软，国内市场却日益红火。“万向钱潮”根据集团的部署，将目标向国内高端市场转移，重点瞄准国内主流主机厂，特别是国内自主品牌项目。此后，万向钱潮公司更是成立了以部门经理为组长的精益生产督导小组，组员由在欧、美、日合资企业工作十多年、拥有丰富经验的精益生产工程师组成，各小组负责人则是精益生产推进委员会成员。几年时间，万向优化生产线近百条，节约劳动力200多人，从原料投入到成品交付的时间平均缩短了一半以上，最快的缩短至原先的1/3。

实践证明，这次“转移”进一步提高了万向在国内市场的品牌形象，提升了产品价值，促进了万向汽车零部件产品更快地向国内外两个主流市场推进的进程，顺应了市场的需求。

内提升，外拓展，万向两手一起抓。

2007年7月，以万向美国公司为主导，万向集团收购了美国AI公司的30%股权，成为第一大股东。AI公司是通用、福特、克莱斯勒的“零级供应商”，在美国7个州有12家工厂，年销售额8亿美元。对AI公司的收购，扩大了“万向制造”在国际主流市场的份额，促进了“万向制造”在全球影响力的提升。

由钱潮等速驱动轴厂投资3亿元，引进170多台国际一流的韩国威亚等速驱动轴的项目也迅速建成投产，并一次通过韩方的配套评审，成为万向制造与国际接轨的又一范例。

万向资源购买的“游神1号”远洋化学品货轮在宁波下海，开拓了万向国际物流产业的新领域。

万向财务与美国花旗银行达成战略合作，构建起国际金融资本合作的新平台。

万向涉足新能源领域比较早，太阳能、风能得到较快发展，生产的电已并入国家电网、太阳能光伏组件在国际市场广受欢迎。特别是万向硅峰制造的太阳能电池硅片在被“神舟五号”“神舟六号”采用后，又被“嫦娥一号”采用，成为“万向制造”遨游太空的标志，也引来了国内外众多买家，产品经常供不应求，硅峰硅片不断扩产。

早在1999年，为了应对我国加入世贸组织的挑战和机遇，万向提出了“三接轨”战略，即接轨国际先进技术、接轨国际主流市场、接轨跨国公司运作。2007年，在“三接轨”基础上，万向进一步提出了“三转变”：投入，从重物转到重人；产业，从重有限产业转向重无限产业；增长，从重有形增长转向重无形增长。

在鲁冠球看来，有限产业的价值总是有限的，无限产业的发展前景才是无限的，价值也是无限的。什么是无限产业？人类和社会的存在离不开的产业是前景无限的，产品内涵的增值是无限的。

那么，什么是无形的呢？品牌是无形的，文化是无形的，价值理念是无形的。看看当下的市场，同类产品因品牌、文化的不同，其产生的价值差距越来越大，影响力的差距也越来越大。在今后万向的发展中，这是实践方略。

而这一切的转变，不仅需要资金，更需要先进的科学技术，需要高端的人才，因此，要把重点转向对人力资源的投入。

以产业结构转型升级为主线，既抓“内”又抓“外”，既抓“硬”也抓“软”，这是2007年万向“调整”所做的事。当时，鲁冠球只认为这是为克服前进的障碍而必须做的事，没想到这为今后万向在危机中自我崛起积聚了力量。

所以，有人说，这是万向在国际金融危机袭来前的一次主动备战，干得漂亮！

但鲁冠球自己认为，“主动”说不上，或许是万向觉醒得稍许早了一些。

第20章　自我觉醒

危机发生后，也有媒体记者问鲁冠球：“危机降临前，你们万向主动进行了调整，铺垫了那么多措施，你是否预测到国际金融危机又要降临了？”

鲁冠球说：“没有，真的没有！在这次金融危机中，连许多大企业都不行了，万向作为一家算不上大的企业，我怎么可能有先见之明呢？要是真能预测到，2008年我一定会再多一个心眼，不会遭受这么大的挫折了；要是真能预测到，现在我就在忙着数钞票了！鉴于2005年万向在经营上遭遇的重大困难，2006年年初的那次讲话中，我提到了自然灾害、突发事件、局部危机，甚至还说到了‘非典’，可就是没有想到金融危机。1998年的金融危机刚刚过去，谁会想到新一轮危机又会这么快降临了呢？”

据说，对西方国家特别是由美国引发的2008年国际金融危机，究竟萌发于什么时候，至今专家学者还在争论。

有人认为，最早应追溯到2000年。那时，美国的经济泡沫已经到了一戳即破的程度。听说，当时联邦调查局还把华尔街可能要出大问题的情况密报布什政府，可是布什政府那时正忙着反恐，便把这事“密封”了起来。

而当时，华尔街也正闹得欢。基金经理一夜暴富的故事传得纷纷扬扬，惹得许多年轻人想跳槽去金融行业。

也有人认为，雷曼兄弟破产那是后话，2008年国际金融危机序幕的拉开，应该是在安然公司倒台的时候。

“安然事件”也闹腾过一段时间。闹腾归闹腾，不久，便安然无事了。

许多人认为这是“个例”，可供“研究”，不以为“然”。

到了金融危机成为“风暴”，人们开始埋怨了，埋怨政府信息不公开，没有及时发出预警；埋怨媒体“集体失声”，质疑他们是否还是市场独立的、冷静的观察者，甚至说他们在强大的商业公关攻势面前，已成为美国经济“虚胖”的“吹胖”者之一。

鲁冠球认为，埋怨别人，这是容易的。事情发生了只是去埋怨，连“事后诸葛亮”都称不上，既耽误时间，又消磨斗志。

他曾说：“我听年轻人常在哼‘跟着感觉走’，我五音不全、七音不懂，不会唱歌，但我觉得这歌词挺有意思。跟着感觉走，首先你是否有感觉？其次是你的感觉是否准确？第三是你有了感觉以后怎么‘走’，‘走’向何处？敏锐感觉，准确判断，及时修正，这是‘自觉’。”

鲁冠球自省还做不到这样，说他的感觉是迟钝的。因为在1998年的金融危机过后，乐观的气氛占了上风，他也不例外。到了后来，才慢慢感到有点不大对劲了，受了挫折吃了大亏了，才有点警觉、有点感觉了。

所以，2006年到2007年间万向的调整，不是主动应对未来金融危机的自觉，是市场逼出来的调整，是人们常说的“倒逼”。

这次调整，确实为万向蓄积了一些力量。许多经过调整的部门，成为抵御金融危机、迎着危机逆势上扬的增长亮点。

可以说，这次调整是鲁冠球按照企业的运行法则做对了一些事。当市场逼着、推着他的时候，他顺应着往前走。该止步就止步，该转弯就转弯，不做违背规律、“撞了南墙不回头”的所谓“英雄好汉”。而当遇到重大困难和挫折时，他会比较坦然地去面对，静下心来去分析原因，梳理思路，汲取教训，直到找出真正的根源才恍然大悟——也就是说，他“觉醒”了！

可以看出，他对企业的运行法则怀有敬畏之心，对市场怀有敬畏之心，对工作中的教训怀有敬畏之心。

因为敬畏，他会努力去观察、揣摩、体味；因为敬畏，他把这一切看作是“老师”，听从其教导、引导，因而从中学到了很多。

现在，人人在说“转型升级”，鲁冠球认为，这一命题应该是企业永恒的主题。经常进行调整，应该成为企业的一种自觉。

他的体会是，调整或转型升级最好的时机，不是在企业困难的时候，恰恰是在它发展比较顺利时。因为这时候企业有实力，有相对从容的时间，能承受不少困难或一些挫折。一旦企业状况不好，就没有心思、没有能力来调整了，这时候就要请别人来帮助调整。但若请别人来帮助调整，那企业就不是你自己的了。

那么，什么时机该“转”或该“升”了呢？

依他看来，当产品十分热销但能被千家万户复制、产品只处于平庸的“混战”地位时，就得考虑“升”或者“转”了，千万不要因为还有小钱可赚而舍不得丢弃；当产品被日渐边缘化，只能游走于低端、非主流市场时，就得考虑“升”或“转”了，千万不要因为“熟门熟路”患上“路径依赖症”；当产品所处市场价格战烽烟四起、降价销售成为争夺市场的撒手锏时，就得考虑“升”或“转”了，千万不要熬一熬、花大血本去“舍命陪君子”了……

实际上，调整或转型升级，不可能一蹴而就，也不可能一劳永逸，它贯穿于企业发展的全过程。

企业一定要学会主动调整，经常自觉进行修正。调整或修正，会避免危机，会化解危机。

在一次又一次调整和化解中，企业会逐渐成熟起来。每一次转型、每一次调整，都是企业生产力的一次释放，它既是对企业家的严峻考验，也是对企业家能力的一次提升。

能否自觉调整，实施转型升级，这要看企业是否有追求永续发展、基业长青的志向和上进心，以及有无对市场的敏锐感应和深刻的洞察。“敏锐”和“深刻”不是天生的，而要看企业家是否是一个有心人，能够不回避重大袭击，也不放过任何蛛丝马迹。

万向的这次“调整”，重要的是调整人们的思想，特别是中层以上骨干的思想。万向有一个好的文化，就是每个人经常会总结一天、一月、一年的创新的事，以及所干的实事、大事。这次调整是一次大梳理，是有针对性的、主题较为明确的梳理。

调整的过程，是发现问题的过程。调整越深入，越使大家醒悟。鲁冠球说，万向有进步、有发展，但放到全球市场上，与跨国大公司相比，更多的是不足、是落后。因此不能“自豪”，更不能自大。“大”也会变“小”的，甚至被残酷的市场“灭”了。只要看看我们的周围，几乎每天都在发生“大败局”这样的事。

鲁冠球觉得，有时候，一个人，一个企业，不妨生存在危机中，这样便会被迫去考虑自己的生存，体味生存的艰难。或许只有真切地感受到生存的危机时，你才会去正视平日不经意的一些“小问题”，从懒散转变成奋起，形成改变现状的自觉，努力去争取更好一些的生存环境。这就是“觉醒”。

“自觉”是主动，“觉醒”是被迫。这里或许有迟早、快慢之分，但觉醒是醒悟后的自觉，依然十分可贵。中华民族曾经遇到过多少次“最危险”的时候，被迫发出最后的吼声：“起来！”终于奋起！终于奋进！终于觉醒！

危险的是，形势在逼你，生存环境在逼你，你还呼呼大睡，还在睡安稳觉！

在万向，通过调整，有许多由“觉醒”到“自觉”的事例。

"万向精工"、万向"森威精锻"就是自觉的典型，它们逆势而上的经验也是转型升级的成功范例。

"万向精工"把高端配套市场定为自己的目标。经过调整期的努力，2008年9月，"万向精工"的汽车轮毂轴承单元系列产品正式为大众汽车配套，成为行业内首家进入大众汽车配套线的中国本土轴承企业。但"万向精工"并没有就此止步，它们在开发方面始终与大众汽车同步。无论在国内还是国外，大众汽车全球采购的每一个新项目都成为"万向精工"的开发目标，而产品的升级，又带动了基础管理、技术和质量管理体系的升级。2012年，"万向精工"的大众汽车项目实现配套310万套，销售额占公司总销售额的30%。

万向"森威精锻"公司提出"差异化竞争"理念，明确将行业前三强、世界500强企业作为自己的战略客户，以此为目标，将产品层次提升到高端，成功地开拓了美国、德国、加拿大、丹麦、瑞典等国的高端市场，加速了公司的转型升级，也获得了可观的经济效益。

将"高端"作为标杆，将中低档产品提升到高档产品，从非主流市场跃进到主流市场，这就是一种自觉。

鲁冠球以为，其实，有时候也不必动不动就说"超越"，盯住先进的标杆，把精力集中在紧跟标杆、提高自己上，企业和产品也会产生新的生命力。

国际主流市场，是企业的奥林匹克，是见识市场、锻炼自己的竞技场。树立起进军国际主流市场的雄心，并为此而努力，你不仅有可能赢得主流市场的份额，同时也积蓄着抗风险的能力。许多事实证明，如果只满足于以低档的也就是低附加值的产品在非主流市场中"漂游"、赚点小钱，那么不论你是"北漂""南漂"，还是"内漂""外漂"，其实只是在一种不安全乃至危险的市场环境中"游走"。市场在不断提升，无高端目标、不思进取的苟安，其最终命运是被市场淘汰出局。

万向在2006年、2007年的两年调整，基本达到了预设的目标。企业运行比较顺利，营收、利润、出口情况良好，这给他们增强了信心。

正是抱着这样的信心，万向迈入了2008年。

2008年的金融风暴波及面广，来得突然，摧毁力强。万向毫无例外地受到了重重一击！如果从雷曼兄弟破产算起，不到4个月时间，万向就损失营收50亿元，利润大幅度缩水。

但万向没有被击倒！退后了一两步，吸了一口气，要出拳了！

用企业的核心产品，也就是用拳头产品打向市场。这是第一拳。

万向资源配置在全球实行“三三制”。以汽车零部件市场为例，国内主机市场、国内售后市场、海外市场各占1/3。

2008年9月，万向在研判全球汽车市场时，感到国内市场比国际市场特别是美国市场更红火，当即提出“迅速转移”。

迅速，这是时间；转移，这是空间。问题是这“空间”一点也不“空”，早无插针之地，竞争已是白热化。时间所起的作用，已不是决定性的了！

这时，万向在调整时所磨砺的利剑“亮”出了锋芒。这些“利剑”即产品，根据市场需求适时换代升级，接轨国际先进技术，接轨国际主流市场，接轨跨国公司，正符合中国汽车工业追赶国际先进技术、跻身国际主流市场的大趋势。

同样道理，2011年，当国内市场增长趋缓时，万向就将关注点转向了海外市场。

鲁冠球认为，其实现在的国内市场和国外市场并没有多少差别，关键在于我们的产品是否优于竞争对手，是否为市场所认同。当万向提出“三接轨”时，并不是只把眼睛盯住国外市场。接轨国际主流市场，是为了服务包括中国市场在内的整个世界大市场，或者说，是为服务中国未来市场做准备。中国市场是全球市场的重要组成部分，更何况，中国有许多合资的汽车制造厂，他们引进了国外许多先进的元素。中国的汽车工业在前进，中国市场已经开始了与发达国家市场的无缝对接。

万向在“走出去”中，消化、吸收了国际上许多先进技术；万向在国内市场经营已久，作为“世界名牌”的万向品牌，又具有相当强的吸引力。因而，他们在国内的销售份额迅速得到大幅提升。

万向所属公司的员工又只能享受每周一天的假期了，有时候还不得不加班加点。人是累了，心却踏实了。

“磨刀不误砍柴工”，这是中国人的智慧。在企业生死存亡时刻，宁可牺牲一点速度，少一点营业收入，少一点利润，也要腾出时间来使劲“磨刀”，让企业调整结构，使产品升级换代。

智慧，在实践中又一次闪烁出它的光芒！

第21章　主动出击

如果说，上面这一“拳”是为了确保眼前，那么，下面这一“拳”则是着眼于未来了。

鲁冠球认为，企业要竞争眼前的市场，同时也要做好在未来市场竞争的准备。只应付眼前，不布局未来，当眼前转瞬即逝时，企业面对的是由未来演变成的现实，或许自身已很少有发展的余地，甚至可能已失去原先的立足之地。

作为万向产业结构转型升级的重要内容，万向对新能源，特别是对新能源汽车的动力电池的研发，是着眼未来一“拳”中的重要内容。

万向是在1999年开始发展新能源汽车的。2000年4月，董事会制定战略，决定先生产电池、电机和电控，然后才是生产整车。2002年，万向电动汽车有限公司（万向集团的全资子公司）成立，专门从事电动车和电池业务。同一年，万向生产了第一辆电动汽车样品。2006年，万向与国家电网达成协议，发展电动服务车和电动工程车。到2008年年末，已有120多辆该类车辆在中国22个城市投入使用，4个模型通过国家车辆检测并获得了证书。2009年4月，万向投资13.65亿元人民币建成了中国规模最大、技术最先进的电动汽车和锂电池生产基地。2009年11月底，生产设备开始运行。2010年，万向为上海2010世博会的所有混合动力汽车、50%的纯电动车和广州亚运会的所有纯电动车提供了电动动力系统。

在面向未来的“组合拳”中，对美国A123公司的收购无疑是最重要的。

A123公司是全球第一家同时解决了锂离子电池性能三个关键因素——高功率、安全性及长寿命的公司，拥有电池、电网、储能三位一体的系统能力。除A123公司外，万向还投资了其他几家美国公司。这些公司都是美国能源部资助的清洁能源企业：

Enerl（安纳万），拥有世界上先进的电池成组技术。

Smith（史密斯），是全球第一家生产纯电动校车的企业，其电动校车已在纽约州等地使用。万向投资Smith电动汽车，是为电动汽车国际、国内对接打好基础。

Suniva（索尼瓦），是美国名列前茅的高效太阳能电池制造商。

继2012年2月17日，在中美经贸合作论坛上，万向与美国巨点能源签署合作协议后，2012年4月，万向投资1.15亿美元相对控股巨点能源，为集团清洁能源战略布局打好了基础。巨点能源拥有世界先进的节水型煤制天然气技术，即蓝气技术，曾被美国评为“前50名最具创新绿色技术的清洁能源公司”第一名，最适合万向对新疆煤资源的开发。

万向的清洁能源的国际化平台雏形开始显现。这一平台的主要架构是，万向以较多的人才、物力、财力，按“三电”即电池、电机、电控，“三能”即启能、储能、动能的定位，以电池为支点，储能为制高点，实施“电池—电机—电控—电动汽车”的战略。同时，实践“风、光、气”清洁能源的技术战略，实施分布式能源应用布局。

中国的清洁能源命运有些坎坷。刚开始，清洁能源作为新兴产业受到广泛追捧，引起人们热议。但不久，却传来了光伏等产能过剩、出现泡沫的消息，以致社会上出现了不少疑虑和指责声。再后来，有人认为电动汽车也要产生泡沫了，其中有一个理由是国际车展上没有展出电动汽车。

水的温度如何，深浅怎样，游在河里的人才知道。

光伏等产业确实出现了泡沫。2013年3月，国家权威部门说，光伏、风电产能的利用率只有50%～60%。

但鲁冠球认为，清洁能源是个好东西。美国总统奥巴马讲的许多话是为了选票，但他在就职演说时有几句话鲁冠球觉得还是很有道理的。他说，为了应对全球气候变化的严重问题，一定要发展清洁能源，虽然前路漫漫。他还说，新能源的发展能产生许多新的就业机会。

在鲁冠球看来，中国的新能源还是个“孩子”，现在还需要哺育，还需要“喂奶”；即使到了成长期，也会摔跤，还需要培养，这些都很正常，人们要有耐心。事实上，作为一种新事物的新能源在开始时，人们对它的市场预期本来就不能过高。人们对它的接受有一个过程，社会对它的容纳要有准备。同时，新能源产品在实践中也要提高，反过来再促进人们更多地认同……这些都需要时间的积累，不能急，但也不能等。既然认准了目标，那就沉住气，努力干!

而且，新能源发展遇到的一些问题，是一些小插曲，是在发展之初，也不难纠正，这些曲折还可对以后的发展提供一些教训。

当前，中国的光伏产业处于柳暗花明之时：一方面许多地方的光伏基地在投产，另一方面，中国的一家堪称“巨头”的光伏企业却破了产；一方面欧洲的许多光伏产品经销商反对政府的“双反措施”，另一方面，欧洲有些人还是要对中国光伏产品实行惩罚性的关税。虽然经过艰苦的谈判，中欧双方达成了一个所谓的“价格承诺”协议，其中包括最低限价、配额限量，但不能解决根本问题。

对此，鲁冠球的理解是，我国把发展新能源写入规划，鼓励发展，首先是为了内需，为了国内的能源需要，为了改变国内的生态环境。2013年7月15日，《国务院关于促进光伏产业健康发展的若干意见》发布，又一次力挺光伏产业，主要也着眼在内需。当然光伏产品也可以卖到国外去，但现在，中国内需的潜力还远远没有开发出来、努力把内需开发出来，释放出来，光伏产业必将迎来“又一村”。

万向在新能源产业的发展过程中，遇到过很多困难，受到过不少挫折，但也积累了一些经验。

万向实施“风、光、气”清洁能源战略，讲的还是一个“实”字。哪个地方有优势，哪个地方有需要，他们就在哪里布局。在萧山，万向建立了2.7兆瓦的屋顶光伏发电项目，在当时，它是浙江最大的光伏发电项目，获得了国家电力监管委员会颁布的电力业务许可证，已经并网发电。大陈岛、象山县，一个在海上，一个在海边，风力资源充沛，万向就建风电项目。台州大陈岛二期风力发电机组已于2009年11月并网运营；2011年8月，象山檀头山岛项目开工建设。万向在衢州建设的22万千瓦天然气发电厂，在安吉县建设的15万千瓦天然气发电厂，都成了省重点发电项目。2012年5月，万向与美国巨点能源合作，利用其先进的节水型煤制天然气技术，开发新疆的煤资源。

至于万向实施清洁能源战略最重要的部分，自然是动力电池及电动汽车。

电动汽车的研发，可以节约能源，但最重要的是可以减少汽车排放的尾气。2013年年初，老天爷送给中国最不好的礼物是长时间的雾霾天气。而有的专家指出，雾霾的重要成因之一是汽车尾气。中国的大部分汽车集中在大、中城市，特别是沿海的发达省、市，“给道路添堵，让环境添乱”，人们早已受不了尾气“熏蒸”，但汽车购买量还在以惊人的速度上升。据统计，仅杭州一地，汽车的保有量从10万辆上升到100万辆，只用了大约10年的时间。

事实上，靠压缩汽车的上路量，已无济于事，限制尾气排放也有不少难题。诞生于一两百年前的汽车是应该到“大革命”的时候了。

幸而，在2013年，鲁冠球听到了许多好消息：

政府出台政策，购买纯电动汽车的优惠时间延长了；

杭州购入一批纯电动汽车用于出租，供不应求；

科技部万钢部长是乘坐纯电动汽车去参加全国“两会”的；

最著名的日内瓦车展上有了新能源汽车的专门展厅，后来，在相关展览会上，新能源汽车的专门展厅越来越多，而且引起了人们浓厚的兴趣……

当然，一种新事物的出现，虽然会引起人们的惊异，但并不会受到人们的普遍欢迎——有位哲学家曾这样说过。

据说，以色列总理曾邀请美国五大汽车巨头商谈用电代替汽油作汽车动力的问题，结果只有一位巨头到场。

目前，确有很多因素限制了中国电动汽车的发展。虽然有政府的补贴，但电动汽车的价格还是偏高；不成熟的电池技术使续航里程、充电速度均受到限制；特别是电池的安全性更令人担忧；而有限的充电设施也是阻碍电动汽车发展的重要因素。这些状况的改善还需一段时间。

汽车制造业的革命前路漫漫！

说到底，任何革命性的巨变都是一个渐进的漫长的过程，必须要有耐心，以点滴积累形成大势。已经经过40多年磨炼的万向，过人之处正是其耐心和韧性。

多看则清，多听则明，多思则聪，多干则成。鲁冠球觉得，对各种情况都要看，各种议论都要听，但拿主意不能单靠耳朵，主要靠脑袋；行不行，要看实践。

在人们的众说纷纭中，万向依然坚持干。只是此时已不能“默默干”了，雾霾锁中国大地的状况，也不允许万向“小步走”了。他们与浙江省及杭州市政府签订了协议，做出了承诺，要限时拿出有较高质量的动力电池和电动汽车。2012年11月19日，万向电动汽车公司年产1500辆专用汽车项目，获得了国家工业和信息化部的备案确认。

“思路决定出路，作为决定地位，一切都在人为，时间检验行为。”万向所做的一切努力，是对还是错，将会对社会产生正能量还是负能量，时间是公正的、准确无误的裁判。

我们不妨拭目以待！

要坚持，最重要的是要有信心！

2009年3月，鲁冠球到北京参加十一届全国人大二次会议。

9日下午3时，时任中共中央政治局常委、国务院总理温家宝来到浙江代表团，听取代表的意见和建议，同代表们一起审议《政府工作报告》。

鲁冠球早早地赶往会场，谁知温总理早已到了。看到鲁冠球，温总理亲切地招呼道：“冠球，我们是老朋友了，今天很高兴，我们又见面了。”随后，温总理关切地问：“你去年好吗，企业有困难、有冲击了吧，是不是订单减少了？现在订单情况好不好？”鲁冠球一一向总理作了简要汇报。

会议开始后，时任浙江省委书记赵洪祝让鲁冠球首先发言。鲁冠球汇报了企业在面临前所未有的国际金融危机的挑战下，在各级党委、政府的帮助下，通过抓稳定、抓转型和抓联合等措施，提振信心、克服困难，实现平稳增长的情况。

鲁冠球说，面对进入新世纪以来经济发展最困难的一年，国家迅速出台十大产业振兴规划，制定“汽车下乡”和新能源汽车补贴等政策，尤其是对1.6升及以下排量汽车实行消费税优惠政策后，汽车销量已开始上升了，企业形势也开始好转了。温总理听后，露出了欣慰的笑容。

他说，企业1月份产量还在下降，到2月份累计就有2%的增长了，企业应对困难更有信心了！温总理马上停下手中的笔，关切地问，这2%是同比还是环比。鲁冠球说，是同比，是与去年同比增长2%。总理听了后连忙肯定地说，今年年初能逆势增长，那真不容易，真不容易！鲁冠球特别向总理汇报，这次会议结束回去以后，万向纯电动汽车锂离子动力电池生产基地要搞一个热热闹闹的奠基仪式。万向创业39年来，从来没有搞过庆典，这次破例搞，就是为了提振大家的信心。总理不时地点头称是，随后语重心长地说："我说一句话，你搞一个简朴的庆祝仪式，我事先给你祝贺，因为这个庆典仪式主要是为了提振信心。"

全体代表发言后，温家宝总理作了总结讲话。他说："万向和浙江企业的发展，我很关注。其实万向企业的成长，主要是三个精神值得发扬，一是创业精神，二是克服困难的精神，三是创新精神。有了这三个精神，你就能够克服当前金融危机带来的影响，继续把企业办好，这也叫万向精神。而且，我以为这不仅是万向精神，恐怕也是浙江精神，就是艰苦创业、大胆创新、克难攻坚、勇往直前，这也是浙江精神！"

4月25日，纯电动汽车锂电池生产基地奠基仪式在万向三号工业基地隆重举行，杭州市节能和新能源汽车示范推广试点也同时启动。全国政协副主席、科技部万钢部长出席了仪式并讲话，时任浙江省委书记赵洪祝、杭州市委书记王国平分别发来了贺信。

鲁冠球在仪式上说："温家宝总理在十一届全国人大二次会议期间概括了'艰苦创业、大胆创新、克难攻坚、勇往直前'的万向精神，给万向以巨大的鼓舞和激励。万向的过去是靠党的改革开放政策发展壮大起来的，现在，尤其在当前金融危机市场低迷的形势下，万向积电动汽车研发的'十年之功'，提前投入批量化生产，不仅是自身发展的需要，更是作为一家公众企业提振内外信心、回报党和政府关怀支持的具体行动。万向纯电动汽车锂电池生产基地的奠基，表明绿色清洁的纯电动汽车走入我们的生活已指日可待。为此，万向将运用一切有效资源，把电动汽车及其相关业务精心打造成民营企业展示信心、升级转型、科学发展的样板，不辜负温总理、各级政府及社会各界的期望。”

鲁冠球一直认为，信心比黄金更可贵！要是他没有信心，又如何去面对万向的3万多名员工！

2008年到2012年，是国际金融危机肆虐的5年。这5年，万向交出了怎样的成绩单呢？

2012年，万向的营收是1165.83亿元人民币，创利76.25亿元人民币，出口创汇26.04亿美元。

而2008年万向的营收是475亿元人民币，利税30.68亿元人民币，出口创汇15.21亿美元。

从475亿元到1165亿元，这5年，万向的营收翻了一番多，相当于再造了一个新万向。

这5年中，万向全面推进企业国际化，充分利用中美资源差异，优化配置，加快了全球产业平台的构建，初步形成了汽车零部件与清洁能源并进、国内和国外资源互补、眼前与长远融会贯通的格局，国际化进程取得了长足的发展。

这5年中，万向营收翻一番多，相当于一个万向嬗变为两个万向，但不仅是量的增加，更是质的提升。

目前，呈现在人们面前的万向，一个是产品进入国际主流市场，并取得一定话语权、升级版的先进制造业的万向——这是在传统产业方面。而另一个万向，则是已经搭建了能整合全球资源的国际化平台、活跃于新能源产业的万向——这是在新兴产业方面。

对此万向人备感珍惜。

“但是，还不到‘自豪’的时候，不能自傲自大。”鲁冠球依然这样说。

现在有不少“百富榜”“百强榜”。这些榜单一公布，企业内也议论纷纷，他们问鲁冠球怎么看，他说：“用时髦的话来说，要淡定，一定要淡定！”

在鲁冠球看来，上榜，是社会的一种关注、一种鞭策、一种激励。排位上去了或下来了，制“榜”者有他们的标准和做法，但企业的发展是要根据当时、当地的大环境及企业自身的实际，由企业自己来考量的。

在万向发展史上，营收突破千亿元，无疑是上了一个台阶。但2012年，也是万向历史上比较艰辛的一年，营收虽然高了，创利却没有达到“奋斗十年添个零”的要求，没有达到年均增长25.89%的目标，有的单位还出现了亏损。

当然，利润的下降是有多种原因的。

客观上，国际金融危机已经进入了第5个年头，冲击造成的累积效应正在显现。世界经济持续低迷，发达国家产业回归，我国的出口下降。国内投资减速，产业、产品过剩。人民币汇率波动对万向的影响也很大。人民币汇率制度改革以来，人民币升值了36%，相当于我国的出口产品利润下降了36%。企业税费支出增加、原材料价格上涨、员工工资增长等因素，也导致企业整体支出上升、效益下降。

主观上，万向创立到现在，40多年持续增长，虽然不是一帆风顺，也是步步登高，十年一个台阶。但在这个过程中，无论是从思维到行为都积累了很多惯性，带来了很多问题。宏观形势好的时候，这些问题被忽略了；宏观形势不好的时候，这些问题就暴露出来了。比如，投入和产出不成比例的问题，产品结构不合理的问题，管理成本高的问题，创新能力不足的问题，资金使用效率低的问题，等等。

所以，鲁冠球认为，表面上看是宏观衰退诱发了万向的利润下滑，实际上是企业自身的治理结构、增长模式等多方面的问题，导致了2012年盈利能力的下降。

举个例子，万向系统公司杭州分公司2012年资金回报率为56%，武汉制动器分公司资金回报率为34%，而有的分公司资金回报率是负的。同样的大环境，同样的产业，同样的政策，企业的效益却大不相同。

鲁冠球在各种场合给大家敲警钟。他说："效益下降要多从自身找原因，不要总是强调宏观形势不好，总是盯着别人的问题。别人的错，不能当成你出错的理由。要眼睛向内，多找自己的问题。只有深刻地认清了自己的问题，才能心平气和地加强自我管理、自我约束和自我完善。在怪别人没有给你创造好环境的时候，别忘了，你自己也是别人的环境。"

既然是敲警钟，鲁冠球就想着把问题讲得严重一些。当然，他也同意，2012年的万向也有可喜之处。大大小小的变化、实实在在的成果，尤其是不少多年前投资的项目，都有了突破性的进展。

比如，2000年开始投资的民生保险，2012年完成扩股，民生通惠资产管理公司开业；

2003年投资的万向信托2012年正式开业了，并且与纽约私人银行、信托公司结为战略合作伙伴；

2004年投资的舟山石油储运，2012年经国家发改委批准，岙山油码头规模顺利升级，由5万吨级升为10万吨级，并在2013年1月19日正式开始注油；

2008年投资的通联支付，2012年也开始赚钱了，创利近亿元。

除了这些，还有很多万向投入了多年、培育了多年、准备了多年的项目在当年陆续开始见效了，进入产出和受益的阶段。

但鲁冠球一再提醒大家说，再大再多的喜，也不能忘记忧。隐忧的存在，薄弱环节的出现，是企业在变化着的新形势下，与国际市场发生某些脱节、产生某些不协调的缘故。所以，解决的办法是加快国际化的步伐，把企业的产品、技术、营销、服务等等提到国际化的高端水平。确立国际化发展新高度，更好更快地推进国际化进程，从万向国际化提升到国际化万向——这是万向的新目标。

2013年的春节，鲁冠球的大部分时间依然是在办公室度过的。

他常常自嘲有“办公室依赖症”，一坐进办公室心里就踏实。他的办公室只有10多平方米，虽然小，但布局很紧凑，便于他集中精力思考问题。累了，他站在窗口，看看集团大门口急驰而过的车辆和悠然而行的路人，还有远处打篮球的万向青年员工。

那天，窗外飘起了鹅毛大雪。

2012年的岁末、2013年的年初，大雪已数次降临中国大地，降临浙江。雪花带走了雾霾，也带来了一些灾害，蔬菜大棚被压垮，交通严重堵塞，大雪堵住了人们回家团聚的路。但大家对此似乎并不太在意，他们更期许“瑞雪兆丰年”“飞雪迎春到”的新年吉祥。

党的十八大制定的2020年中国将全面建成小康社会的蓝图，成为新世纪以来中国人民最激动人心的话题。“实干”成了普遍的行动。中国经济企稳回暖的迹象日益明显，但回暖的速度仍未可预期。

西方一些发达国家开始回归实业，经济正在缓慢复苏。欧债危机仍在继续。有的国家的印钞机加速印钞，货币贬值，有人说货币战争可能一触即发。世界经济前景仍有很多的不确定因素，危机阴霾还未散去，新的乌云又在集聚……

2008年到2012年，历时5年的全球金融危机，对万向造成了巨大冲击。虽然万向主动进行的调整增强了抗风险能力，危机时期他们又采取了多种应对措施，也有一定成效，但在“全球同此凉热”的经济一体化大环境中，万向又岂能独善其身?

这一段时间，万向的几位高管曾出国考察。他们发现，就同类产品来说，人家的成本比他们低，但卖价比他们高，这里面有技术、品牌、市场影响力等多种因素。人家的市场竞争力比自己强，这是不能不面对的现实。

当发达国家从沉湎在过度的“虚拟”中回归实业后，这种优势将得到充分发挥，这令万向在市场的竞争中处于相当不利的地位。

鲁冠球认为，这正是当下最应该关注、最优先考虑的问题。

他认为，这次全球金融危机，可说是经济大潮的大落退。它让许多“经济巨轮”搁浅、倾覆，更多的“鱼”被“拍”上了沙滩。这种情况不是第一次，也不会是最后一次。犹如他家乡的钱塘江，总会有潮涨潮落。

许多朋友问鲁冠球，什么时候是全球经济特别是中国经济的“潮涨”时分？什么时候才能“筑底”？

他的看法是，当改变经济发展方式成为中国企业的共识，切实付诸行动并有一定成效时，“筑底”才有可能，这个“底”才能“筑”得牢固；当中国企业在深化改革、转型升级后大展拳脚之时，也就是中国经济复苏、“潮涨”之日。

当然，未来经济什么时候能复苏、什么时候“涨潮”，谁也说不准。但靠什么引领复苏已有共识，那就是创新，特别是科技创新。所以，现在我们不能只盼望经济何时“筑底”，而是要考虑当新一轮经济“潮涨”之时，我们靠什么跟上去，靠什么去驾驭并取胜。

鲁冠球曾对笔者谈起一首诗，它是写钱塘江大潮一景的。

“钱江大潮天下无”，多少文人墨客为它写诗作词。鲁冠球说，他记性不好，读古诗词很少，但那首《酒泉子 · 长忆观潮》他有印象。有朋友给他抄来了全文，说这首词是1000多年前一个名叫潘阆的人写的：

长忆观潮，满郭人争江上望。

来疑沧海尽成空，万面鼓声中。

弄潮儿向涛头立，手把红旗旗不湿。

别来几向梦中看，梦觉尚心寒。

他最喜欢的就是这两句：“弄潮儿向涛头立，手把红旗旗不湿！”

这是何等的壮观！这是何等的气魄！

他说自己不会欣赏诗词，何况这是首古诗词。但他看得出，这弄潮儿不仅有勇气胆魄，而且身怀绝技、本领高强。

在经济大潮中，在潮起潮落、潮涨潮退中，也只有既有勇气，又有高超技术、高强本领的企业家，才能做一个真正的弄潮儿，无畏地站立在经济大潮的浪涛之上，力保企业不受重大影响——红旗不湿，更不能让它倒下！

“哈哈，我这样欣赏，或许诗意都没有了，让年轻的朋友见笑了……”鲁冠球爽朗地笑了！

第五部分

永不熄灭的汽车梦

造汽车是鲁冠球的一个梦。他曾经立下誓言，这个梦，他圆不了，他儿子、他孙子一定要圆！但他要造的是与传统汽车不一样的新能源汽车，这是一件大事、一件新事、一件难事，当然要敢冒风险，但又要小心谨慎。失败了怎么办？“如果失败了，就算我们花钱买教训。探索是要付出代价的。”

第22章 “我有一个梦”

鲁冠球有一个很大的梦想，就是造汽车。

这么多年，他一直和汽车零部件打交道。从万向节到其他零件，然后又发展到部件、模块，汽车的“内脏”几乎摸了个遍。要造汽车只有一步之遥，这是多大的诱惑。

许多朋友开玩笑说，老鲁，你做了这么多年“配角”，也该做做“主角”了。

做“主角”还是做“配角”，他倒无所谓。电影里的最佳配角照样可以拿奥斯卡奖。要造汽车，实在是出于他对汽车的一种特殊感受。

他见过烧炭的汽车，那是在20世纪50年代。汽车一发动，路旁黑烟滚滚。

他见过背着大黑包的汽车，那是在20世纪60年代。国家困难，没有石油，只好用煤气做燃料。这个大黑包是中国人心中的一块石头。石油英雄王进喜正是见到了这场景，发誓要为中国找石油。真是一条汉子!

以后有了柴油车，有了汽油车……

那时候，他骑着那辆“什么都会响，就是铃不响”的破自行车去杭州推销产品，收购废钢旧铁，看到公共汽车上坐着的悠然自得的城里人，心里真是羡慕。汽车喷出的那股尾气，似乎也不那么难闻，还认定这是“城里的气味”，反倒生出几分好感来。

20世纪80年代，他的厂子大起来了，有了两辆汽车，一辆是即将到报废年龄的吉普车，是美式的；一辆是载货用的可载重5吨的大卡车“席摩西”。这在当时宁围乡的企业中，是绝无仅有的。那辆吉普，他用它去接浙江大学和一些大企业的教授、工程师来给职工上课，当时人称“请财神”。“席摩西”主要是运货，但吉普忙不过来了，也常用它去接重要客人，当然不能进城。“席摩西”驾驶室有3个座位，很宽敞，坐这车客人倒没有意见，实在是汽车太少，汽车太贵了。

当时，厂里已经在制造万向节了，与汽车也已打上交道了。鲁冠球就想，什么时候他也能造汽车就好了。要便宜一些的，更多人买得起的。

到了20世纪90年代中期，厂里有点实力了，鲁冠球就想上马汽车了。

到专家那里去咨询，专家摆出了一大堆难题：企业用地，专业人才，资金筹措，产品上牌……特别是上牌和资金这两项。当时，国家对汽车生产实行上牌控制，制造汽车要国家批准。至于资金，专家说，造汽车就是“烧钱”，你没有100亿～200亿元，想都不要想。

他派出去的市场调研人员回来也跟他说，中国汽车制造厂现在虽然还不多，但市场竞争已十分激烈。外资纷纷看好未来的中国汽车市场，将大举进入……

“那么农用汽车呢？”鲁冠球问。他是个农民，想着不妨先为农民兄弟造汽车，安全的，便于操作的，当然价格要便宜的。

“许多汽车厂也早在准备了，既能坐人又能载物的。”

接受以前的经验与教训，万向办事有一条红线，那就是量力而行，不做不能做的事，不做做不了、做不好的事。

鲁冠球想，看来，造汽车这事得从长计议了。因为，他们暂时做不了、做不好。

但他立下了这样的誓言：“造汽车是我的一个梦，这个梦，我圆不了，我儿子、我孙子一定要圆！”

一天，有朋友来看他，不知怎的，他们从土地的污染聊到空气的污染。

朋友说，空气污染，地球遭殃，罪魁祸首之一是汽车尾气。中国几千万辆汽车，大部分挤在大中城市，那些地方还会有几天能够看到蓝天白云？所以，一些发达国家已开始研究用电作动力的汽车，如果成功，既节约能源，又可以大幅度减少尾气，改善环境。

电动汽车！鲁冠球眼睛一亮，他深深埋入心中的那个梦又被点燃了。

汽车问世已有200多年了。

1769年，法国陆军工程师吉诺制造出第一辆蒸汽机驱动汽车——这位倒霉的工程师也制造了世界上第一起机动车事故，在试车时因转向系统失灵，他的汽车撞到了墙上。

1886年1月29日，德国曼海姆专利局批准卡尔·本茨为其在1885年研制成功的三轮汽车申请的专利，因而这一天也被多数人称为“现代汽车诞生日”。卡尔·本茨比吉诺幸运得多了，第二年，即1887年，他成立了世界上第一家汽车制造公司，即奔驰汽车公司，一直扬名至今。

据说，中国进口第一辆汽车是在1901年。这100多年来，汽车进行了多次革命，包括是三轮还是四轮，是“T型”还是“A型”，是蒸汽还是柴油、煤气驱动，也有人提出用燃料和空气制成的混合气体，甚至还有人提出过用蓄电池……但是这“命”“革”来“革”去，“革”的大多是外观如何美化，动力如何加大，速度如何更快，这都是合情合理的，局限的是它仍只是“汽”车。

电动汽车倘若问世，它的革命意义就大多了——将不再是烧“汽”的车。它改善了汽车与自然、环境的关系，说到底是人与自然、环境的关系。它造福于社会，又在最大限度上降低了对社会、对人的干扰。

汽车不仅要安全、舒服、快速，更要绿色环保！真是令人大开眼界。

鲁冠球立即派人对国际上电动汽车的研发进行调查。

调查的反馈是，研发大多刚刚起步，难点在动力电池，困难很多，还有日后的使用推广，需要大量的配套设施……

“你怎么打算呢？”有人这样问鲁冠球。那人的意思：“人家也刚刚起步，困难很大，我们再看看吧！”

但鲁冠球和儿子鲁伟鼎的想法是，国外在传统汽车技术方面积累了上百年，要超越他们、在这一领域中分杯羹，已经很少有机会。那么，他们干脆越过传统技术往清洁能源方面去摸索。虽然在清洁能源领域国外已摸索了几十年，但没有得到验证。虽然起跑线上有差距，但至少比传统领域短了一些。

“刚起步？好呀！他们起步，我们也起步，时间上的差距就不那么大了。我们的技术也许比不过人家，但这件事我觉得值得做，它可以把我们汽车方面的技术与更大的社会责任担当结合起来。蓝天、绿地、干净的水和清新的空气，谁不向往？”鲁冠球说。

经过反复讨论，董事局决定，上！

但这是一件大事、一件新事、一件难事，因此，万向在制定规划时十分小心谨慎。

他们打算先用10年时间进行研发，每年投入1个亿，这是第一步。如果研发顺利，追加投资。

鲁冠球和鲁伟鼎决定，首先研发动力电池。他们的打算是，先把电源、电机、电控及其他电子组件研发成功，再研制整车。如果整车制造有难处，他们退回来仍做零部件，但是是做电动汽车的零部件供应商。

失败了怎么办？“如果失败了，就算我们花钱买教训。”鲁冠球这么说。

探索是要付出代价的。1年1亿元，10年10亿元，万向还能扛得住！

认定目标，悄悄干。小步，快走——这是万向定下的一个方针。

——这是1999年到2000年间！

于是，万向在研发动力电池、电动汽车这件事，很长时间无人知晓。

2003年，时任浙江省委书记习近平来万向视察，当他了解了万向的发展规划后，对鲁冠球和鲁伟鼎说："你们要坚持发展清洁能源。"这一嘱咐成了鲁冠球和鲁伟鼎及全体万向人矢志不渝的奋斗目标。

2004年，万向与法国达索集团签署协议，联合开发了一款电动车。同年，在上海举行的一次电动汽车比赛中，他们的原型车拿到了4个奖项，这事只有很少人知道。

当有媒体开始报道西湖风景区行驶着由万向生产的动力电池配套的电动大巴时，这辆大巴已在风景区行驶两年多了！

当万向的电池开始在其他城市为大巴、出租车配套，包括为上海世界博览会、广州亚运会的大巴配套时，他们的电池已经经过多年的试验。

2010年5月，在美国印第安纳州，万向电动汽车与美国Enerl公司签署框架协议，双方将在杭州建立全自动化的电芯及电池系统生产基地，首期投资3亿多美元，这事他们也没有张扬。

即使是电动汽车制造基地的落成仪式，也是在万向开始研发电动汽车的10多年以后的2012年才举行的。

万向很少搞落成典礼这类仪式。这次之所以要搞，是为了在金融危机时期提振员工的士气。这件事在全国人大会议浙江组讨论时，鲁冠球向温家宝总理作过汇报，温家宝总理让他搞一个简朴的仪式，并提前向他表示了祝贺。

终于，新能源汽车发展的最好时机也是最关键的时刻来临了！

第23章 学会等待

2012年9月19日，胡锦涛总书记在天津调研新能源产业时，着重提到了攻克锂离子电池关键技术的问题。

此前的7月9日，国务院发布《节能和新能源汽车产业发展规划》，大力鼓励新能源汽车的开发、发展。

浙江省、杭州市更是拿出了许许多多实际措施，其中包括建设新能源汽车推广应用示范基地，全力支持杭州深入开展国家新能源汽车“千城万辆”和私人购买新能源汽车补贴试点工作，建设新能源汽车的充电和更换电池的设施等等。还提出，新能源汽车产业的发展，要在产业规模、关键技术创新、商业模式创新三方面有新提高，力争到2015年形成年产纯电动汽车5万辆、动力电池10亿安时、全省节能和新能源汽车推广应用规模达3万辆，等等。

9月18日，在浙江省节能和新能源汽车产业发展工作会议上，万向集团总裁鲁伟鼎代表万向集团与省、市、区政府共同签订了新能源汽车产业技术创新体制机制综合试点“责任书”，并作为企业代表作了发言。

大好时机来了！

这是万向人翘首以待、千载难逢的好时机！

想当初，万向决定投资新能源汽车及其电池的研发时，有人问，在中国，电动汽车被社会认可、人们广泛使用，需要多长时间？鲁冠球说，至少10年以上。当被问到万向准备投入多少资金时，他说，10亿、20亿，或许100亿！

从1999年开始，到2009年，整整10年；到2012年，已有13年。万向在这方面投资超过20亿元，有成果，成果很大，不论电池、电机、电控、电动汽车，研发进展都很快。自1999年起到2012年，万向已承接电动汽车方面8个国家级重点项目和8个省级重点项目，申请电动车和电池专利200多项，获得120项专利，其中90项是电池方面的。在这些专利中，36项是发明专利，67项是实用新型专利，还有25项是设计专利。此外，还获了不少奖项。但，没有赚过一分钱！

后悔吗？鲁冠球说，从来没有，一丝一毫也没有！

还投入吗？投！在科学发展、绿色发展、建设生态文明、建设美丽中国的大环境下，为什么不投？

在金融危机冲击的环境中，有的企业可能受到各种掣肘，不得已缩手了。但万向，凭着十年磨砺的技术“利剑”、强大的研发精英团队，长期积累并加上这次调整中集聚的财力，他们要出手了，要把这一“拳”打出去了！

他们的规划是：在现有国家级技术中心的基础上，组建万向电池研究院，形成研发人员300人以上，科研及固定资产2亿元以上的新能源汽车动力电池开发能力；开发并规模化生产铁系锂离子动力电池系统，争取到2015年实现单体电池能量密度超过200瓦/千克，模块能量密度达到150瓦时/千克，电池系统使用寿命超过2000次或10年，电池成本低于2元/瓦时。2020年之前，电池模块能量密度超过300瓦时/千克，电池成本低于1.5元/瓦时……

这些数据，在全国新能源汽车的动力电池研发中，是处于领先地位的。

万向将它们写入了与省、市、区政府签订的“责任书”中。这是对政府支持的回报，也是对社会、对未来用户的承诺。

说到这里，要提到鲁冠球的上海同行的一句话，是这句话让他萌生了一个念头，这个念头让他做出了一个行动，这个行动为的是搭建万向发展新能源汽车的一个平台。这个行动并不大，却牵动了美国的一片江湖。

2010年，上海举办世界博览会，万向有一批动力电池与上海的电动大巴实行配套服务。这可是件大事，他们岂敢怠慢？万向派出了精兵强将，鲁冠球也常去了解情况，解决难题。碰到同行，大家聊电动汽车、聊动力电池。

“要说动力电池，美国A123公司才是全球最好的电池制造公司！”聊天中，一位同行这样说。

A123！这名字倒挺好记，可它是何方神圣呢？鲁冠球立即跟身边工作人员说：“记住这个名字，好好打听打听。”

情况了解清楚了。美国A123公司是2001年在麻省理工学院(MIT)成立的，2009年在美国纳斯达克交易所上市，是美国规模最大、技术最先进的锂电池制造商。他们提供的锂离子电池以高功率、高能量密度、寿命长和卓越的安全性能领先于锂离子电池市场，其技术面向的产品领域为下一代交通运输、电网储能和消费应用产品。作为清洁能源汽车产业的标杆性企业，A123公司不仅得到美国政府的大量资助，包括2.49亿美元的财政补贴，还与美国通用、菲斯科，德国宝马以及中国上汽集团等主流汽车厂商建立了供应合同关系。

“出身名门，武艺高强，实力雄厚——我喜欢！”

鲁冠球萌生了与它合作的念头。可是，这时的A123公司声望如日中天：美国清洁能源的标杆企业，有国家财政、州政府财政支持，掌握着未来能源核心技术和战略制高点，有军方和政府的大把订单，可提供不少就业机会……这样一家著名的、各种光环集聚一身的高科技公司，怎肯同中国一家并不大的民营企业合作呢？

在发达而且成熟的市场参与竞争，必须要有耐心，以点滴积累形成大势。而中国民营企业出身的万向，长期磨炼的是耐心、韧性，是对机会的等待和争取。

第24章 步步惊心

风水轮流转。中国这句富有哲理的话，在很多事上得到了应验。

2012年3月，A123公司因质量隐患而引发的大规模召回事件，导致公司财务陷入严重困境。A123公司曾联系了全球70多家公司，包括万向，大约有25家公司有意出资。但反复权衡，A123公司选择了万向。其公司的副总裁艾瑞克说，万向方案可以让公司职员和股东获得最好利益，它承诺的是整体收购，而其他一些公司只对其中一块业务感兴趣。

8月8日，A123公司宣布，已与万向集团达成一项谅解备忘录：万向将向A123投资至多4.5亿美元，作为回报，万向获得该公司最高80%的股权。

这时候，A123公司已公开表示自己的资金只能勉力维持四五个月了。美国企业的最大弱点，是现金流的忍耐力极其脆弱。

虽然美国新能源汽车技术相当发达，但他们对市场的期望过高、期待过急；面对新能源汽车续航能力较短、安全方面还存在薄弱环节等制约，缺乏一种耐心去积累人们的需求和信任，因此市场一直不景气。2012年美国能源部曾表示，政府此前设立的2015年前在美国实现100万辆电动车的累计销量计划将被放弃。许多公司也表示，他们的纯电动汽车销售目标无法达到，数家跟电动汽车相关的公司深陷困境。A123公司的问题也相当危急，这家陷入困境的公司有2亿美元的债务，虽然已投入10多亿美元，但仍然存在巨大亏损。

8月16日，A123公司又宣布，A123公司与万向集团已签署最终协议，万向按合同向A123公司提供2500万美元的初始信用额度。这些都是十分平常的企业行为，却不仅震动了市场，还搅动了美国上层的那片“江湖”。

有媒体这样形容：万向集团收购A123公司之路，犹如一部真人版的好莱坞大片，而且是一部不断延续的惊悚悬疑片。一波三折，步步惊心。

消息一公布，就惊动了美国国会的参、众两院，反对声四起，20多个联邦参议员发联名信，一大批退役将军还有行业专家也发了公开信，强烈反对将曾得到美国巨额财政补贴的A123公司卖给万向，说是“要阻止纳税人的钱以浪费的方式注入陷入困境的公司”“由纳税人税款资助的技术和就业机会不应该流到其他国家”。美国战略材料顾问委员会还致信财政部长盖特纳“警告”说：“这笔交易无疑会导致美国就业机会的流失……至关重要的国家基础设施和军事硬件技术也会转移到中国。”万向在美国已做了不少并购项目，从来没有像收购A123公司这样受到国家层面的关注和引发诸多争议。

按照奥巴马政府出台的新能源法案，A123公司确实接受过政府部门直接拨款2.5亿美元和州政府的间接补助1.4亿美元，但因此A123公司也承担了扩大就业的义务。而且由于他们对市场的期待过高，以致陷于产能放空、劳工等成本压力加大的连环套之中。

美国上层的这片“江湖”，是让人捉摸不透的。如果A123公司真的破产了，他们就会说，哎呀，纳税人的钱打水漂了；如果万向的投资能携手A123公司重新振兴，他们又会说，你看，美国纳税人的钱被中国人利用了，技术也转移走了。

按鲁冠球的想法，新能源技术是绿色技术。美国有强大的经济基础、先进的技术，中国有广阔的市场、深厚的潜力。大家携起手来，以此保护地球，造福人类，同时又寻找出一种解开企业困境“连环套”的办法，何乐而不为呢？何必以经济、市场以外的原因，筑起厚厚的壁垒？

虽有各种阻力，但投资收购的协商还在进行。从最初签订投资协议开始，万向按照商务惯例对A123公司今后的发展形势做了种种预估，设计了一系列的收购要约和方法，如过桥贷款、可转股债、认股权证等。

让人出乎意料的是，万向注入第一笔贷款后的不到两个月，2012年10月16日，A123公司以“因为遇到了一些预想不到的巨大挑战”，决定不继续推进与万向的合作，而是提出了申请破产保护。

A123公司所说的“巨大挑战”是指他们无法满足与万向签订协议规定的相应条件。刹那，A123公司的股价从8月8日的0.61美元，一路狂跌到0.06美元。人们质疑当时万向溢价4倍多高调收购A123公司，是不是“疯了”？而按现在的股价，溢价更是高达55倍，万向是不是“脑袋进水了”？

这一“情节”，确实让人惊悚。鲁冠球也理解，人们有担心、有非议，大多是好心。

账是这样算出来的：8月8日，A123公司的股价0.61美元，市值约1亿美元。当时，万向集团对A123公司的估价约5.62亿美元，收购价较A123公司的市值溢价约4.62倍；而到10月17日，A123公司股价仅为0.06美元，市值只有1000万美元了，即万向集团最初收购价较A123公司现价溢价高达55倍左右。

这就意味着，万向出资56元买1元的商品，更何况，这是一家可能真正破产的公司。这不是“脑袋进水了”吗？

人们也许不了解，当时万向签署的是非约束性的战略投资意向协议，按照协议，万向集团将以优先担保票据融资方式向A123提供7500万美元的初始债务融资。其中，2500万美元为初始信用额度，注入时已以实物抵押的方式锁定了A123公司的所有资产；满足一定条件后，再提供5000万美元的贷款。这一切或可能换取80%的股票优先兑换权。

当然，他们也做好了两手准备。如果A123公司境况好转，那么可以将债权兑换全部或部分股权；如果A123公司申请破产保护，万向集团的2500万美元贷款是需要优先清偿的债务。以A123公司对外公布的资产分析，是可以保证该笔贷款安全的。

正当A123公司申请破产保护时，半路里杀出个“程咬金”——“江森自控”说是有意收购A123公司的汽车电池业务。

“江森自控”是一家美国公司，名列世界500强。它原先与A123公司有业务往来，还是A123公司的零部件供应商。他们出资收购的价格是1.25亿美元，只打算收购A123公司的启停电池资产以及A123公司拥有的与上汽合资的捷新能源公司51%的股权。

“万向投资在美国受阻”“万向可能出局，巨额投资要打水漂”的传闻四起。钱被外国人用了，自己亏了还一无所获，于是国内“又一个跨国活雷锋”的调侃声不绝于耳。

但这一次，“情节”的突变连鲁冠球他们都始料未及。因为当他们还来不及一一回答朋友和媒体的询问时，又一种传闻自动地对先前的传闻做了“更正”，说这是万向预设的一个“局”，未来将由万向和江森共同收购，或由江森代万向收购。

这简直是个国际玩笑！在规则严峻的市场中，还会有“阴谋论”？万向不会干这种蠢事。

事实是，在A123公司走向破产竞拍之前，本着合作共赢的想法，万向曾提出，自己拿动力电池，江森拿启停电池。谁知江森的胃口很大，他们想独家拿下A123公司的汽车电池部分，再把动力电池转卖给万向。这样，他们既拿到了启停电池，又可在转卖动力电池中赚上一票。他们是世界500强，又是美国能源部资助的重点企业。江森这“手笔”确实是大，商业头脑够灵活！

让人大跌眼镜的是，10月26日，江森又宣布放弃向A123公司提供7250万美元债务人持有资产贷款。江森在声明中说：“这是为了避免万向采取法律行动而造成可能的破产进程延迟。”

在鲁冠球看来，江森要收购A123公司，这是他们的权利；而采取法律行动，也是万向的权利。这里，可以明确的是，基于万向与A123公司先前签订的协议，万向是第一债权人，还具有收购A123公司的优先权。即使江森胜出，他们也依然要坐下来与万向谈判优先偿债事宜，因为江森购买的资产还抵押在万向手中。

A123公司进入破产保护，这早在万向的预料之中。他们认为，进入破产重组程序，有利于A123公司重生。

倪频曾这样说，破产重组，使A123公司宛如洗了个大澡，洗掉污垢并泼掉了脏水。在启动破产保护程序前，A123公司像一个脏孩子。完全重组后，这个脏孩子剥离了一些沉重的负担，变成了一个健康的干净孩子。

“风险”当然有，而且很大。万向对投资高科技一直有清醒的认识。鲁冠球认为，高科技是好东西，但越是高科技，越有高风险，做不做，做多大、多高，关键看企业承受风险的能力有多强。要事先系好“安全带”，筑好“防火墙”，万一有风险、有损失，也不会影响整个集团的事业和经营。

他也坦承：“说实话，如果没有风险也就轮不到我们了。我们看好清洁能源，看好电动汽车未来的发展，在国内已经搞了10多年，具备了一定的资源；在美国，我们也有一定的基础了。”

要说这是部现实的好莱坞大片，那么这时候尘埃还未落定，悬疑还未解开，“惊悚”或将继续。

但鲁冠球他们不是局外人，不能做旁观者。他们处于这一事件的漩涡中心，不可能有欣赏好莱坞大片那样的悠闲。所谓的“步步惊心”，对他们来说，每一步都是重重压力；一惊一乍，让他们时时焦虑。

2012年的国庆节，是一个长达8天的长假。鲁冠球他们却没有休息一天。

鲁冠球、鲁伟鼎和远在大洋彼岸美国的倪频每天都通过越洋电话进行商议，他们仔细分析当前的情况，预测未来可能出现的复杂局面，连一个微小的细节都不放过，都仔细掂量。

忙碌的不只是他们几个人，万向相关部门的人员都被动员了起来。在收购的全过程中，万向美国公司的工作人员穿梭于中美两地，万向电动汽车的总经理陈军患有足疾，妻子也有孕在身，但他顾不上这些，先后5次飞往美国，现场考察A123公司的每一个技术、生产、经营的环节，与倪频等商量收购事宜。

鲁冠球认为，万向也可以放弃投资，放弃参与重组或并购。无非是用万向自己的力量去提高动力电池的质量，时间可能会稍稍推迟几年，但他们也一定能获得成功。对此，鲁冠球充满信心。

可是在今天全球开放的市场中，合理合法地利用别人的优势技术来发展自己是大趋势。他们也不能放弃这个机会。毕竟，时间对他们来说十分宝贵。

收购的路还是走得十分艰难曲折。法院的裁决，拍卖竞争，美国外国人投资委员会的批准……特别是，此时正处于美国总统大选的胶着时期，任何小题材都可能被拿来做大文章。

这样的事不是没有。不久前，有家中国公司收购了美国俄勒冈州4个风力发电厂，美国外国人投资委员会以这些风力发电厂临近海军武器系统训练设施为理由，拒绝批准。奥巴马还为此发布了总统令，禁止这项交易。未来的白宫主人会是谁呢？政策会不会变呢？在白宫举行的中美企业家座谈会上，鲁冠球曾对奥巴马总统说过，他们企业就怕政策变。

应该说，万向收购A123公司是一件再正确不过的事情，但是无意中他们却选了一个最糟糕的时间。

不过，细心的人会发现，就连奥巴马的对手——共和党总统竞选人罗姆尼在整个大选中也一直对万向收购A123公司事件保持沉默，从未公开或私下挑战此事或以此来攻击奥巴马。

对这起收购案，许多美国朋友也明确表示支持。早在2012年9月下旬，A123公司在美工厂的所在州密歇根州州长里克·斯奈德匆匆来到杭州，专程访问万向。用最通俗的话来解读万向的收购方案，意味着A123公司在该州的工厂设施和就业可以保住，而且万向还可能在未来对它加大投资，这对当地经济和就业都是有利的。这样的局面，当然是当政者乐见其成的。于是，斯奈德忙不迭地远渡重洋来表示支持的态度，他承诺会继续支持A123公司在该州的发展。

美国前太平洋司令部司令、担任过美国第三任国家情报总监的丹尼斯·布莱尔海军上将也公开投书，强烈支持万向收购A123公司。他认为："这个交易对A123公司的员工、客户和债权人是明显有利的，给美国人带来了好处。"

基于对万向理念的认可，A123公司的最大客户兼债权人菲斯科汽车公司也支持万向。为了帮助万向争取时间，竞拍前菲斯科出面申请法院将破产拍卖延期了一个月。

许多美国朋友之所以热情支持万向，其中有一个很重要的原因：万向对新能源长期投资的历史让他们看到，万向志在长远而非短期获利，不会在意一时亏损。这让他们很放心。

此前，倪频就曾公开回应人们关于A123公司员工就业的担心。他给A123公司的一封信中说："万向的6000名国际员工一半以上都在美国。我可以自豪地说，在发生汽车产业危机的2007年到2009年，万向直接保住了3500个美国人的岗位。"万向在赢得竞拍后，还公开宣布欢迎所有投标者共同参与投资A123公司。

12月6日，美国A123公司资产竞拍现场，参与竞拍的4家企业形成3方：中国万向为一方，德国西门子为一方，美国江森自控与日本NEC则结成临时联盟。结盟看似让江森自控和NEC的实力大增，实则不然：它们都是上市公司，受到股东会的制约，竞标灵活性不强。这一点很快就在现场表现出来：破产法庭一个问题提出来，万向最多只要15分钟就能作出答复，而江森自控、NEC联盟因程序烦琐，动辄要四五个小时才能答复。原本充满竞争的激烈气氛，被一边是淡定和耐心、一边是躁动和不安的心理比拼所取代。这样的氛围给江森自控、NEC联盟带来很大的压力，原计划最高出价为2亿美元的NEC，到1.3亿美元就打住了。盟友退出后，江森自控很快支撑不住了。

拍卖的气场一边倒地向万向倾斜。而在此前一周，鲁冠球每天早上进办公室的第一件事情，就是给鲁伟鼎打电话，询问前一天他与美国团队就并购事宜的工作进展。因为时差，这一周的每一天对鲁伟鼎来说，紧绷的神经没有真正放松过。

2012年12月8日凌晨5点，万向最终以2.566亿美元拿下了A123公司除军工合同以外的所有资产，而且实际出价比江森自控、NEC联盟的总价还要低1000余万美元。法庭认为，综合比较江森自控、NEC联盟与万向两家的竞标方的投标金额、完成交割的法律风险以及双方各自的合同执行能力等因素，万向胜出。

第25章 利他共生

在万向赢得竞拍后，美国能源部公开表示："对A123公司出售给中国汽车企业的交易表示欣慰。"

2013年1月28日，美国外国人投资委员会批准了万向对A123公司的收购。

这次收购发生在全球金融危机的大背景下，它是万向在危机时期主动出击的一个较为成功的案例，也是万向展开复杂收购的一次尝试。金额不多，但动静很大。

细心分析这个收购案例，或许对今后万向在市场中的动作有所裨益。

有学者这样分析，万向的成功有共性因素，例如中国有大市场，有成本优势、资本优势等；也有独特因素，例如万向有一定的资本实力，有熟稔资本运作的人才和在海外融资的能力，还有争取中美政府支持的公关等。

学者、专家们讲的有一定道理。

作为当事人，鲁冠球谈了自己的一些感受："万向这次收购的成功，首先是因为它顺应了中美合作逐渐扩大和深化的大趋势。一些人出面抵制，有非商业化的政治因素，也有对先进技术外流中国的担忧；而许多人支持万向，则源于对中美合作清洁能源技术的期待。合作是讲规则的、讲程序的、着眼于未来的。在经济领域的合作或收购中，其他因素的纷扰、喧闹，最终还是要回归商业的理性。顺应趋势，遵循规则，有序推进，在国际合作中，我们就越来越有主动权、越来越自信、越来越有力量。当然，这是一个很长的过程。一个过程较为完美地结束，另一个难度更大的合作和发展过程，才刚刚开始。”

万向不是大企业。在世界500强云集的企业大国——美国，万向是小企业。那么为什么许多美国企业包括一些著名大企业愿意同万向合作呢？这就是万向掌握了做企业的道理，也就是做人的道理。

以收购为例。鲁冠球认为，收购不是“吃”掉人家、赶走人家。万向不论在投资合作还是在收购重组中，绝不做“拣走好东西，把烂摊子留给别人”的事。他们遵循的原则是，合作共生，共生共赢，有事大家做，有利一起享。在谈判中，万向总是主动考虑对方的利益以及股东和员工的利益。完成A123公司的收购后，万向公开宣布，欢迎大家来投资，共同把公司业务做大做好。这些都受到对方企业和劳工组织的好评。他们说：“你们是真正来帮我们的。”

要照顾彼此的关切。这次收购A123公司，一些政客之所以大造舆论，是因为A123公司有军方和政府订单，他们认为这关系到军事机密和国家安全；还有的指责收购会把就业机会流向中国。倪频当即发表声明，万向的收购方案中可以剔除军方和政府订单部分，同时再次强调对A123公司员工就业的承诺。坦荡磊落的心胸让那些政客无浪可掀，非议反对之声逐渐销声匿迹，支持者越来越多。当然，“关切”双方都有，照顾是相互的、彼此的。相互照顾，相互谅解，就给协商、谈判铺好了较为顺畅的道路。

要给投资系上“保险带”，筑好“防火墙”。投资出去的都是真金白银，而商圈险恶，稍有不慎，就可能会血本无归。倪频及他的团队熟稔美国法律，他们根据法律的规定，设计了许多投资方案，让投资始终处于安全状态，即使发生变故，也能完璧归赵。所以，当A123公司宣布破产，江森自控宣布收购A123公司，人们以为万向的钱“打水漂”时，鲁冠球他们心里却很坦然。因为，公司破产了也得还债，首先得还万向投资的钱。而A123公司即使破产了，这笔钱还是还得起的。江森自控要收购，这是他们的权利，但首先要归还万向的投资款；同时按照法律和合同，万向有优先收购的权利。江森自控是美国的大企业，世界500强企业之一，他们自然知道其中的利害关系，最后不得不放弃了。

最根本的是要树立好企业的形象。学者专家们提到了“公关”。所谓“公关”，不是请客送礼，而要以自己的良好形象去打动人，以真心诚意去建立企业与企业、企业与政府间的信任，以及人与人之间的信任。

鲁冠球说：“我经常对员工们说，万向还很小，我们当然要把它做强做大，但这要脚踏实地地一步一步来，急不得，虚不得。而有的事我们却可以抓紧努力，那就是让万向成为一家最受人尊敬的企业。”

万向有一条经营原则，叫“利他共生，共创共享”。国家之间，地区之间，企业之间，人与人之间，要想获得长久的发展，只有通过合作与联合，使自己的存在为他人的发展带来便利，通过利他才能利己，相互促进，共同提高，共同开辟更广阔的生存和发展空间。世界经济发展到今天，想仅凭个人力量让一家企业成功是不现实的，甚至是不可能的。为此，他要求每位员工要结合企业目标制订个人目标，与集体共生；而企业则要以万向的资源为创业平台，与其他企业共享。帮助别人就是帮助自己！自己的发展、繁荣，能带动他人的发展、繁荣，世界才能和谐。

做企业先做人。遵纪守法，诚实守信；海纳百川，尊重别人；勇于承担社会责任，重视公益……这些都是起码的要求。正是秉承这些守则、这些中华民族文化的美德，鲁冠球不仅与许多美国企业家建立了良好的关系，而且与不少美国的退休高官以及在任州长、市长等政界著名人士交了朋友，他们有时会不远万里跑到杭州市郊宁围小镇的万向总部，与鲁冠球洽谈合作事宜，热情邀请他去美国投资。在这次收购中，万向就得到了他们的不少帮助。

在成功收购的第二天，倪频给A123公司的员工写了一封公开信：

亲爱的A123公司员工们：

现在，我相信你们当中的大多数人已经知道，我们已经获得了美国外国人投资委员会的批复，万向和纳维塔斯（Navitas）对A123的收购已经完成。所以，现在我非常高兴地正式欢迎各位加入万向大家庭！

A123将在其交通和电网储能方面的领先地位基础上继续发展。A123以其优秀的工程能力和世界一流的研发团队著称，在获得万向的财务支持和全球市场后，将成为全球首屈一指的锂电池制造商。

之前，我把万向的愿景描述为“航空母舰”舰队，即各个子公司既服从集团“旗舰”的指挥，又具有独立作战的能力。以后，我们将计划实现一系列的变革，这些变革将实现更大的自主权和更强的责任感，这样大家就可以“人人头上一方天”，对自己的业务负责。简言之，你们的未来将掌握在自己的手中。我们将继续与A123公司的管理团队进行讨论，在未来几周将与大家分享有关更多的关于组织架构和运营理念的信息。

这项收购的确走过了一个漫长过程，且布满荆棘，远远超过了任何人的想象。我真诚地感谢你们在这个不确定期的耐心。A123已经建成了一支强大的团队，并获得很多成就，你们应该为到目前为止获得的成就感到自豪。随着交接的结束，我们翻过了A123的历史，开始了新的篇章。我们在经历了破产之后，变得比以往任何时候都更加健康强壮。

中国有句古话，“千里之行始于足下”。今天，我们将一起迈出第一步！A123的价值一直是以人为核心，这支优秀的团队将把握好这个新的契机，并创造美好的未来，对此我充满信心。我期待与你们一起开发出A123的全部潜能。

旅程才刚刚开始！

倪频　万向美国公司总经理

2013年1月29日

这封信虽然不长，却包含了很多内容，展示了万向的真情实意。

“我非常高兴地正式欢迎各位加入万向大家庭！”这表明了万向已兑现了A123公司员工的就业承诺，并视他们为亲人，如今已是一家人。

“在获得万向的财务支持和全球市场后，将成为全球首屈一指的锂电池制造商。”这短短的一句话，披露了万向在收购后所肩负的责任。根据A123公司的情况，收购不可能让公司立竿见影地扭亏转盈，重要的是支持和扶助。鲁冠球估计，此后A123公司有可能继续亏损3～4年，他们也将继续投入2亿～3亿美元的资金，达到“全球首屈一指的锂电池制造商”的目标。这些他们都有思想上和实际上的准备。

“人人头上一方天，个个争当一把手。”这是万向文化中的一项重要内容。这是一种机制、一种激励、一种追求。它的内涵是，员工们所在的岗位就是他自主创新、自由发展的平台，是他充分施展自己才华、实现自身价值的天地。万向尊重每位员工的创新精神，鼓励他们寻找发展空间，倪频所说的“一系列变革”，将让每位员工具有更大的创新空间和责任感，将进一步提升员工的积极性。

“A123已经建成了一支强大的团队，并获得很多成就，你们应该为到目前为止获得的成就感到自豪。”这是万向对A123公司真诚的评价。他们绝不会因为它破产而否定它的一切。实事求是的分析、评论，是对别人最好的尊重。正如倪频所说，破产犹如给孩子洗澡，洗过澡的孩子会显得更整洁、漂亮、健壮。

收购的成功，是新挑战的开始。

哈佛商学院的资深教授威廉·科比在他的题为“万向集团——一个中国企业的全球战略B”中曾进行了这样的分析：

“如果本次交易得到了许可，万向将如何利用其资源扭转A123公司的局势？A123公司主要是因为高支出而破产。万向将如何做才能降低成本，保持其技术优势并保留其在美国的工厂和员工？A123公司破产的另一个深层次原因是市场对电动车的需求不足。这也是所有电动车生产商和电池生产商面临的一个普遍性问题。电动车的需求是由一系列的因素推动的，其中包括汽油价格、政府的管理和鼓励、基础设施的发展以及消费者的期望，而很多因素都超出了任何公司的控制范围。电动车生产商盈利还要多久？万向将如何坚持到那个时候？

“技术又是另一挑战。一位行业专家称，在A123公司还在研发磷酸铁锂电池的时候，日本和韩国公司早就先于A123公司开始研发三元材料锂电池了。另外，能源部的一支研究团队预计2025年ICE（内燃机，英文全称为Internal Combustion Engine）将继续成为汽车的主要动力来源，且天然气汽车的前景可能比电动车的更好。鲁冠球还在思考万向将如何应对技术变革，以及当电动车市场开始腾飞的时候如何保证其收购的技术成为主流技术。”

威廉·科比还是哈佛大学费正清中国研究中心主任、哈佛中国基金会主任。2007年，他就来到万向进行深入的考察和调研，撰写了关于万向国际化成功经验的案例——《万向集团——一个中国企业的全球战略A》，首次将万向带入哈佛商学院的讲坛，同时同名图书向全球出版发行。

2011年，威廉·科比教授带着哈佛商学院的学生再次来到万向考察，对万向在国际金融危机中，全面推进企业国际化、充分利用中美资源、优化配置、加快全球产业平台构建，初步形成零部件和清洁能源并进、国内和国外资源互补、眼前和长远贯通的格局等等所取得的发展，惊讶不已，由此萌生了再次续写万向案例的想法，从而将万向案例二度带入哈佛商学院。

作为处于全球学术顶尖的商学院，哈佛商学院以案例教学法培养工商管理人才（MBA）而久负盛名。目前世界各商学院使用的教学案例中，80%来源于哈佛商学院。

鲁冠球认真阅读了威廉·科比教授所撰写的这两篇案例，觉得材料翔实、视野广阔、深入浅出，把很多深奥的商界法则、运作理论寓于一个个生动的事例中；出言直率，毫不避讳入例企业出现过的失误、存在的问题，以及未来可能遇到的挑战。在万向的第二篇案例中，威廉·科比教授指出万向收购A123公司后可能遇到的问题，十分中肯，很有见地，值得引起他们的高度关注。

确实，收购成功仅仅只是万向加快迈向清洁能源产业高端的开始。如何将先进技术消化吸收、转化为自己的核心竞争力并通过市场的检验，万向还面临更多新的挑战。

首先是来自技术的压力。作为美国专业开发、生产磷酸铁锂动力电池的高科技企业，A123公司现有技术至少领先国内市场五六年时间。成功收购无疑将使万向在动力电池研发及制造方面获利，加快本已处于国内动力电池领域高点的万向布局中国市场的步伐，带动国内电动汽车格局的整体优化。

然而，从另一个角度看，收购带来的高端技术、产品、生产线会不会是一个可能造成研发停滞、故步自封的发展陷阱？如何抵制抱着金砖睡觉的诱惑，把买来的金砖变成具备生产金砖的能力，万向并非高枕无忧。

其次是来自市场的考验。此次收购意味着万向在动力锂电池技术方向上，将沿着磷酸铁锂这条路走下去。这样的方向有没有市场风险？毕竟在锂电池正极材料中，目前比较成熟的有磷酸铁锂、钴酸锂、锰酸锂和三元材料，究竟哪种电池更加安全高效目前还没有定论。

应该说，收购国际先进企业及其先进技术，是一条加快转型升级步伐的“捷径”，但“捷径”往往是与高风险相伴的。面对收购这把“双刃剑”，拿到只是第一步，用好才能成为真正的赢家。

何况，在新能源汽车制造上，万向还只处在产业链的上游，那么如何由上游向下游延伸呢？

第26章 担起责任

造一款续航里程长、安全可靠的新能源汽车，是世界性的难题。对于它的“难”，鲁冠球是有思想准备的，但他没有想到有这么难！

他办企业40多年了，遇到过多少难事，碰到过多少“坎”，这次却觉得特别地难！

1999年，当万向决定投资新能源汽车研发时，也设想过许多困难：电池、电机、电控的研发困难，充电或更换电池的困难，社会接受、使用的困难，要耗费巨大资金的困难……所以，他们谨慎地做了个10年的打算，作为第一步。

谁知一上马，困难越来越多了。随着研发的步步深入，他们对它的了解越深，困难也越多，许多困难大大出乎鲁冠球的预料。就说电池吧，它的容量、自身的重量、续航的能力、安全的保障，等等，迄今为止全世界都没有找到一个让人满意的答案。

尽管“难”，但鲁冠球说：“我们还是要上，我们不会打“退堂鼓”！如果说，当初在某种程度上我们是无知而无畏，那么现在我们是知难而前行。”

鲁冠球多次讲过，他一定要造出自己的汽车来。即使他造不出来，他儿子、孙子也一定要造出来。人们把这称为鲁冠球的“汽车梦”。

是的，这是他的梦，是万向人的梦。

但如今，这个梦想已超越了鲁冠球个人，超越了万向。

如果只属于鲁冠球，只属于万向，遇到这么大的困难，也许就放弃了。

当年，想上马传统汽车项目，鲁冠球遇到资金的难、人才的难，他放弃了。

如今遇到的困难，比当年大得多了，但为什么他还坚持着，还大把大把地扔钱？万向已花了50多亿元，没有赚一分钱，今后钱还得花。

凭着万向现在研发的成果，搞些“副业”赚点钱不成问题，但鲁冠球还是坚决地放弃了。他说，不能分心，分了心，分散了精力，研发新能源汽车就会耽误，这是“正业”，耽误不起！

万向有很多的事业，要花钱的地方很多。这些钱来之不易，在花钱时他们总要掂量又掂量，为什么在新能源汽车的研发上这么大方呢？

鲁冠球说，因为他们心里急！

这几年，许多地方的雾霾越来越厉害，而汽车尾气的排放又被认为是罪魁祸首之一。在汽车数量越来越多的情况下，如何减少汽车尾气的祸害，是百姓的期盼，是政府要办的大事。万向与政府是有约定的，他们要给百姓一个交代。

可现在，研究、开发赶不上需求，怎么能不急呢？

2014年1月11日，中共中央政治局委员、国务院副总理马凯在合肥召开座谈会，调研新能源汽车产业的发展情况，鲁冠球参加了。

在发言中，鲁冠球说，万向从1999年就开始认定了纯电动汽车发展路线，随着人民生活水平的提高，汽车大量普及，这对能源安全和环境造成巨大压力。现在雾霾这么严重，汽车需要节能减排，发展纯电动汽车是历史的必然，搞好新能源汽车是尽社会责任。搞企业一定要赚钱，但要赚对社会有益的钱。

马凯副总理肯定了他的想法。他说鲁冠球提到“发展新能源汽车是尽社会责任”特别不容易。

国务院领导一直支持鲁冠球搞新能源汽车。2007年，鲁冠球到马凯同志办公室专门汇报万向发展纯电动汽车发展情况，当时马凯同志就说，传统汽车就不要搞了，新能源汽车可以搞。鲁冠球说，现在的政策不允许他搞。马凯同志说，只要符合市场需要，你大胆去搞。

李克强总理来万向视察时也是这么说的："只要搞出来，社会需要，一定会支持！"只是花钱、花大钱并不等于对责任的担当。责任越大，谋划越重要。再困难也要向前走，再险的坡坎也要跨，可怎么走怎么跨呢？

此前万向收购了美国的A123公司，是为了解决一个重要的核心技术——电池，这是上游的产业链。上游产业链要向下游产业链延伸，整车的开发势必要提上议事日程。

于是，万向便有了对美国菲斯科公司的收购。

菲斯科公司由菲斯科车身制造公司和量子技术公司在2007年9月合资成立，它以增程式纯电动汽车为主打产品。菲斯科车身制造公司由汽车设计界的黄金搭档亨利克·菲斯科和伯恩哈德·科勒于2007年在美国加利福尼亚州创立。亨利克·菲斯科是全球知名的汽车设计大师，先后在宝马和福特担任过设计师，具有很大的号召力，因而菲斯科公司获得了很多风投资金，还有美国政府的优惠贷款。

2010年4月，美国能源部批准向菲斯科公司发放5.29亿美元贷款，用于开发一个新的插电式混合动力轿车系列，并在位于特拉华州的前通用汽车工厂生产。美国政府当时认为，这笔贷款将为美国创造2000个工作岗位。到2012年春，菲斯科公司资产评估还在22亿美元左右，其中包括它研发的卡玛（Karma）混合动力跑车。

卡玛是菲斯科公司在2009年推出的第一款增程式电动汽车，它在2010年巴黎车展上展出。凭借华丽的车身设计、卓越的驾驶性能，卡玛2011年在美国上市后，便成为环保型豪华汽车的首选。据说，比尔·盖茨、贾斯汀和莱昂纳多等企业家、明星都是卡玛的车主。

但由于经营不善、财务控制不力，加之技术故障时有发生等原因，菲斯科公司开发新款汽车的计划出现了拖延，美国政府在发放了1.92亿美元贷款后切断了资金供应。2013年4月菲斯科公司停止业务时，美国政府扣押了该公司的2100万美元资金；之后菲斯科公司又未能按时偿还一笔大额贷款，从而发生违约情况。

万向对菲斯科公司并不陌生。菲斯科公司电动汽车的电池就是由A123公司提供的。当菲斯科公司有意出售部分股权时，万向正在洽谈收购A123公司，当即对菲斯科公司进行了现场考察，并就投资合作事宜保持着沟通。

2013年1月，万向成功收购A123公司。万向美国公司总经理倪频对外表示："我们有兴趣为菲斯科公司提供援助，以任何我们可能的方式。"

同年5月，万向和前通用汽车副董事长鲍勃·卢茨领导的VL汽车公司联手，计划通过预先打包破产方式控股菲斯科公司。菲斯科公司股东之一的太平洋世纪公司也计划参与竞标。在此期间，还传出吉利、东风、北汽等有意参与竞购的消息。

10月，美国能源部对菲斯科公司所拖欠的1.68亿美元债务进行拍卖。李嘉诚次子李泽楷旗下的混合动力技术控股公司以2500万美元拍下该债权，万向最终选择放弃。

外界普遍认为，李泽楷已经取得能源部债权而成功拿下菲斯科公司，但事情峰回路转。

第27章　竞购岂止在价格

2013年11月，菲斯科公司向美国破产法院申请破产保护。混合动力技术控股公司提出要直接“债权竞购”进入破产程序的菲斯科公司，即以免除菲斯科公司这笔巨额债务的方式充当出价而不支付现金。这样一来，像设计顾问公司、供应商等无担保债权人差不多一无所有了，因而遭到菲斯科公司无担保债权人的强烈反对。无担保债权人向美国破产法院提出申请，要求取消菲斯科公司此前与李泽楷旗下公司达成的出售协议，并举行公开拍卖。

鲁冠球同李泽楷之前没有打过什么交道。他的父亲李嘉诚，鼎鼎大名，如雷贯耳，鲁冠球一直是很钦佩的。

债权拍卖会上虽未中标，但鲁冠球对菲斯科公司还是十分在意，毕竟这是一家著名的一流的新能源汽车制造企业。许多美国朋友也鼓励他提出收购申请。

2013年12月31日，万向提交了收购申请，计划以2472.5万美元的出价及以债换股方式参与竞购菲斯科公司，并提交了破产重组方案。这时，距离菲斯科公司正式接受李泽楷旗下公司的收购只有几天的时间了。这当然引起了众多媒体的关注，“出人意料”是他们报道时用得最多的一个词，之后的收购过程，也成了媒体关注的一个焦点。

鲁冠球坦率地表示，以他个人的感受，这次收购远没有先前收购A123公司那样“一波三折，步步惊心”。不论政界、业界都对万向的收购表示理解，媒介的报道也大多倾向他们，连一些重量级参议员、众议员、州政府的官员也早早选边站队，支持万向。

当然，也出现过一些小插曲，其中一个是在菲斯科公司向特拉华州威尔明顿破产法院提交的一份文件中对债权人的提议给予抨击，说万向在收购电池企业A123公司后，切断了对菲斯科公司的电池供应，这导致了它的破产。“万向现在想从它导致的破产案当中渔利！”菲斯科公司这样说。

但债权人委员会的律师反驳了这一指责，事实是万向收购A123公司在2013年1月才完成，而5个月之前的2012年7月，菲斯科公司就已进入停工状态。“那时菲斯科公司早就不生产汽车了！”律师说。事实明摆着嘛！所以，后来菲斯科公司也转变了态度。法庭的听证会原定1月3日举行，因为暴风雪的天气可能会严重影响美国东部地区的交通，决定推迟一周。

2014年1月10日，美国特拉华州威尔明顿破产法院同意公开竞拍菲斯科公司资产，并将混合动力所拥有的菲斯科公司债权出价限定在2500万美元。万向向法院提出，对菲斯科公司的收购加价，并承诺给予菲斯科公司债权人20%重组后的股权。法庭的判决，为万向的竞购敞开了大门。法官凯文·格罗斯在做出这项判决时还表示，对于菲斯科公司来说，由混合动力技术控股公司和万向集团对其发起竞争性的收购要约，才是这家公司最好的出路。他表示：“在我看来，就这桩案件来说，无论支付的收购价格是否公平或合理，进行拍卖都将提供一种最好的机制，是最有利的一种方法。”

在竞购进入公开竞争阶段，混合动力技术控股公司还想通过法庭阻止拍卖，但遭到法庭拒绝。

2014年2月12日，竞购启动。对于这次竞购的激烈程度，有人曾用这样的词句来概括：3倍的时间，19轮的竞价，6倍的价格，微小的价格差距。

一般竞购大多在一天内完成，这次却延续了3天，直到2月14日才结束；经过了19次的交手，最后万向以只比对方多10万美元的微小差距取胜。万向的出价为1.492亿美元，其中包括1.262亿美元的现金及800万美元的承担债务。

根据收购交易的内容，万向将全资拥有菲斯科公司，包括菲斯科公司的商标、专利，以及菲斯科公司拥有的待售汽车库存和位于特拉华州的厂房等。

2月18日，特拉华州破产法庭法官凯文·格罗斯批准了万向收购菲斯科公司的申请。在听证后出具的备忘录中，法官对万向表示支持，认为“万向是一个很有吸引力和能力的参与者”。

既然是竞购，价格当然是决定性的因素。但鲁冠球以为，在价格的背后，还有许多东西是花钱买不到的。他姑且把它称为“超价格竞争”，或者是“无价竞争”，其中一大元素是对收购企业的未来安排，这种安排是对人心的一种“安放”！

对这次竞购，万向作了精心的准备，考虑了众多的因素，而其中一个特别的亮点，就是万向竞购菲斯科是为了重振菲斯科，真心实意地为了菲斯科未来的发展。

当时，有位美国记者特地跑到杭州万向总部来采访鲁冠球。鲁冠球明白地告诉他，万向的目标是恢复菲斯科公司的生产，让它的产品重新进入市场。在这方面，他们已经有了一套比较完整的方案。

正是这一点，打动了许多人的心!

在万向的方案中，万向不仅承诺承担菲斯科公司的部分债务，而且还将重组后的菲斯科公司20%的股权给债权人。这些债权人大部分是零部件供应商和经销商，他们迫切需要一个重启的计划，因为只有重启，他们积压的库存才能消化。而万向的第一步就是恢复菲斯科公司的售后和维修服务，建立全球的经销商网络。

菲斯科公司生产的相当著名的电动车卡玛早已上市，已经有2000多个客户。这些客户也急需稳固的售后服务。尽快恢复生产，不论对供应商，还是对客户来说，都是他们的期盼。

而要重振菲斯科公司，万向也有不少优势。

万向是中国最大的汽车零部件供应商，拥有几十年相关制造业的经验。最近10多年来，他们在新能源汽车的自主研发上也有一定的收获。与此同时，这两年他们投资收购了5家美国新能源企业，都有国际上领先的技术，包括新能源汽车方面的。特别是A123公司，它是菲斯科公司的电池供应商。有人曾经说，如果没有A123公司提供的电池，菲斯科公司的汽车连开出停车场都困难。如果菲斯科公司想更换新的电池供应商，则需要耗费几年时间才能研发配套成功。不论是经营者还是客户，都不可能忍受这么长的等待时间。

万向的“重启计划”，得到了当地债权人、政府和社会的支持和信任。很少在拍卖前就表态的美国政府，这次却旗帜鲜明地支持万向。特拉华州州长、众议员、参议员都纷纷发表公开信，希望万向收购成功。这是什么原因呢?

这是因为万向在以往的多次收购中累积的信誉，给美国人民、美国政府留下了良好的印象。它证明，万向对收购的企业是负责任的，是说话算数的!

以A123公司为例，万向收购后，它的工厂仍然在密歇根州，依然在正常地运作，万向也在对它的研发项目进行投资。尽管现在还不能盈利，但与2012年相比，A123公司的亏损额已经下降了70%，这也证明万向有能力带领那些破产企业重获生机。这也是人们所看重的。

“因为这些方面，万向在这次竞购中可能会处于有利地位，并不是谁出价高谁就一定处于有利地位。”鲁冠球对美国记者这样说。

而熟悉万向的人对他们的竞购方案中有这样的“安排”并不感到意外。因为这是万向的企业文化，那就是“利他共生，共创共享”!

这，或许是人们所说的“底气”。没有这样的“底气”，即使竞购得手了，也无法让企业重启、振兴，那万向的钱真要“打水漂”了。

“打水漂”“冤大头”，在万向收购A123公司时，有人曾这样说过。当万向竞购菲斯科公司后，也有人这样说。

鲁冠球表示，这些质疑、怀疑，是出于好意的担忧，他很感激，但其中也有些误解。

例如，对菲斯科公司的产品，许多人说它只有华丽的外壳，而没有核心技术。于是有朋友说，“虽有冒险精神但又十分谨慎”的鲁冠球，为什么会花如此高价去收购“前景不明朗”的菲斯科公司呢？

鲁冠球觉得，这样的说法对菲斯科公司来说，好像有失公允。

根据美国专利及商标局的记录，菲斯科公司在破产前共获得了85项专利的授权。这些授权中包括了散热器格栅设计、车辆挡火墙和通风口设计以及动力总成设计等多项关键技术，万向将可以使用这部分技术进行电动汽车的设计和制造。除此之外，还有不少于72项属于菲斯科公司的专利申请仍在受理程序中，这些专利的内容包括了铝制副车架的设计以及太阳能汽车的相关技术等。

美国华盛顿一家律师事务所的专利律师布莱尔·雅各布说，这些专利对买家来说具有广阔的应用前景。作为无形资产，它将有助于菲斯科公司的新东家重新冲击世界最大汽车市场，还有助于缓解中国严重的空气污染。

“竞买的最终赢家获得的战利品，不只是菲斯科公司的汽车产品或设计，还包括其知识产权。”美国汽车经销协会首席经济学家史蒂文也这样认为。这些技术和专利的拥有也将增加万向在电动汽车领域的竞争力。

万向收购A123公司，是为了提高电池方面的品质；而收购菲斯科公司则是因为它具有整车的制造技术和经验，这也是珠联璧合吧！

所以鲁冠球认为，光看价格是没有意义的。对你有用的东西，价格再高都值得，关键是拿到手后怎么用，怎么用好它！收购就是要保留它的好东西，吸收其精华，然后与万向的资源组合，取长补短，产生增值效应。

当然，要说这项收购没有压力也是不现实的。按鲁冠球的话来说，压力很大、很沉。特别是在目前全球经济动荡、前景不清晰的大背景下，投资要更沉着、更稳健。现在收购的机会很多，但并不是每个机会都适合自身，这就需要在收购前认真做好调查研究。此时离之前成功收购美国A123系统公司的时间，差不多正好过去一年，非常巧合的是，在此次投资购并中，鲁伟鼎又是高强度工作一星期，带领大洋彼岸的团队共同完成了此次收购。

美国当地时间2014年3月21日，万向收购美国电动汽车制造商菲斯科公司的交割仪式在芝加哥举行。至此，万向收购菲斯科公司的全部程序完成，这场持续整整一年的收购案尘埃落定。

如果说，美国是电动汽车的最大市场，那么，中国是电动汽车最大的潜在市场。世界汽车巨头都看上了中国的这块大市场，国内汽车企业也十分重视新能源汽车市场。新能源汽车市场，正成为中外企业拼杀的新战场。

鲁冠球表示，在这场新的竞争中，在这个新的市场中，万向始终会担当起自己的责任，始终牢记着当初的承诺。“我们一定要造出优质的、受国内外市场欢迎的新能源汽车。”

但这并不是“闭门造车”。鲁冠球曾多次表态，在开发新能源汽车时，万向一直持开放合作的态度。收购是为了联合，联合一切可以联合的力量，利用一切可以利用的资源，共同发展。眼光要“远”，还要“大”，要视野开阔。

鲁冠球还强调，万向到国外去收购技术，不要认为这些技术是万向一家企业在使用。从国外引进的技术通过消化吸收与应用，对整个行业的技术路线选择与发展都是有促进作用的。

经过10多年的探索，万向电动汽车公司已经成功开发了电动轿车、电动公交车、双能源电车、电动电力服务车、电动电力工程车等车型。装备自主开发的动力电池和动力系统的纯电动公交车在杭州西湖公交线路上已经运行多年，经受了长期商业运营的实践检验。

国内多家公司的电动汽车使用着万向集团提供的锂电池。截至2012年年底，装配万向电动力总成及电源系统的各类电动汽车共2000余台，在国内27个省、48个城市进行示范运行，累计运行里程超过8000万千米。在汽车电池方面，万向是国家纯电动汽车技术路线的代表企业，是国家动力电池的龙头企业，已确立了在全球的领先优势。

此次成功收购菲斯科公司，进一步加强了万向在新能源汽车尤其是乘用车领域的研发制造能力，标志着万向开始全面进入新能源汽车产业，从而形成完整的产业圈。

2013年10月22日，国家工信部产业政策司发布的《车辆生产企业及产品公告》中，万向电动汽车有限公司被批准为新设立专用车生产企业，这对万向来说，又是一个新的开始。

汽车业是资金、技术密集型产业，更是人才聚集的高地。在新能源汽车领域，万向在全球已聚集了2500多位研发人员，其中在美国的研发人员就有1200多人。

万向看到发展新能源汽车的难点，但也看到了它的无限前景。鲁冠球说：“我们先把人才聚集起来，实力聚集起来，一旦市场机会来了，万向也准备好了，这种力量就会迸发出来。”

第六部分
世上还有穷人

不能忘记我的农民兄弟，不能忘记世界上还有穷人——这两个“不能忘记”是鲁冠球终身的座右铭，也是他办企业的重要内容和追求。他说：“‘共同富裕’这个课题太大了，我们只能量力而行，但这件事又太重要太紧迫了，中国还有很多贫困地区，还有很多穷人，我们必须为尽早地消除贫困贡献自己的所有力量。”

第28章　贫穷的滋味

2011年6月，鲁冠球的孙子泽普和外孙涛涛放假回家，鲁冠球为他们安排了一个“假期作业”，去浙江省台州市仙居县的穷困山区看望同龄的孩子。

这一年，泽普10岁，在上海读小学；涛涛在美国出生、长大，已是高中学生了。他们生活在优裕的家庭里，很难想象“贫困”是什么、贫困的滋味如何。鲁冠球说：“对于他们文化科学知识的教育，我是一点都不担心的。我和他们父母一起操心的是他们长大了如何做人；要让他们从小就有爱心，有一颗感恩的心；别忘了这世界上还有穷人，要尽自己的力量去帮助他们。”

两个孩子很懂事。他们走访了4户贫困家庭的孩子，为他们送去文具用品、玩具，与孩子们亲切交谈，鼓励他们好好学习，用知识去改变命运。涛涛人长得高大，当他与因营养不良而长得又矮又小的山区孩子交流时，常常单膝跪地，十分诚挚。回来时，当地民众送了他们几筐杨梅，他们商量后把杨梅送到了萧山孤儿院。对此，鲁冠球感到很是欣慰。

鲁冠球出生在贫困的家庭。他尝过身无分文、居无定所的滋味，知道“穷”的痛苦。当初，他就是为了不再受穷，千方百计要进城去当工人。在创业的过程中，多少次他被“穷”逼得走投无路，是乡亲们帮他渡过难关。那时鲁冠球的乡亲们也很穷，但邻帮邻、穷帮穷，他们总是向他伸出援手。

记得有一年“年关”，天气出奇的冷，鲁冠球那小小的农具修造厂的资金一时周转不开，便到县上的一家单位去借钱。他们也没说不借，只说要“商量商量”。于是他们关起门来围着火炉在里面“商量”，鲁冠球在门外坐着冷板凳等候。这是真正的“冷板凳”，大门洞开着，冷风嗖嗖地往里吹。他的身子渐渐缩成了一团，只听得里面传来嘻嘻哈哈喝茶谈天的笑声，似乎也没有在“商量”他借钱的事。

等了两个多小时，忍受不了冷风和冷落的鲁冠球，只得无奈离去。回村的路上，碰到了当时他们大队的一位生产队长，他关心地问起厂里的事，鲁冠球把自己的难处跟他说了。他安慰鲁冠球说：“冠球，你别愁，有难处我们一起来想想办法。”结果他联络了几个社员，凑了几百元钱帮鲁冠球渡过了难关。

这件事在鲁冠球的心里烙下了极为深刻的印记，对他的人生观产生了巨大影响。他立下两个誓言：“一是感恩。日后要是我有钱了，一定不能忘了我们的乡亲！二是扶困。人都有困难的时候，特别是我的农民兄弟。人家有难处，你出手扶一把，兴许能改变他的命运。”

正是出于感恩之心，当鲁冠球的企业挣了些钱的时候，每当乡里、村里遇到些什么困难的事，只要有能力办的，鲁冠球都会说“这事我来办办看”。

“不能忘记我的农民兄弟，不能忘了世界上的穷人”——这两个“不能忘记”成了鲁冠球人生的座右铭。尽管他办的是汽车零部件厂，但这两个“不能忘记”也成了他办厂的重要动力和追求。

1985年年初，乡里有一批复员军人因为年龄偏大、文化不高，没能安置好工作。鲁冠球想：“他们当年为国戍边流汗流血，如今复员回家，我们不能亏待了他们；再说，我们企业要发展，我又有心要把我家乡的农民组织起来，打造成有纪律的新型工人队伍，他们受过部队锻炼，肯定能起带头作用。”鲁冠球说，这些复员军人他都要。他的工厂一下子安排了60多位复员军人，工厂所在的宁围乡一跃而成了拥军优秀模范乡。

能为群众做一些好事，鲁冠球心里高兴。企业有了一些积累后，他从小到大、由近及远、力所能及地去多做乡亲们需要的事。在农村，做好事常常是修桥铺路，鲁冠球也这样。万向曾出资16.5万元，为宁围乡修了一条路；花了大约17万元修了一座桥；以后又为一个村修了一条路、疏浚了河道，也花了17万元。这些事花钱不多，但老百姓能直接受益，当时厂里也负担得起。

到了20世纪80年代，鲁冠球他们的万向节厂已经小有规模了，鲁冠球就想怎样能为穷乡亲们增加点收入呢？当时想得很简单，办个厂吧。于是由他们厂出资在宁围乡各个村一口气办了9家厂，想以此解决剩余劳动力的就业和增收问题，但由于缺乏管理人才和技术力量，有几家厂办得不太理想。那怎么办呢？鲁冠球想了个办法，变“村村办厂”为“村村入股”，让各村将已有的资金投入万向，每年按资本金利润率享受分红。2010年，宁围乡有的村一年所得红利已超过300万元，成为村集体和村民们一笔可观的收入。

第29章 别亏了孩子

1985年，鲁冠球又得了一笔承包奖。前两年，他把奖金投入了企业的扩大再生产。这两年，企业规模有点大了，资金问题也能解决了，他对厂里的员工说："今年我要拿出些钱来办学校。"员工们一听都很赞成。当时的宁围乡有一所小学，校舍早已破破烂烂，规模也不大，乡亲们正愁自己的孩子今后到哪里去上学呢！鲁冠球打听了一下，有10万元就可以建一所像样的学校，就说，那他就出10万元！

鲁冠球觉得，"修桥、铺路、办学校"，历来是中国人做好事的三大件。以前大家穷，顾不上办这些事，现在他有钱了，就力所能及地做一些，也算是兴兴风气。后来有人告诉他，他办的小学是改革开放以来浙江乡镇企业出资建设的第一所学校。当时分管教育的李德葆副省长还专门写信来鼓励鲁冠球。1986年6月4日，宁围中心学校落成，时任省长薛驹、副省长李德葆等领导得知这个消息，专门抽时间赶到宁围中心学校来剪彩，薛驹省长还为学校题写了校名。

虽然宁围中心学校是属教育局管的，但鲁冠球仍把它当成是万向自己的学校那样去关心它。从20世纪80年代后期开始，他为学校设立了奖教金、教师慰问金，资金都是由万向出，并逐步增加。此外，逢"六一"儿童节，万向还专门拨款让孩子们开展活动；平时学校要增配图书、乐器，他们也总是及时支持。现在学校建筑面积已达15088平方米，有学生1400多名，有教学楼、综合楼、体艺馆、250米环形塑胶跑道，图书馆、多媒体教学设施、计算机房、校园网站也一应俱全。截至2013年年底，万向已累计资助宁围中心学校超过200万元。

鲁冠球说，从这件事开始，我们万向“做好事”从当初的修桥铺路转到以建校助教为主，这也是一个“转型升级”吧！

1996年，鲁冠球从报纸上看到，淳安县有个贫困村正在建的学校因为缺资金停工了。他心里急了，这不是要耽误孩子吗？他带头捐款，又动员厂里的职工一起想办法，很快筹到6万元送去，使这所学校的校舍顺利按时完成。后来，万向又出资40万元，帮助建设淳安县梓桐镇万向中学。截至2013年，万向已累计资助该校166万多元。由此鲁冠球又想到，按照当时万向的实力，他们建校助教活动可以适当地向外延伸，去帮助贫困地区特别是山区、革命老区。

1996年，万向出资80万元援助温州市苍南县建立了五凤万向中学。这所学校位于浙闽两省的苍南、福鼎、泰顺三县交界处，为了方便当地学生求学，需要把它建成一所设施较好的九年一贯制学校，所以万向也持续地进行了资助。至2013年，他们已累计向五凤中学捐助267万元。

2002年3月，鲁冠球在全国人大会议上遇到了浙江省遂昌县北界镇的雷招珠同志。谈到发展革命老区的经济时，雷招珠说，经济发展后劲在教育，遂昌是革命老区，但也是个教育欠发达地区，她希望万向在这方面能提供帮助。鲁冠球当即答应了，决定出资100万元建一所新的遂昌中学。不久占地24367平方米的新学校就落成了。后来万向又追加投资到300多万元。

从20世纪90年代起，万向出资2580多万元，先后在浙江、重庆、内蒙古、四川等地的贫困地区建了15所中小学校，另外还为2所学校建了教学楼。

办一所培养企业急需人才的技术学院，是鲁冠球办学过程中的一个心愿。早在1994年，经农业部批准，农业部乡镇企业司、浙江省乡镇企业局、浙江农业大学联合办起了华夏乡镇企业学院。时任中国乡镇企业协会会长何康同志任学院名誉董事长，浙江省人大常委会副主任许行贯同志任第一届董事长，30多位乡镇企业家和热心乡镇企业教育事业的人士组成董事会，鲁冠球也参加了。2000年10月，他投资创办杭州职业技术学院（筹）钱潮分院。其间，华夏乡镇企业学院历经周折，面临新的选择。

2002年5月，在省领导的支持、推动下，浙江省政府下发《关于筹建杭州万向职业技术学院的批复》，同意杭州职业技术学院（筹）钱潮分院与华夏乡镇企业学院合并，筹建杭州万向职业技术学院。2003年5月，杭州万向职业技术学院正式成立。

学院发展获得香港理工大学大力支持。香港理工大学的专家以顾问形式参与学院管理和教学，学院每年安排教师到香港理工大学学习现代教学法。后来，万向又出资1亿元设立万向学院教育基金，每年从基金增值收益中提取800万～1000万元，用于教职员的专业培训、资助贫困学生到境内外知名高校进修等。

2012年9月，万向学院新校区投入使用。新校区毗邻杭州西溪湿地，现在万向职业技术学院占地总面积达262亩，总建筑面积18万平方米。

有人问，万向职业技术学院是公益性的还是营利性的？鲁冠球说，办教育必须是公益性的。万向职业技术学院不考核利润，万向对它也不求回报，只要它对社会有贡献。学院设有工科、经管、农林等21个高职专业。学校的教职员工很尽责，万向学院的毕业生在社会上很受欢迎。前几年，杭州的地铁建设势头很猛，学院紧紧抓住这一社会需要，与杭州地铁集团合作，在浙江率先设立了地铁专业，这个专业毕业的学生成了杭州地铁运营的第一批员工，供不应求。学院的毕业生就业率连续6年保持在98.8%以上。如今，万向学院又成了中美两国学生交流学习的重要基地。

第30章　传递温暖

鲁冠球认为，办教育是挖掉穷根，是着眼长远，是为了我们的下一代。可眼前还有许多人需要他们去救助，特别是那些孤儿、孤老、残疾人、特困学生。

鲁冠球心里早有个计划，待万向能每天实现利润100万元的时候，他要实施“四个一百工程”，即资助100名孤儿成长、100名特困生完成学业，让100名残疾儿童学习和生活有保障、100名孤老能安享天年。

2000年，万向实现了日创利润100万元，鲁冠球当即要求万向慈善基金会秘书处实施“四个一百”工程。经过调查，他们先在杭州、丽水两地实施，资助了400位特困老人和孩子。2006年，他们又将“四个一百”工程扩展为“四个一千”工程，援助点遍布浙江省的11个市72个县，2013年受助人数为4884人（未包括停助2490人）；同年，又通过北京市美疆助学基金会长期资助甘肃会宁一中2000多位贫困学生。

原先鲁冠球的打算是当万向日创利润1000万元的时候，他要将“四个一千”工程拓展为“四个一万”工程。2008年，汶川大地震发生了！5月13日，即大地震发生的第二天，万向集团立即决定要为受灾地区做5件事：向受灾地区捐献1000万元；发动集团员工捐款、捐物献爱心，共捐献525万元人民币，其中海外企业捐款了30万美元，当地企业员工捐款315.37万元人民币；组织团员进行献血；解决受灾地区万向员工及家属的困难；而最重要的一项就是提前实施“四个一万”工程，重点在四川、重庆、甘肃、陕西等四个灾区启动。2009年，万向又资助了5274名孤儿、残疾儿童、特困生和孤寡老人。

2010年4月14日，玉树发生7.1级地震，万向当即给青海省慈善总会发函，从2010年起，长期资助地震灾区1000名孤儿、残疾儿童、特困学生和孤寡老人。当年，万向实际资助675人，2012年又新增受助人数901人，遍及青海的36个县、区。

2013年4月，四川雅安市芦山县发生了7.0级地震，他们当即通过四川省慈善总会捐资2000万元，用于助学、助孤、助残、助老，具体分4年实施。事实上，在雅安市所辖的县、区中，原来就有“四个一万”工程的捐助点。从2008年起，累计资助1232人次，其中长年获得资助的有240人。2013年，万向的第一笔捐款500万元资助了2500名受困人员。

这里值得说一说的是，万向“四个一万”工程不是一次性支付资金，而是负责到底。例如对孤寡老人，要一直资助直至他生命的尽头。而对孤儿、残疾儿童、贫困家庭的孩子，只要孩子能考上，将资助他们到大学毕业，而且资助金额也会有变化，小学生是每年2000元，中学生是每年3000元，大学生是每年5000元到6000元。2010年有位孤儿考上了北大研究生，还有位孤儿要去日本进修，2013年也有位四川绵阳的特困生小林同学考上了中国核动力研究设计院的研究生，等等。鲁冠球一听高兴地说：“这是好事，我们继续资助他们！”

对于已毕业的资助生，万向会用书信、电话对他们进行就业指导，鼓励他们自找喜欢且合适的工作。如果找不到工作，他们愿意来万向的，又符合招工条件的，万向也会妥善安排。家在丽水的孤儿傅梅军2000年被列入万向助学对象，2004年高中毕业因差了几分，未能考入大学，他表示很想来万向工作，鲁冠球他们立即表示欢迎。傅梅军通过招工渠道来到万向，他为人很好，工作中表现又出色，先后有7户人家争着要他去做“上门女婿”。2008年他与一位女大学生结婚，夫妻俩年收入超10万元。人们称他是妻子、房子、车子、孩子、票子“五子登科”，而他总是说：“没有万向，就没有我的今天！”

关于做好事或者说做慈善，鲁冠球有自己的想法。他认为，对于企业来说，做慈善要量力而行、尽力而为。现在大家都在讲社会责任，做慈善是一种社会责任。但对企业家来说，他的第一责任是要把企业办好，上对国家负责，外对用户负责，内对员工负责，特别是要为员工创造稳定而又能发展的就业平台。企业的员工上有老下有小，他们的稳定就业，事关一个家庭乃至周围的亲属。企业倒闭了，员工失业了，被迫走向社会，这是社会最大的不稳定因素，是对社会的最大的不负责任。这是一个很重要的前提。这里说的“量力而行”，是指在企业稳定发展的基础上有多少力量就要尽力地去办多少事。慈善不分大小。在鲁冠球看来，路遇一位饥饿者，端给他一碗粥就是慈善，过去做慈善摆粥摊的很多，这可能也是在量力而行，因为供应米饭、面条可能承担不起。但慈善也是企业的应尽之责，中国还有那么多穷人，大家都要竭尽全力地去努力帮助他们！不能借口企业需要“发展”而放弃这份责任。万向正是秉承这样的原则一步步地把慈善做大的：从修桥铺路开始到办学助教，再到“四个一百”“四个一千”，直到现在的“四个一万”，实实在在，一诺千金。而随着万向的发展，慈善事业肯定还会做得更大！

万向做慈善是“拾遗补阙”，做政府、社会来不及做或还不被人注意的事。中国各级各地都设有慈善总会，他们是主体。但中国人多事多，产生贫困的原因很多，现在的政策和措施肯定不能覆盖所有的贫困家庭、所有的穷人。当时，鲁冠球和万向慈善基金会秘书处的同事商量，去看看当前最需要救助的人是哪些，哪些人目前还不能列入政策救助范围，或者政策救助还不能解决问题的。经过调查分析，他们提出了四个群体，即孤儿、贫困家庭的孩子、残疾儿童和孤寡老人。前三个群体是孩子，是我们祖国的花朵，可是花蕾还未绽放，却遭受着生活无情的风吹雨打，在心灵和肉体上备受痛苦。因为年龄关系，许多地方没有把他们列入低保范围，只能临时得到一些补助。而孤寡老人有的虽然享受了低保或五保，但病痛的医治、生活的照料等等还存在许多难点。鲁冠球听了这些情况，说："好！我们的慈善先从这四个群体开始做起，先各扶助100个人，以后再逐步扩大到1000人、10000人乃至更多。"

自此，鲁冠球时时关注这些群体的生活、他们的遭遇。他订了20多种报纸，每天晚上回家看好《新闻联播》，就翻阅报纸。2008年4月，他在《钱江晚报》上看到一则报道，说的是浙江省泰顺县柳峰乡卓宅村有个家庭，父亲因帮助邻居建房不慎摔下造成瘫痪，长期卧床；其妻忍受不了贫寒折磨，离家出走；照顾父亲的重担落在了只有11岁的女儿卓宇婷和9岁的儿子卓宇强身上……

第二天早上，鲁冠球就把秘书处的负责人王建叫来，要他立即去泰顺县探望卓宇婷一家。他把那份《钱江晚报》交给他，报道上有句话，卓宇婷的弟弟说，他们一家已经好久没有吃过肉了。他在报纸上圈出了这句话，要王建去卓宇婷家时一定要带上几斤肉。王建到了泰顺县，先上街买了10多斤肉，请宇婷的邻居烧了一大盆红烧肉，余下的肉又帮他们腌制好。

在半个月时间里，王建和万向的几位员工一起三次到泰顺县卓宅村，详细了解了卓宇婷一家的情况。卓宇婷一家在偏僻山区，所住房子早已摇摇欲坠，因父亲瘫痪，连生活都不能自理，生计无着，卓宇婷和她的弟弟不得不辍学。鲁冠球当即在王建的情况报告上做了批示，将卓宇婷一家纳入万向"四个一万"工程，每年资助达8000元，要帮他们建好房，要帮卓宇婷姐弟上学，而且不仅要帮卓宇婷父亲卓乃前养老，也要资助卓乃前的父母养老。

4个月后，即2008年的8月，卓宇婷家花近20万元建造的新房落成了。新屋是三间两层的新楼房，是万向的一位员工专门为他们设计的。搬进新屋这一天，这位员工又为他们添置了电扇、彩电、桌椅板凳、床上用品、厨房用具，还办了进屋酒答谢帮助建房的乡亲们。在闲谈中，又了解到村里不少人家还未通自来水，万向又出资2万多元，帮助他们完成村里的自来水工程。

但是，对这件事鲁冠球还是觉得有遗憾，因为卓宇婷的妈妈没有回来。她是因受不了贫困的煎熬而出走的，如今生活有所好转，但卓宇婷姐弟不能没有母爱，卓乃前也需要妻子的照料。鲁冠球曾通过媒体传递信息，也曾通过各种渠道了解到她现在的居住生活地，希望她能回家，并表示万向也会进一步帮助她。但因种种原因，卓宇婷的母亲没有回来。鲁冠球仍期待，会否有一天，她能突然出现在泰顺的卓宅村。

每当万向帮助了一个人或一家人时，总会收到许多的感谢信。鲁冠球对慈善基金会秘书处的同事说，只要他们快乐健康地生活，而不希望他们有感恩的负担。没有门槛，不求回报，这也是万向慈善事业的一个特点。

当时，大家讨论“什么人可列入万向的帮扶对象”时，鲁冠球说，条件只有一个，那就是“穷”！天下穷人很多，他真想都帮扶他们一把，但现在能力有限，只能先帮一部分人。有人说，对帮扶的孩子，在学习成绩上能否提一些要求？鲁冠球说：“别，千万不要提！这是救急的，不是奖学金。学习成绩高与低，主要不是孩子的责任，例如贫困地区教育的优质资源本来就少，贫困家庭的孩子学习环境、学习条件又较困难，许多孩子因贫困而辍学，我们岂能因成绩的门槛而将他们‘卡’在校门外？这样他们日后凭什么来改变自己的命运呢？贫困，是他们的一种伤痛，我们的责任是想方设法去抹平他们的伤痛，让他们感受到一份温暖。”

对于有特殊困难的人，万向也会采取一些变通的办法。例如有一户家庭，夫妻不和，丈夫一气之下杀了妻子，丈夫因此而入狱，留下了一个孩子，这就是“失依儿童”。因为失去家庭的依靠，孩子变得较为自闭，性格十分自卑。鲁冠球说：“把这孩子也列入我们资助的范围。这孩子虽然有爸爸，但是他不能时时享受父爱，他不只是孤独，他有比常人更深甚至难以启齿的伤痛。父辈所做的一切都与他无关，他应当享受关爱，他应当过上快乐的生活。家庭不能给予他温暖，就由我们来补偿，让社会向他敞开温暖的怀抱！”

温暖，是万向做慈善的宗旨。万向的慈善基金会秘书处一年会收到受助者的几千封信。秘书处的工作人员很负责任，一一加以回复；人手不够，就请集团内的志愿者来帮忙。鲁冠球对他们的复信定了一个基调就是“传递温暖”：让孤儿、孤老感到社会在关爱他们，他们并不孤独；让残疾孩子感到在以后的漫漫人生道路上，有人在搀扶着他们；让贫困的孩子感到贫困不是压力，有人在帮助他们。许多孩子在信中提得最多的词是“报答”。培养孩子的感恩之心是教育的要义，但要引导孩子去回报和感恩社会。万向做慈善不求回报。孩子大学毕业了，读完硕士、博士了，愿来万向工作，欢迎！但万向绝不将这一条作为规定。“海阔凭鱼跃，天高任鸟飞”，他们应该在这充满温暖的社会中找到自己的创业天地！

前几年，万向每年花在慈善上的钱有几千万元，如果“四个一万”工程实施到位，每年将突破一亿元，而且以后还将大幅增加。对一个发展中的民营企业来说，这不是一笔小钱。但万向在花这笔钱的时候，总是精打细算，把每分钱花在最需要帮助的人身上，花在真心需要办的事业上。鲁冠球说，不论做慈善还是做其他公益事业都要如此。

在20世纪90年代，萧山城郊为改善市民休闲环境，要鲁冠球出资建一个公园凉亭。这是件好事，他当即答应了。他们报上来的预算是30万元，鲁冠球觉得这里有“水分”，就与他们说：“你们把图纸、方案拿来，有什么要求尽管说，我来造，一定完全符合你们的要求。”凉亭造好了，钱省了一半。后来有部门希望鲁冠球在杭州建造一个公园，他又按照这一办法，省下了不少钱。对此，有人说鲁冠球是“铁公鸡”。他说，这些钱是工人的血汗钱，其中也有纳税人的钱——因为做慈善和公益事业，政府是有一定的税收优惠的，该花的花，不该花的一定不能花。

万向慈善基金会秘书处是万向实施慈善行动的组织者，在偌大的万向集团却是个极小的部门，编制只有3个人，挤在一间小办公室里，但它又是鲁冠球关注最多、电话催办最多、批示最多的部门之一。慈善资金的预算方案、分配办法他都要仔细审阅；每进行一次慈善活动，包括走访调查都有书面报告提交到鲁冠球这里，他都会认真地看，有的还做了批示、提出意见，目的就是要把慈善的钱真正花在刀刃上。

鲁冠球觉得，做慈善事业要有一颗至诚至纯的心。万向的慈善基金会秘书处的工作人员就有这样一颗心。秘书处由一位老党员负责，配有两位年轻助手。为了了解受助者的第一手材料并把慈善款递到最需要的孩子和老人手里，他们的足迹遍及浙江省每一个县、市、区，以及四川、甘肃、陕西、重庆等18个省、市的贫困地区。他们掌管着一大笔钱，但对自己十分“抠门”。每到捐助地，他们常常上顿下顿地吃着盒饭，也从不接受当地百姓馈赠的土特产品。有时候，受助者会寄一些土特产品来表示谢意，他们则以价格更高的日常用品、文具来回赠。远赴外地，他们乘坐的都是“红眼航班”，既省钱又节约时间。许多地方都有旅游景点，他们也从不去游览，只到一些爱国主义教育基地去参观，因为那些景点既不收门票又受教育……在他们手中，每一笔钱的支出都有凭证，每一笔资助费用都能送到受助人手中，有时还自己掏钱给特困家庭。这种认真、负责、细致的精神令人赞叹不已。这是因为在他们的心中，只有那些因贫因病而急需救助的人，他们对那些急需救助的受助者有一份诚挚的纯真的关爱之心；他们把慈善当成了自己的一份责任，融入了自己的身心。

万向的慈善工作也受到了各地慈善部门的支持。甘肃省慈善总会副会长吴国英是位老干部，父亲是老革命，丈夫也是省军区的领导。尽管她年事已高，但当万向的秘书处同志走访贫困家庭时，她总是陪着他们一户又一户地去了解情况。她唯一的心愿是，这里的百姓生活艰辛，孩子求学之路艰难，希望万向能多去帮扶。还有一位慈善总会的负责人也对他们说，在贫困地区是教师苦教、学生苦学、家长苦供、领导苦抓、群众苦干。慈善虽然不能解决所有问题，但能给百姓带去关爱！

也许，他们不只是把慈善作为一份工作，而是承载起了革命前辈的嘱托和党、政府、社会对贫困群众的牵挂。革命老区山西省左权县是八路军副参谋长左权将军牺牲的地方，万向在那里设立了资助点。2010年，万向出资30万元在左权县的麻田镇建立了一座泽城卫生院，另外还资助了一批贫困家庭的孩子求学，并为麻田镇的6户特困家庭建造了住房。时任麻田镇党委负责人不仅亲自过问了慈善工作，还13次写信和鲁冠球共商麻田镇的发展大计，充分反映了革命老区的干部群众苦苦寻求发展之路、尽快走出贫困的壮志雄心，这使鲁冠球十分感动。至于浙江省内各地慈善总会更是把万向的慈善工作当作他们自己的工作，尽心尽力地把“好事”办得更好，有的还专门为此发了文件。内蒙古宁城慈善总会赵会长、陕西省慈善总会两任领导、仙居慈善总会郭会长、武义慈善总会张会长等，虽年纪已大，但为了掌握第一手情况，常常不顾劳累走家入户，由他们提供的受助者资料总是分外详细。

作为一家企业来说，万向的慈善不只是一种企业行为，更是全体职工的集体行动，一份爱的自觉。鲁冠球认为，企业的慈善不只是企业出钱去资助贫困的群体，更在于向每个员工植入向善之心。因而，他们十分重视广大员工的参与，使之成为一种文化。万向员工都有一本“爱心本”，记录着他们所做的好事。当汶川大地震发生时，万向员工人人踊跃捐款，包括海外的万向员工。平时，也有许多员工与贫困孩子结对，长期资助他们；有的把助学对象当成自己的亲生儿女，经常上门探望，或把他们接到家中，关心他们的学业，关心他们的冷暖。

2013年，在万向“四个一万”工程受助的学生中，有4550余人考上大学，有的还考上了北京大学、清华大学、复旦大学、同济大学、浙江大学、中国美院等名牌大学；有的出国深造；许多人被评为优秀毕业生、全国自强之星，获得了国家励志奖学金；不少人加入了中国共产党。更让鲁冠球感动和欣慰的是，近年来有2500多人因经济条件改善而主动提出停助，希望把这笔钱用到更急需的人们身上。他们用知识和努力改变了自己的命运，过上了美满的生活；而更多的孩子因为有爱的温暖，能直面艰难的人生之路而勇敢前进。

在万向慈善基金会秘书处每年收到的几千封信中，许多孩子说出了这样的心声：

“出身不由己，命运掌握在自己手里。”

“知识改变命运，学习成就人生！”

“不以家寒而自暴自弃，不以贫困而自卑。家境无法选择，道路就在脚下。知贫困而后勇，视苦难为财富！”

在这里，不妨摘录几封信与大家分享。

浙江省新昌县巧英乡中心小学学生鲍晓艳的来信说：“谢谢你们像春天一样温暖的手，在我困难时给了我支持与鼓励；谢谢你们像冬日里的一把火，在我困难时给了我温暖。是你们点燃了我激情的火花，照亮了我的光明的旅途。我相信，在今后的道路上，有你们的呵护与陪伴，我一定会茁壮成长。”

这是淳安县姜家镇的程婷的来信：“心中有千言，心中有万语，但是有一首歌最能表达我的心声，那就是《感恩的心》。每当听到这首歌，我的心里就特别踏实、特别满足，因为我想到了你们。虽然我不知道你们每一个人的名字，但是爱让我们紧紧相连，似乎就在身边、就在眼前。我们只有付出比别人更多的时间、更多的努力，我们才能改变自己，摆脱贫困。所以我一直很努力地学习，并且在学期期末考试中取得了全姜家镇第28名的成绩。同学们十分惊奇，问我有什么秘诀，我只说了一个字：爱。”

还有一位淳安中学学生胡斌薇，她在信中说：“万向集团的叔叔阿姨们，也许你们并不认识我，因为你们呵护过的孩子实在太多太多了。但是我却记得你们，天使一般的你们。”

“那时的我，心里总是有一股怨恨：为什么这样悲惨的故事要发生在我身上？我的爸爸还如此年轻，可是他却永远失去了看着我成长的机会，我也永远失去了感恩于他的那一刻。那时的我也曾想过比我悲苦的人还有许多，但一想到没有父亲的生活是多么凄苦，还要和妈妈一起偿还为爸爸看病欠下的巨额债务，苦涩的泪水总是不争气地淌下来。就在那个时候，是的，就在我和妈妈最无助的时候，你们的帮助让我们一下子从噩梦中挣脱。妈妈不用为我的学费着急，她可以在外全心打工，我也可以安心学习。现在我已考上淳安中学，我还会继续努力，追逐自己的梦想，珍惜你们给的机会，我永远都不会忘记是你们让我从悲痛中看到阳光。”

她在信中还特别说道：“现在我家的情况已慢慢好转，父亲欠下的医疗费，妈妈正在拼命还清。因为你们的爱心给了我们力量。我妈妈一直都想好好谢谢你们，时常提起你们的善行。我希望你们的‘四个一万’工程永远都不会停止。现在我和妈妈最苦的时候已经过去了，所以我希望你们可以拿我的那部分资金去资助更多的孩子，让他们也能上学，能感受到人间的温情，让他们相信明天会更好！”

这是临安市太湖源镇的陈超君写来的，信的内容也很有意思：“每一次，寄去成绩单时，你们不但不怪我，而且还鼓励我，我心里很感激。谢谢你们对我的鼓励，谢谢你们这么多年来对我的资助，谢谢你们的理解及宽容。从以前到现在，我灰心过、努力过、喜悦过、争取过……但不管如何，我始终怀着一颗感恩的心在学习、在生活。”

……

听到孩子们纯真的心声，鲁冠球心里甜滋滋的。他并不是要对万向的慈善工作进行自誉，他是觉得，慈善，不只是物质的帮扶，更在于因为爱而生出温暖。爱人，暖心，这是慈善的真谛。

万向“四个一万”的慈善工程还在不断扩大。到2013年，“四个一万”工程已覆盖包括青海、广西、贵州、四川、重庆、陕西、甘肃、黑龙江、内蒙古、海南等20个省（自治区、市）的213个县（区），累计受助人数已达31040人。在社会慈善等事业上，万向已累计支出5.72亿元。

2013年，第8届中华慈善奖揭晓，万向获得“最具爱心捐赠企业”荣誉称号。这是万向第三次获中华慈善奖。

按鲁冠球的想法，慈善是永久的事业。偌大的中国，偌大的地球，总会有地方受灾，总会有人遭难，总要有人出手相助，总要有人挺身而出。

第31章　财散人聚

2011年7月1日，是我们党成立90周年的大庆之日，万向召开了纪念大会。

鲁冠球是个不喜欢开大会的人，万向每年只开三次大会，一次在岁末年初，总结过去一年，部署新年工作；一次是7月8日，那是万向创业纪念日，大家欢聚一堂，回顾成长历程，激励斗志，创新创业；还有就是7月1日党的诞生日。每逢这一天，万向一定会召开党员大会，由鲁冠球做报告，实际上是一次党课，每年雷打不动。

在党诞生90周年的纪念日上，鲁冠球要讲的有千言万语，但他想得最多的是作为一位党员、一位党员企业家的责任。他想到了邓小平同志说的那段话，那就是：鼓励一部分地区和一部分人先富起来，逐步消灭贫穷，达到共同富裕。

于是，在那次纪念大会上，鲁冠球做了“为共同富裕做力所能及的事”的讲话。

他说：“相对于前辈，相对于以前，我们开始富起来了。作为先富起来的人们，我们不能也不会忘记‘共同富裕’的责任和使命。作为共产党员，我们要思考的是，为了共同富裕的目标，应该去做哪些力所能及的事？我要强调一下力所能及，因为共同富裕这个课题太大了，我们能做的太少了，我们只能量力而行；但这件事实在是太重要太紧迫了，中国还有很多贫困地区，还有许多穷人，我们必须为尽早地消除贫穷而贡献自己的所有力量！”

他着重讲了两点：

第一点，要加快发展，先富带后富。他说：“没有生产的发展，就没有财富的增加，发展生产力是实现共同富裕的前提。万向已在汽车、新能源、农业产业等领域有了雄厚的实力积累和良好的信誉优势，现在的关键是我们能不能敏锐地感觉环境的变化，准确地把握变革的实际，审时度势地把有利条件和因素转化为我们的动力和能力，乘势而上，打开全新的发展局面，完成第五个‘奋斗十年再添个零’的目标，为共同富裕积累共同的财富。”

第二点，要提高觉悟，让精神和物质同样富有。通常情况下，人对物质的追求和提高可能会自然地发生；但对精神的追求和提高，就要多多自我修炼了。当前正处在大调整、大变革、大发展的时代，没有正确的精神指引，人对物质的追求很容易滑入危险的深渊。

对于眼前发生的食品安全频拉警报、假冒伪劣产品盛行、股权纠纷事件常有发生等情况，鲁冠球说，他有这样一个判断：如果说，过去企业经营的风险更多源于无知和无奈，那么现在的风险更多源于知识和道德。一个人选择了什么样的精神追求，就选择了什么样的成长和发展道路。因为精神追求能够激发出人最深沉、最本质、最根源的创造力量。他说：“自古至今，得道者无不以精神立身，成事者无不以精神取胜，所以作为先富起来的我们也要在精神道德上带头致‘富’。靠什么？靠诚信，靠道德，靠党性的修炼。

鲁冠球还说，为了实现“共同富裕”的宏大目标，万向一直在积极参与“振兴东北”“西部大开发”等国家重大项目；同时也在不断推进“四个一万”等慈善工程。但富裕是一个动态的概念，有一个发展的过程。

他说：“如今我们所说的富裕还是低层次的，我们努力的是明天更高层次的富裕。人类的发展，也是一个对物质、对精神富裕不断追求和更新的历史。万向现在所做的，还是初级的、初步的。例如，就慈善工作而言，如今‘四个一万’工程还在实施过程中，我们的目标是在全国每一个省、市、区都建有资助站，帮助那里需要帮助的人。

“即使‘四个一万’工程全部实施，那也不过是资助了四万人，同全国的贫困人口相比也只是一个极小的数字。中国还有很多穷人，世界上还有更多的穷人。开始富起来的我们，特别是曾经穷过、困难过的而今已开始过上富裕日子的我们，更不要忘记穷人。万向坚守的是‘取之而有道，用之而同乐’的企业观念。如果说发展的万向创造着万向人的幸福，那么今后万向的发展，必能孕育着更多人的幸福——这是我和万向人的共同的追求！”

不知从什么时候起，一些机构每年要发富豪排行榜，鲁冠球也常常榜上有名，称之为“鲁冠球父子”（即鲁冠球和鲁伟鼎）。

据鲁冠球说，“鲁冠球父子”有多少财富，排名第几位，“鲁冠球父子”并不关心。

不过，“鲁冠球父子”倒是经常谈论对待财富的看法。他们的观点相当一致，那就是“财散则人聚，财聚则人散，取之而有道，用之而同乐”。

就是说，从企业的角度而言，员工得到应得的报酬，就会聚在万向事业的周围，献力献计；如果员工的价值得不到合理的承认，他们就会离心离德，弃万向而去。

从企业和社会的角度而言，企业的发展不能忘记自己承担的社会责任。万向的宗旨是“为顾客创造价值，为股东创造利益，为员工创造前途，为社会创造繁荣”，四者相辅相成，缺一不可，这是万向存在的社会价值。

当然，在“财”的散聚上都要遵循“有道”的准则，企业是“得道多助，失道寡助”，员工是“君子爱财，取之有道”，“用之而同乐”则是大家追求的全社会的共同目的。

鲁冠球认为，如果社会财富只掌握在几个人手里，则毫无意义、毫无作用，而且必然会发生危机！

财要“散”！万向的财将“散”何处？鲁冠球的回答是，企业的发展是本源，理应持续投入。除此之外，他们将把财“散”向慈善、“散”向农民。

第七部分

“三农梦”，田野上未写完的“作文”

鲁冠球是个农民。他的家现在还在农村。当年他要进城当工人，是因为农民太穷了，做农民太苦了！现在他改主意了，他要一辈子在农村，在这里建一座工业城，把农民组织起来，打造成现代化工业大军。但光这样还不够！在鲁冠球看来，田野上的拼搏和创造，是当今时代的最大挑战。

第32章　为“三农”打工

1988年，鲁冠球荣获全国五一劳动奖章。五一前夕在北京参加表彰大会，他要在大会上发言。他的发言开头第一句话是：“我是一个农民……”

是的，鲁冠球永远不会忘记，自己是一个农民！

他的家安在农村。好多人劝他在城里买房子，房子他当然买得起，但他舍不得离开农村。现在鲁冠球住的那栋房子就造在父辈的宅基地上，还是1984年他承包企业获得成功后，把原先作承包抵押的花木售出后建起来的。房子是旧了点，但他很喜欢，不时有他的农村朋友来串门。他们摆开八仙桌，大碗喝茶，大声谈天，乐不可支。

前几年，逢年过节，他的农民邻居还会送一个猪头到他家里来。这种景象城里早已见不到了，但在农村它是一份相当尊贵的礼物。“不愁日日蹲田头，只盼年年有猪头”，这是农民当年的梦想，过年吃上个猪头，意味着梦想成真！

万向总部在农村的一个镇上。每天清晨六点多，鲁冠球在去上班的路上欣赏着新农村的风貌，品味着这块曾经被贫穷缠身的田野焕发出的勃勃生机、发生的令世人瞩目的巨变，他的心情是何等的畅快、舒心！

人们常把办企业的农民，称为“农民企业家”。有段时期有些朋友不服气，说凭什么把企业家分成三六九等。鲁冠球说，这三六九等是你自己分出来的。“农民企业家”好呀，它证明我们农民的力量和智慧，不仅能办农业，而且能办工业。正因为我们是农民办的企业，当初国家还给了很多支持和优惠呢！

他说，当年，他要去城里当工人，是因为农村太穷了，做农民太苦了，他做梦都想要过城里人的生活。“现在我改主意了！”

记得是在1990年，新华社的朋友来采访，问鲁冠球现在为什么还不进城。他站在办公室窗口，对着远处的农田，对着正在大兴土木建造新农居的农民，大声地说：“我不进城了，我要一辈子守望着田野，守望着我的家乡。在这里建一座工业城，把农民组织起来，把他们打造成有技术、有纪律的现代化工业大军！”

但如今，鲁冠球觉得光有这点还不够。

现在的农村，与他儿时生活的农村早有了天壤之别。特别是在浙江，在杭嘉湖、宁绍台一带，许多农民比城里居民还富裕得多，许多居民还想要农村户口呢！但城乡差别还没有消失，不少农村，那些偏远地区、山区、老区，特别是我国西部地区的农村，许多地方还很穷。鲁冠球常说：“我的许多农民兄弟生活还很清苦呀！我最牵挂的就是他们。”

尽管许多农村开始走上了小康之路，尽管我国的农业生产连续多年获得丰收，尽管许多农民已经比较富裕，但是，不少地方农村穷、农业弱、农民苦的状况还没有改变：

如果按联合国标准，中国还有1亿多的贫困人口，80%以上是在农村；

当许多城市搞起“亮灯工程”“五彩大楼”时，还有地方依然在用油灯、火把照明，这些地方是农村；

当跨海大桥、跨江大桥如雨后彩虹般在发达地区出现时，还有地方的人们仍然在用危桥甚至是缆索过河，这些地方是农村；

当许多人为减肥而不吃肉、不吃蛋黄时，还有地方的孩子一周、一月吃不上一块肉、一个鸡蛋，这些地方也是农村；

……

农民、农业、农村，已成为中国走向现代化的一个“关节点”。不懂得“三农”，就不懂得中国；没有农村的现代化，也就没有中国的现代化。

如今，大批农村的青壮年如同鲁冠球当年那样，怀抱梦想进城去谋生、创业，这是大势所趋，是中国城镇化的必由之路。但与此同时，许多农村成了“空壳村”，家中只有老人、孩子在孤单地生活。长此以往，粮食谁来种？“菜篮子”谁来提供？人们的一日三餐谁来保证呢？

即使是进入城市的许多农民工，也很难融入都市的文化和环境。有好心人提出取消“农民工”这一称谓，而鲁冠球认为，取消称谓很容易，但生活的差距和文化、心理上鸿沟的填补，仍有很长的路要走，仍需付出很大的成本。

他曾在报上读过这样一段话，据说是位日本人说的，名字忘记了。那段话是这么说的：“人们年轻时应该离乡背井去都市迎接挑战，因为只有那里才有气焰对味的创造力，而乡下的田园风光，不过是一味安慰剂。”

鲁冠球对着这段话沉思了许久。也许，城市的挑战确实很刺激，但乡下并非是世外桃源，似乎也并不能常常抚慰人。而面对贫穷、落后的乡村，你能沉醉于所谓的“田园风光”而无动于衷吗？

他不禁要问：人们在年轻时可以去都市迎接挑战，但人们该在什么时候来建设农村呢？

在有些人、有些理论看来，农村是应该被遗忘的，农村是可以被“抹”去的，这自然不是鲁冠球所认同的。

在他看来，在农村、在田野上的拼搏和创造，才是当今时代的最大挑战，或者说，它将成为中国现代化的最后挑战！

我们的党、我们的国家十分重视“三农”。党中央多年来每年发的“一号文件”都是关于农业、农村、农民的。2013年，中央一号文件更是把“三农问题”提到“固本强基”、重中之重的高度，强调要“强农惠农富农”。

鲁冠球说，中国农民并不笨，中国农村资源也不“贫”。“在我们国家几十年的建设发展中，农村、农民做出了很大的贡献和牺牲，在推进工业化、信息化、城镇化时，千万不要忘了农业现代化，这是整个现代化的基础。农村城镇化，关键是‘化’，是文化的提升。”

鲁冠球认为，一方面，要推进农村和城市的融合，推进农民和都市居民的融合；另一方面，更要对农村、农民进行提升，包括生活品质、生活习惯、精神风貌的提升。这需要强大的物质力量的支撑，更需要农村自身的强大生产力。

他决心坚守农村，实现让农村繁荣、农民幸福、农业现代化的梦想！

如果说，过去的万向是从田野起步走向世界的，那么，今天的万向要从世界回归田野，把在世界各地赚的钱返回一部分，反哺农业。

他这个20世纪60年代的农民工，今天也要为农业的发展、农村的文明和农民的富裕“打工”。

这是他的坚守、他的牵挂、他的责任、他的信念。

第33章 屡败屡战

万向对农业的反哺，从创业之初就开始了。但由于势单力薄，那时只能做些免费为农民修农具、提供资金改善农田基础设施等工作。后来随着万向的发展，鲁冠球拿出相当部分的精力、财力、人力，开始了在农业领域的创业。其过程充满艰辛，历尽曲折，屡战屡败，但他初心不改，坚持不懈，屡败屡战！

1985年，鲁冠球去美国考察，发现许多工厂的老板同时也是农场主。他们利用企业的资金、管理水平和科学技术，把农场管理得相当出色。在高速公路两旁，鲁冠球目睹那些耕耘得十分精细的土地，以及令人羡慕的庄稼丰收的场景，心中便常常会滋生一种感叹：

“我出生的土地，是钱塘江抛给我们的。它们曾经是盐碱地，但是我们的祖祖辈辈硬是用自己的双手把它们改造成肥沃的土壤。每当台风夹带海潮冲垮堤坝并吞噬着这块土地时，我们的父辈又总是顽强地、一次又一次地与海潮抗争，整地筑坝，让它恢复生机，多少人甚至为此献出了生命。

“可眼前，不少人对土地的感情冷漠了，任意侵占耕地，浪费耕地，一块又一块比金比银更珍贵的黑土地无端遭受钢筋水泥的践踏。农村耕地的大批消失，成为中国经济发展的一大隐忧。诚然，农村工业、民营经济的兴起，商品经济的发展，使农民不再是土地的奴仆。但是土地，仍是我们安身立命的根本啊！”

鲁冠球意识到，需要开拓新的思路，尝试着走出一条新的路来。美国企业办农场的做法，拨动了他的心弦，一个新的计划在他的心头孕育着。

回国后，鲁冠球向当时宁围乡的领导谈了准备试办农场的想法，乡领导很感兴趣。正巧，在钱塘江畔的围垦区有500亩荒地和300多亩水面，因为地方偏僻，土壤贫瘠，许多人都不愿管理。鲁冠球立即赶到那里，站在那倒塌的茅舍前，站在那高过人头的芦苇丛中，他对同伴们说："你们别看这里现在一片荒凉，也许新的希望就在这里诞生。我们可以办猪场、挖鱼塘、种果木、建饲料加工厂，搞农业机械化试验和立体经营，探索出一条'工业化农业'的路子来。"

当时这地方没有一个正儿八经的名字，大家要鲁冠球取个名。那时电视台正在热播香港电视剧《射雕英雄传》，农村人很喜欢看。电视剧里有个地方叫"桃花岛"，住着一位武林高手，风景美极了；鲁冠球也知道陶渊明写过一篇《桃花源记》，虽然他不能背诵原文，但是他知道那是古代人们向往的地方。于是他说，就叫它"桃花源"吧！大家都说好。

鲁冠球把"桃花源"看作是万向的又一个"宝贝"，倾注了大量心血。从1985年年底开始筹建，到1989年年初，他向"桃花源"投资了350多万元，建起了猪场、禽场、鱼塘，种起了桃树、橘树、葡萄、竹子，开辟了饲料加工基地。"桃花源"里小桥流水，桃红柳绿，鸡鸭成群，猪欢鱼跃。他经常会到"桃花源"去走走看看，商量管理经营等方面问题。看到路上有杂草，他会忍不住蹲下去仔细把它们拔掉。那时，还没有"循环经济"这个词，对资源的综合利用叫"立体"，他们搞的模式叫"立体农业"——用饲料喂畜禽，畜禽的粪喂鱼，塘泥翻起来培育果木蔬菜……

对外，它叫"桃花源"，但在万向内部的编制上被称之为"农业车间"。在这里工作的人被称为"农业工人"，同工厂工人一样上下班。鲁冠球的想法是试图用工业的办法去管理农业，让这个"农业车间"成为探索农村、农业实行工业化管理的一个小小的实验基地。

“桃花源”一度成为万向的一个“景点”，许多来万向参观的同志，都有兴趣去“农业车间”看一看。看过之后，大家都说好，都说：“要是我们农村、农业都这样，‘现代化’就不远了。”但如何推广呢？大家也想不出什么办法。

“桃花源”的农产品很受市场欢迎，因为他们使用的饲料没有添加剂，也没有什么“催生素”，用杭州话来说是“本”的，是真正的“本鸡”“本猪”。但是，由于规模小、投资大，管理和营运模式不适合推广，不久便因亏损而宣告失败了。

失败，不能阻挡鲁冠球在农业创业上探索的脚步。

20世纪八九十年代，国际鳗鱼市场十分兴旺。日本人很喜欢吃鳗鱼，鳗鱼是餐桌上必不可少的美味，但他们缺少鳗鱼苗资源，因而此时长江口、钱塘江口的鳗鱼苗价格大涨，堪比黄金。鲁冠球有点动心了，心想这事要办成了，既能增加农民收入，又能为国家多挣外汇。于是1987年，他在钱塘江畔办起了养鳗基地，1996年起又在广东中山市进行鳗鱼养殖，还形成了养殖、加工、出口的产业链，产品主要出口日本。

鳗鱼十分娇贵，特别是在幼苗期，人工养殖鳗鱼要一定的温度、一定的养殖密度。平时可以散养，但到了冬天，鳗鱼就必须在一定温度的池水中集中养殖，并用制氧机供应氧气。那时电力紧张，有年春节，半夜三更，养鳗场突然断电了，制氧机停转，结果鳗场的鳗鱼全军覆灭，那可是已经可以售出了的鳗鱼呀，有两三吨之多。鳗鱼含有高蛋白，死了会产生剧毒，他们只好把死镘鱼运到一块偏僻的荒地里，挖了一个深坑埋了。

不久，日本人从欧洲得到了鳗鱼苗资源，并掌握了人工饲养的相关技术，导致中国鳗鱼在国际市场上价格大跌。后来更有东南亚金融风暴的冲击，汇率变幻莫测，鳗鱼场倒闭，损失近亿元。

2012年鲁冠球在参加全国人大会议时，有媒体记者前来采访，看到他正在看武钢养猪的报道，就十分奇怪地问："你们万向生产汽车零部件，这同养猪有什么关系呀？"

其实鲁冠球在"农业车间"时代就有过相当规模的生猪养殖场。

现在从市场上买回的猪肉常常有股异味，这是饲料的原因；但更让人担心的是，不少奸商还在饲料中掺入"瘦肉精"之类的不良物质。猪肉是人们的第一"菜篮子"，吃肉不安全成了民生的大问题。鲁冠球曾想试着解决这个大问题。

猪场办起来了。他们完全是按照养"土猪"的办法来养殖，让猪吃玉米、米糠等没有添加任何添加剂的饲料。每头猪需要在栏中养9到10个月，这样饲养出来的猪，肉质十分鲜美。鲁冠球把猪肉送给一些朋友尝尝，都说好吃——烹饪时不用放任何调料，只需放些盐或酱油便鲜美无比。

猪肉销售市场很快打开，但拿来账本一看，鲁冠球傻眼了：亏！亏损得很厉害！

这是怎么回事呀？原来，他们的猪肉是平价销售，没有实行优质优价，这是一个原因。那么其他环节有没有"漏洞"呢？

鲁冠球到养猪大户那里去登门求教。那位大户问了他一连串问题，最后问他出售前的"操作程序"。

鲁冠球说："宰杀前一两天，我们就严格控制猪的饮食，让它们排泄干净，'净身'出栏，干干净净……"

听他这样说，那位大户大喊了起来："你傻呀！"

鲁冠球愣住了。

大户说："我养的猪一般四五个月就出栏，你要9个月、10个月，这一笔你就亏了。出栏前，你应该让猪敞开肚子吃；它不吃，你得想办法‘硬’让它吃，吃得肚子滚圆滚圆的。有的人还硬往猪肚子里灌水哩，而你还搞什么‘净身’！”

鲁冠球说：“那不是把水和饲料当肉价钱卖吗？”

大户说：“现在养猪的补贴少，饲料费、人工费天天涨，你不动脑筋想办法，不亏才怪呢！”

鲁冠球闷闷地回来了。心想，政策不能改变，“潜规则”他又不愿跟随，亏损也不是办法……但诚信、货真价实，是他毕生遵循的最高准则！

他只好把猪场关了。但他的心始终牵挂着农业，牵挂着人们的“菜篮子”，这就是鲁冠球始终对养猪感兴趣的原因。

工业反哺农业的路在何方？每一次失败，鲁冠球都认真总结教训。一次次失败，一次次反思。慢慢地，他的思路清晰起来了：以工补农，不能只做“盆景”，而要营造一大片“森林”、成为企业的战略行动。

第34章 走出“桃花源”

“农业车间”是万向首个“以工促农”的实验产品，它的设计相当精致，养殖业、种植业并驾齐驱，“水”“陆”两栖比翼齐飞。它要是做“休闲农庄”“农家乐”，即使放在现在也不落后，但在当时的环境中，要推广开来，涉及土地、资金、政策配套等许多重大问题。特别是农民接受与否，在那时是个大问题。那个时候，农民还没有像现在这样时尚，还没钱去旅游，更不会想到在农村开发旅游业、搞“农家乐”来赚钱。

还有一个致命的弱点，鲁冠球认为就是他们的产品——鸡鸭鱼猪，虽然有自然养殖的特点，但还是一般化，属于大路货。用“车间”生产大路货产品，这在经营上也是大忌。

尽管他们想把“农业车间”作为“示范”，看上去很美，赚了许多赞扬声，却无法展开深入广泛的实践，看看可以，但推广很难，“盆景”之说即由此而来。由此鲁冠球领悟到，以工补农是企业重大的战略行动，以“盆景”式的引导是达不到目的的，必须放远眼光，开阔视野，放开手脚去着力营造“森林”，才能有大影响、大作用。

既然是营造“森林”，就必须去选择惠及千家万户、给广大农民带来长远利益的项目。如果是扶助一家一户，给钱、送项目也可以，但那是慈善，在救急时候是必要的，万向也常常这样做。可是如果作为战略行动，必须把眼光放在万千农民身上，放在长久而较为稳定的实惠上，而不是急功近利，更不能“打一枪换一个地方”。万向定下了“带动一个产业，发展一片经济，造福一方群众，保护一地环境”的方针。

从当地实际出发，特别是从当地的资源情况出发，让农民成为发展的主力军——这是鲁冠球的一个感悟。虽然是万向以工补农，但不是万向做、农民在旁边看，而是要特别尊重农民的意愿，倾听农民诉求，回应农民的期待。以工补农，一定要“接地气”、入农户。他认为：“农民最急需什么，我们就做什么；什么能让他们长期得实惠，我们就做什么。只有做农民想做的事，他们才会积极主动地参与进来，这是让农民成为主力军的前提。只有让农民亲自参与，亲自动手，农业的发展才有最强大的力量和基础，这也是让农民满意、得实惠的根本保证。”

要按市场规律运作——这是鲁冠球的另一个感悟。以工补农是一个大系统工程。有了钱，怎么投资？产品如何打开市场，受市场欢迎？如何处理好与农民的关系，特别是保护好他们的利益，并让其收入不断提升？……所有这一切，不能由万向说了算，也不能由哪个人、哪个部门来“拍板”，必须由市场来决定，才能让农民信服，得农民人心。也只有顺应市场规律运作，才能保证项目健康、持续地发展。

要深怀感情，又要把感情上升为责任——这是他的又一个感悟。以工补农是项新事业，现成的经验不多，很多方面大家都在探索，所以要有责任，更要有耐心。因为对农民有感情，所以关心农业，要做大农业。但要将这项事业做下去，又必须通过市场的运作，获得一定的效益，在资金上有所积累。这两者有时会发生矛盾，怎样寻找平衡点进行化解，那就要把感情上升为责任。

有了责任，就会有正确的价值取向，就会把砝码放在该放的一端。

如果从20世纪80年代中期“桃花源”的探索开始，到进入新世纪，至少有10多年吧！这些年，鲁冠球在农业基础设施上的投入就达1亿多元，只有亏，没有赚。如果仅仅从感情出发，他可能会放弃，等钱赚多了赚足了，再来进行。但因为责任，他一刻也没有放弃，也从来没有想过放弃，始终坚守着。

因为责任，鲁冠球也有了耐心，或者说韧劲。他知道，通过办工业让一镇、一乡、一村的农民富起来的典型事例很多，但通过工业反哺农业，通过做大做强农业，让更多的农民富起来，让被称为“基础”的农业经济这一基石夯得更实、更强，成功的范例还很缺乏，大家都还在探路、还在拓荒。探索不可能没有曲折，不可能没有失败。对此，他有信心，因而也有耐心。

通过实践、思考，再实践，再思考，慢慢地，他的思路清晰了起来。

走出“桃花源”，眼界宽了，思路打开了。

走出“桃花源”，他们遍访田野，登山攀岭，闯荡大海，与千家万户农民亲切“握手”，直接倾听农民的呼声。农民最急需的，便是他们立项的首要条件，或者是他们努力的方向。

1995年，万向参与发起浙江省农业技术推广基金。从2004年起，又先后出资3000万元，成立万向集团奖励培训基金，奖励、培训在农村基层的农机员，开展农机推广。

2002年，万向组建“三农集团”，这是一个标志性事件，它意味着农业成了万向最重要的产业之一，而后，它又成为万向各产业快速发展之“最”。从三农集团成立，至今不过10年多时间，它已有总资产50多亿元，员工9000多人，拥有万向德农、承德露露、德华兔宝宝3家上市公司，3家农业龙头企业，2家高新技术企业，2个中国驰名商标。

产业涉及种业、杏仁露、远洋捕捞、山核桃、木业、竹业、硝石钾肥等。2012年，三农集团实现营收74.57亿元，缴税10.36亿元，直接带动40多万农民致富。

还是让我们从万向新的征程讲起吧！

走出“桃花源”，万向登临了清凉峰。

清凉峰镇是杭州临安市昌化一带相对偏僻的一个小镇，那里盛产山核桃，是山核桃的中心产区之一。

山核桃是杭州的著名特产，又叫小核桃，因为它与北方的核桃相比，颗粒小，但营养丰富，果肉肥厚甘美。它可以榨油，更多是用来制作食品或直接食用，比其他核桃更为香脆可口。种植山核桃在这里已有几百年的历史。

百年特产却在日渐衰落中。原因是，山核桃好吃，树难栽，果难摘，零散的种植和销售，很难提高品质、打开市场，更莫说是打出品牌了。因而，清凉峰的许多农民宁愿舍弃家门前的聚宝盆，远走他乡去打工度日。

万向决定投资清凉峰的山核桃产业，为了这百年特产，为了清凉峰的农民。

2001年，万向与当地政府和农民商量，由万向出资在清凉峰建立山核桃生产基地，成立产销山核桃的公司。村民们可以从公司的基地中承包山核桃树，对山核桃树进行日常的培育和管理，获得相应的劳务报酬，不必担心山核桃的销路如何。

这一约定的核心是：万向以资金、人才集中精力抓技术、抓市场，而当地农民可以用土地、劳力专心致志地搞生产，从中获得收益。

这是工业和农业的最佳组合，是企业和农民的友好相伴，很快得到农民的欢迎。

鲁冠球说，农民的认可，是他们的底气。万向立即投入巨资，改善生产条件，与浙江农林大学、林业科技部门合作，用先进技术培育和改良山核桃树的品质，提高山核桃的产量和质量，先后实施临安市木本油料产业升级项目1980亩、山核桃生态化经营500亩。此外，还有一项技术很值得一说，就是要使以后种植的山核桃树“矮化”。

山核桃树高，产量或许会多一些，但质量未必好。更揪心的是，树高了，农民采摘山核桃很不安全。尽管近几年采取了许多措施，但因爬高采摘伤人、甚至死人的事还经常发生，有媒体甚至用“染血的山核桃”为标题来报道此类事件。因此，万向把山核桃树“矮化”作为科技攻关的一个重点，现已推广200亩，虽然不多，但以后农民采摘山核桃就像摘杨梅、桃子那样，站在地上就可以，安全多了。

如今，万向在临安山核桃产区已拥有林地2.5万亩，其中山核桃基地1万余亩。截至2012年年底，万向累计用工12万人次，支付劳务费近千万元；每年向当地农户收购山核桃12.5万千克，付费800万元，解决了当地剩余劳动力的增收问题。

如今，山核桃基地已进入回报期，当地村集体可分享8%的收益，盛产时预计每年可分得数百万元收益。

据当地农民说，在万向建立山核桃基地前，清凉峰一带种植山核桃的山林面积不到1万亩，村民们大多以外出务工谋生。看到基地的山核桃产量高、销路好，农民们开始争相培育自己的山核桃林地。有位王姓农民培育了800多亩的山核桃林，成了当地的山核桃种植大户。他说，万向创办这样的龙头企业，为他们找到了致富路。

在昌化一带，山核桃林已由原先的1万亩，扩展到10万多亩。经销商也由原先的30多家，增加到现在的100多家。

山核桃，已与茶叶等传统农产品一起，成为昌化一带农村经济发展的支柱产业。临安市政府还下发了《关于加快山核桃产业发展的若干意见》的专门文件，决定以延长承包期限、享受市财政贴息等政策，促进山核桃产业更加快速、健康地发展。

山核桃丰收了，农民增收了，消费者喜欢了，鲁冠球打心里哈哈大笑！

2003年5月，鲁冠球在北京开会，看到《人民日报》登了一条消息——

《江西洞庭湖区“小龙虾”成生态公害》。

消息里说到了每年春天，那里的小龙虾成群结队，把农民种的庄稼肆意糟蹋，农民心急火燎，却无法对付。

他心想：“小龙虾，不是餐桌上的美味吗？有些地方还搞“龙虾美食节”呢！我们杭州餐馆也每年搞得轰轰烈烈。那地方的龙虾怎么会成为与农民争夺粮食的公害呢？”

他把报纸剪下来，传真给集团总部。他在电话里说：“你们立即派人去实地了解情况，我回来就要听你们的汇报。”

鲁冠球的想法是，这件事一定很大，也很急，否则也不会上中央党报的版面。农民急，他也急。他觉得：“也许我们解决不了根本问题，但人去了，了解情况了，农民知道有人关心了，他们的心有可能会放宽一些。”

会议一结束，鲁冠球赶回萧山，当即听取调查情况。原来，在洞庭湖一带，龙虾横行，在江西的鄱阳湖一带，小龙虾更是泛滥成灾。那些地方是国家级贫困地区，交通不发达，农民不富裕，要搞美食节、“农家乐”，一时搞不起来，游客也很少会去那里……

“那怎么办？”鲁冠球问。去调查的同志说，办法有！因为小龙虾确实是一种美食，它的肉质鲜美无比，甚至可以出口。他们建议可以在那里建一个小龙虾加工厂，变害为宝。

他一听，这是件好事，既可驱除灾害，又能为当地农民增加收入，这事值得做！他当即拍板，要他们去和当地政府、农民协商，万向来投资建厂。

一年之后，在鄱阳湖畔，一座现代化的花园式工厂——鄱阳湖农业综合开发有限公司建成了。它生产的冰冻小龙虾肉远销欧美、日本等市场，年销售额达1200万美元。在小龙虾旺发时期，常常可以看到这里的农民把抓捕来的小龙虾卖给加工厂，最多时公司一天可收购70多吨，这为农民增加了一笔收入。

资本市场上人们常谈“题材”，关心数据，鲁冠球也一样。与别人不同的是，他特别关心涉“农”的题材，一听与“农”有关，他的兴趣就来了。

万向三农集团旗下有个上市公司“承德露露”，是做饮料的，2001年由万向投资控股。万向为什么投资饮料产业，就是因为这事直接关系到当地3万农民的利益，间接受益的农民还有20万。3万、20万，这是个大数字呀！鲁冠球当即说：“我们来投资，把这个公司巩固好、发展好，确保农民的利益。”

饮料市场竞争多激烈呀，但通过万向的努力，“露露”始终稳定健康地发展。到2012年，“露露”已在全国建立起了以26个大城市为中心，覆盖185个地级市的销售网络，杏仁露在全国市场占有率超过90%。公司的杏仁露年生产能力超过40万吨，产值22亿元，2012年销售收入21.38亿元，上缴国家税收2.16亿元，净利润2.22亿元。承德市农民依靠山杏种植就增加收入3.5亿元，有效带动了农民特别是部分贫困农民实现稳定增收。这个产业已成为承德贫困地区增收的特色优势产业和贫困农民脱贫致富的扶贫产业之一。“承德露露”也被授予“全国食品工业优秀龙头企业”称号。

第35章　守望大地和海洋

鲁冠球曾经多方拜访农业科学家，向他们请教：中国农业要增产，技术方面的主要难点在哪里？专家回答，一是种子；二是土地，包括肥料的使用；三是管理。

他记住了。

黑龙江有家叫华冠科技的公司，是由当地几家种业企业合并发起成立的，这引起了鲁冠球的兴趣。2000年万向开始对其进行投资，2002年9月华冠科技在上海证券交易所上市。2004年由万向三农控股后，华冠科技更名为万向德农，与中国农科院、中国农业大学、浙江大学等院校合作，展开对玉米良种的研究。

德农，彰显万向以德治企、以德兴农的企业宗旨。

鲁冠球说：“农业，还很脆弱，大的天灾一来，农民辛劳的成果就被摧毁。大的天灾我们挡不住，但不能因为我们的疏忽，而给农民带来伤害。伤不起，农民实在伤不起！”

种子，是种植业收成丰歉的第一关键。我们也经常看到一些农民因为买了假种子，导致颗粒无收，欲哭无泪。但也有这样的事，有的种子不一定是假的，而且也经过了审定，但农民种了为什么仍然歉收呢？这是因为人们对种子审定的范围有误解。其实种子有适用范围，有的种子可能在这里是适用的，到那里就不一定了。

万向德农的科技人员遵循“以德兴农”的宗旨，他们从源头抓起，制定了"PPT产品定位试验"制度，对研制试销的所有品种，不论是省审通过还是国审通过，都要在上市一两年前进行不同生态区域的多点种植试验，未经试验一律严禁投放市场。而且这试验不是由他们的技术人员关起门来进行，而是把种子直接送给农民，由农民按照当地的习惯方式进行种植，了解原始的第一手材料，由此验证种子的优劣，确定适宜种植区和不适宜种植区，让农民在种植的第一关就规避风险。到2012年年底，对试销的10余个玉米品种，万向德农已在全国种植带分别进行了170个试验点的试种。对试验的数据建图立档，为推广人员和农民的种植提供了精确可靠的技术指导参数——这就是科技的力量。

我们经常说，服务要到"位"。"位"在哪里？鲁冠球是农民出身，他有切身的体会，农业的"位"，就是在田间、地头、农户家中。许多服务不到"位"，其实差距也不过是一步而已。从农技研究机构或者农技站迈出一步，深入到农民中去、到田间地头去，就能让农民得到实实在在的利益。

一年里万向德农的科技人员，有七八个月在乡村、在田间地头"办公"。冬闲，他们举办技术传授会；春播出苗后，举行苗情现场会；收获后，召开脱粒现场会。在现场会上，科技人员还举办融科技知识传授和娱乐为一体的活动，内容生动有趣，农民喜闻乐见。

从2005年开始，公司针对土地连茬种植后会出现差异变化的情况，还专门推出了测土配方施肥的服务。这项服务是先对土地进行一番测试，看看这土地缺什么营养，缺多少，然后确定施什么肥，施多少肥。这种服务精细而富有针对性，大受农民的欢迎。当然，这可累坏了技术人员的双脚。

现代产业资本进入农业，也使农民获得资金支持有了更多的保证。每年公司都会为农户垫付种子、农膜及水电的费用几百万元，解决了当地农业投入不足的问题。农民之所以喜欢万向德农，因为它能严格按合同办事，预付款及时垫，兑付款及时付，农技有人教，农民省心少费力。

现在，万向德农已成为中国种业龙头之一，曾创下玉米种子销量连续7年位居全国第一的佳绩，累计推广优良玉米品种种子7.1亿多千克，推广面积3.3亿亩，为农业增产、农民增收做出了突出贡献。2013年9月29日，国务院副总理汪洋在考察万向德农北京通州的育种基地时，称赞万向以工补农有远见。

10多年来，万向德农在育种科研上投入已超过1.5亿元，到2012年，自主选育审定品种26个。但他们不会因此而止步，水稻新品种、马铃薯种业等方面的开发将成为新的增长点。

2002年，万向的农业版图中又增加了一个“家属”：远洋渔业。

这一年，国有企业浙江省远洋渔业集团公司实行改制。因为投资多、风险大，改制遇到困难。鲁冠球想，浙江是海洋大省，渔业是必不可少的重要内容，一定要“让渔民有事干，让百姓有鱼吃”！他投资4500万元参与股改，成为远洋渔业集团公司第一大股东。

海洋博大，深不可测。4500万元的投资只是开始。

鲁冠球说：“我不大识水性，更没有在大海大洋的经历，当初投资远洋渔业，是出于对农业——渔业是大农业范畴中的重要内容——的热爱，是觉得海洋大省的浙江不能在远洋渔业中缺席。如何运筹这庞大的船队，我毫无经验。幸运的是，我请到既熟悉海洋又有很强的经营管理能力的人才来担当高层管理重任，他们很快就组建起富有战斗力的团队，取得了骄人的成绩。”

2003年，鉴于我国近海资源污染、枯竭，周边数国又根据国际公约实施200海里内海域资源保护，国家提前启动发展“远洋渔业”的应急工程，国家及各省为此安排巨额配套扶持资金，支持企业“走出去”，打造远洋船队。但这是一项高投入、高风险的产业，企业必须自投60%的资金，不少同行“望资兴叹”。

进入大海，岂能望远洋兴叹？鲁冠球咬咬牙，往大洋“扔下”5000万元，一口气建造了20条超低温(零下60摄氏度冷冻)金枪鱼钓船，迅速组建两支远洋船队，开赴印度洋、太平洋，捕捞国际市场十分走俏的金枪鱼，使位居弱势的浙江省远洋渔业集团公司一跃成为全国远洋渔业产业的前三强。

2004年，国际远洋渔业组织为了保护全球远洋渔业资源，对高产出、高效益的远洋金枪鱼围网船的捕捞权实施限制性的配额管理。获得国际组织发放的远洋金枪鱼围网船许可证是永久性的远洋捕捞“入场券”，一旦错失良机，中国远洋金枪鱼围网船将被永远关在三大洋的“门”外。

在鲁冠球老家有句“土话”：“馒头已经吃到豆沙边，放下岂不可惜？”他狠狠心在“关门”之前再次投入8000万元，连证(捕捞许可证)带船“一口吃”，引进了两条持证的世界超级金枪鱼围网船。

为了抗击国际市场风险，优化产业结构和打造产业链，鲁冠球又狠狠心，投入1.05亿元，永久性买下阿根廷200海里内鱿鱼资源的海域捕捞权，同时买下7条鱿鱼钓鱼船，组建远洋鱿鱼钓队，开拓西南大西洋的鱿鱼捕捞。

如今，悬挂着中国国旗的浙江远洋渔业集团公司的金枪鱼、鱿鱼等3支高科技远洋捕捞船队，在太平洋、大西洋、印度洋的浩瀚波涛中驰骋。其中有18艘大型超低温金枪鱼钓船，是目前国内最大的超低温金枪鱼船队，还有两组金枪鱼围网船，7艘大型鱿鱼钓船。到2013年上半年，远洋渔业集团的围网船队和鱿钓船队的产量和效益已居全国领先地位。

与此同时，万向又组建了大洋世家加工营销公司，它拥有超低温加工基地，以及海鲜专柜、品牌专卖店、专营批发店等，与远洋渔业公司相互配合，不仅为国内百姓的餐桌带来健康、绿色、正宗的金枪鱼、南美白虾、三文鱼、鱿鱼等深海水产品，而且产品还远销欧美、俄罗斯、日本等地，为浙江海洋大省的建设增添了一抹亮丽的色彩。2013年，大洋世家与世界500强企业日本三菱公司合作生产高端海洋食品，成立了合资公司。美国BSS公司一张订单就达5400万美元，大洋世家下属的丰盛公司2013年销售海洋产品达8亿多元人民币，其中有5亿多元为外销。大洋世家的金枪鱼超低温保鲜技术已被列入国家“863计划”，他们的鱼粉加工技术也为节约海洋资源做出了贡献。

鲁冠球认为，也许他的血管中流淌着太多的农民的血，不论他到哪里，他的心始终守望着田野。

走向世界，他依然守望田野。田野，赋予他温馨的力量，激励他从世界汲取一切有益的营养，来滋润这块虽然古老但充满无限希望和生机的土地。

守望田野，并没有挡住他走向世界的脚步。世界，开阔了他的视野，让他积聚起更大的能量，更多更好地回报这块生他养他的土地。

为了农业、农民、农村，他愿尽他所能；运行机制和方法的创新，他愿再探索；资金，他愿再投入。但有一件事，却让鲁冠球难以跨越：人才！

民营企业吸引人才，难！民营的农业企业，吸收人才，更难！

2012年年底，杭州举办过一次农业人才招聘会。通常，人才招聘会常常人头攒动、门庭若市；可这次人才招聘会，却门庭冷落，来的人很少，达成意向的更少。

许多来招揽人才的农业企业家，禁不住感叹：“现在，我们农业企业的待遇也不低了，而且今后还会提高；工作条件也改善了，你们到我们企业来看看也好嘛！”

这饱含苦涩的感叹，刺痛了鲁冠球的心。谁都知道，没有农民的小康，就没有中国的小康；没有农业现代化，就没有中国的现代化。尽管中央连发多个一号文件，连续出台了许多惠农、强农、富农的政策和举措，但农业被边缘化，在不少地方，在许多时候，却是不争的事实。社会氛围的再营造，人心对农业归属感的增强，这是一项重要的议题，一项迫在眉睫的重要工作。

城镇化的宏图大计，党中央已为我们绘就。中国广大农村如何实现现代化，走向城镇化，学者、专家们还在深入研讨。但鲁冠球坚信，实现城镇化，不是削弱而是要增强农业，不是剥夺而是要富裕农民，不是荒芜而是要繁荣农村。

农民物质、精神的双富裕，是实现城镇化的重要目的。但鲁冠球觉得，我们不能坐等城镇化实现之后才让农民富裕起来。农民的富裕过程，应该贯穿于城镇化的全过程。而且，只有逐步富裕起来的农民，才是城镇化的坚实基础和巨大推动力。

他目前的努力，是想对农民的“两袋投入”，即“口袋投入”和“脑袋投入”尽一些绵薄之力，为城镇化的实现铺一段道路。

鲁冠球常想起上初中时，老师布置他写的那篇作文，那篇关于田野的作文。

他说：“虽然，当年的那篇作文我是怎么写的，老师的评语是什么，在我的脑海中早已了无印记；虽然，还有很多难题难以解析，让我无法‘下笔’，但这篇关于田野的作文，我还会继续思考，继续‘写’下去，写在那希望的田野上，金色的田野上。”

第八部分

与朋友们“互动互动”

许多朋友、包括记者朋友来访时，经常会向鲁冠球提出一些“题外”的问题；不少年轻朋友也会打听万向、打听鲁冠球和他的家庭情况，他都做过回答。

这一次，笔者又梳理了大家特别关心的一些事、特别感兴趣的一些情况，请鲁冠球回答，作为他与读者的“互动”。

第36章 办企业最讲究一个“实”字

问：“您是我国改革开放以来第一代民营企业家。在您创业的40多年间，经过市场经济的大浪淘沙，民营企业家中有的隐退、有的失败、有的沉沦，而您却依然挺立潮头，被誉为企业界的常青树。您的常青秘诀是什么？”

鲁冠球说：“追求企业和事业的常青，也是我的坚守、我的梦想。我们万向创业至今有40多年了，真正走上健康、稳定发展的道路是在改革开放以后，所以这里有一个前提，那就是时代这个大环境。在这个前提下，就要看我们能否紧随时代前进，好好把握住发展的机会。”

很多企业家朋友、新闻界朋友都问过鲁冠球有没有“秘诀”。他说，说实在的，他确实没有特别的本领，也没有什么“秘诀”。这不是故作谦虚，而是实情。

如果真要说有什么要诀，鲁冠球觉得，那就是办企业最讲究的一个“实”字。

万向的企业精神就是六个字：讲真话，干实事。办企业一定要“实”！实事求是，脚踏实地，苦干实干，察实情说实话，一切从实际出发。只有这样，才能认识自己、认识他人、认识社会；也只有这样，才能知己知彼，明白自己的缺点和短处，虚心学习别人的优点和长处。

讲真话难，干实事更难。许多企业在规模小的时候还能“实”，但规模稍许大一些了，顺利一些了，就容易头脑发热，自己让自己“虚胖”起来。鲁冠球说自己也曾有过这种情况。

那就是前面讲到的，在20世纪90年代初，那时候的万向名气有点了，基础也厚实点了，但不论是规模、产量、营收、利润，都好像不如“名气”大的国有企业，也比不上其他的民营企业。当时他也有点“虚”了，那就是虚荣心，想找一个“发展快”的大项目，办个“大厂子”。当时最时髦的事就是办钢铁厂，一年产值能达到几个亿；还有就是办电厂，当时电奇缺，厂里还花钱去买了“用电权”。一切似乎都顺理成章，土地征用、贷款手续都办好了。此时，鲁冠球却冷静下来了，心想，钢铁厂、电厂他不熟悉，这么大的一个厂，他能管理好吗？贷款虽然到手了，但总有一天是要还的呀……这些就是实情！为此，他请教了许多专家、朋友，有的赞成，但也有不少人给他泼冷水。考虑了好久，最终他自己决定“下马”了。原因是他觉得自己的能力、实力不够，心里发“虚”，做这件事没有把握。

鲁冠球的体会是，在这类大事上，赌博心理最要不得。办大事要冒点风险，但那是有70%以上的把握，再经过努力争取100%的成功。而“赌”一把，则是全凭运气，没有实力，没有基础，也没有本领，失败了也没有回旋余地。现在看来，那时要是真办起来了，也不过是个小钢铁厂、小电厂，过不了多久，或因能源消耗大，或因环保污染，迟早是要被整顿掉的，现在肯定不存在了！

习近平同志曾说鲁冠球“始终琢磨万向，一直琢磨到现在”，鲁冠球认为真是一语中的。

他认为，企业经营者经常要翻读的一本“书”，是自己的企业。现在的产业前景如何，以后发展的路径在哪里；企业的优势是什么，劣势是什么，薄弱环节在哪里，该怎样抓紧弥补、怎样提高转型；什么事应该做、可以做，那就抓紧做；什么事不能做，或者暂时做不了，需要积蓄力量、等待时机再做等等，都要从企业实际出发，量力而行。鲁冠球所讲的要“翻读”，是指要经常读，如习近平同志所说的，要"琢磨"，而且要与社会这本"书"结合起来读，结合起来"琢磨"。万向40多年来，在发展过程中也有失误，有偏差，但因为常常琢磨，出了错，有了偏差，就及时纠正，避免了大的损失。因为企业在变化，企业外的形势在变化，市场在变化，人更在变化。经常"读"，就经常会有新发现。所谓的主意、决策，首先应该立足于这本"书"，立足于企业的实际情况。

20世纪80年代末90年代初，还发生了一件事，就是关于乡镇企业是"猴子"还是"老虎"的争论。

那时候，城市经济体制改革逐步展开，中央对国有企业实行"松绑"，鲁冠球还参加过中央召开的经济体制改革座谈会，会上也与国有企业的老总们进行了交流。当时有记者来采访，问他，国有企业"松绑"后将会对乡镇企业产生什么影响？他说国有企业是"老虎"，乡镇企业是"猴子"。"老虎"出山，好！"猴子"呢？可以照样跳！

鲁冠球讲了这么几个观点：

自然界有个名词，叫"生态平衡"。在大自然中，光有老虎没有猴子等其他动物还不行！在中国，在经济领域光有国有企业，没有乡镇企业等其他经济形态也不行，过去经济发展的历史就证明了这一点。后来有人还把他这一说法概括为"经济生态学"。这是一。

二是"老虎"出山，理所当然。鲁冠球说，国有企业是我国经济的支柱，它在许多领域掌握着经济的命脉，它的发展有利于国家实力的发展壮大。以前"老虎"受着某些旧体制的束缚，许多优势没有发挥出来，不少地方"山中无老虎，猴子称大王"。这种情况其实是不正常的。现在听说"老虎"要出山了，许多"猴子"担心会被"老虎"吃掉。这个担心没有必要。中国市场这么大，"老虎""猴子"尽可各占一方，有道是，老虎会登山，猴子能上树！而且从当时我国的经济格局看，“老虎”与“猴子”早就“攀”上了“亲戚”。他以自身为例说，他是做汽车零部件的，他的企业就同国有的汽车制造厂“攀”了“亲”，国有企业发展快，订货量增大，他的厂也发展快了。

三是“老虎”出山，当然会对“猴子”的生存产生一定影响，关键是“猴子”要练好本领，提高自己；同时，要充分发挥“猴子”的优势，长期与“老虎”共舞。

……

这些，是鲁冠球对当时我国经济格局、对乡镇企业、对万向的发展前景的一个基本判断，他是研究了当时经济的实际情况，做了一个实事求是的判断。把当时的乡镇企业比喻成“猴子”，也是说了一句大实话。

有人不同意，说鲁冠球保守；也有人在报上发文章，说：乡镇企业为什么不能做老虎？对此，他只笑笑。那场争论至今已过去将近20年时间了，当年一些雄心勃勃要做“老虎”的企业已不知踪影。

再提起此事，鲁冠球说，其实，他说乡镇企业是“猴子”，并不是自卑自贬，只是形容它虽小但灵活，适应能力强，可以在强手面前应对自如。2012年，万向的营收突破1000亿元。有人说，他现在是“小老虎”了。他说，在偌大的经济丛林中，万向还只是“猴子”。

鲁冠球说：“在中国企业500强中，我们的排位还在很后面；在世界企业500强中，我们连门还没有迈入呢！我们企业的地位就这样摆着，怎么敢自称‘老虎’？”

这个比喻，他自认为是对自己企业的一个清醒的判断，是实事求是的认识。与其为图虚名做“纸老虎”，不如扎扎实实做真实灵活的“猴子”。有了这样的理性判断和实事求是的认识，有了这样一种实实在在的心态，对企业发展的前景规划就会脚踏实地，而不会忘乎所以。

舍弃了办钢厂、办电厂的“大想法”，鲁冠球还是干万向节等汽车零部件制造。但现在的万向已不只生产当初的万向节，而是生产世界上各种汽车的高、精、尖的万向节，已占了国内3／4的市场；同时又从零件出发到部件，到系统模块，直至进军新能源汽车的整车生产。这就叫坚守主业，攻“尖”登“高”，发展主业！

在企业的发展过程中，特别是在“产业版图”的拓展时，企业家经常会站在十字路口，鲁冠球也经常如此。前后左右，如何做出抉择呢？他的办法是，从企业的实际、实力出发，顺应国家的需要，延伸自己的优势。

他认为，国家的需要、百姓的期待，其实是最大的市场。在万向的“产业版图”上，农业占很重要的地位。许多人对此不理解，说：“你是生产汽车零部件的，同农业有什么关系？”鲁冠球说：“从表面看确实没多大联系，但我这个办汽车零部件厂的人原先是农民；农民、农业、农村是党和政府最关心、操心的事；我是农民，我最牵挂的是农民兄弟；以后汽车最大的市场也是在农村——这些都是‘联系’。”近10年来，每年中央所发的一号文件，大都是关于发展“三农”的，强农、富农、惠农是中央一贯的方针。所以，万向的农业板块发展很快，鲁冠球相信以后肯定会越来越快。至于像新能源、电动汽车等更是国家倡导的，是世界潮流，不仅顺应国家需求，而且顺应世界需求。

这里鲁冠球还特别提到一个与“实”有关的事，那就是办企业一定要讲诚信。中国人历来把“实在”和“诚信”连在一起，叫“诚实”。做人要厚道，要实诚，办企业更要如此。

他说，万向的道德观是“外树诚信形象，内育职业忠诚”。诚实是做人之本，守信是立事之根。诚实守信，对自己，是一种心灵的开放，是对自我价值的尊重；对他人，是一种交往的道德，是一种气魄和自信；对企业发展，则是一种精神，是无形资产，更是管理价值的有效提升。打造诚信形象是长期工程，需要的是坚持。职业忠诚，是指对自己从事的事业、岗位的忠诚，是把自己设计的人生目标与企业目标融于一体。

他举例说，当年，他们把有缺陷的万向节一一背回来，当废品卖掉，这是诚信；一组人马干了10天10夜，硬是在600多万根滚针中，把120根不同规格的滚针“捞”了出来，这也是诚信！

2008年，一家生产奶制品的著名大企业发生了三聚氰胺事件，为此，鲁冠球专门写了一封公开信致各部门负责人。

他在信中说：“奶制品事件再次教育了我们，任何私利都不能凌驾于公众利益之上，企业经营要以德为本，损人利己即自取灭亡。另外，发展不能贪大求快，不能超越自己能力，安全永远比速度重要。从古至今，谁都不能脱离社会责任谈发展。社会责任是企业存在的前提，是企业价值的体现，是市场信誉的积累，更是我们创建世界名牌企业的基石。”

自此之后，鲁冠球提出了“企业发展，以德兴业；个人进步，以德立身”的准则。事实也是如此，在当今社会，企业兴盛常得益于对社会目标的推进，企业危机往往是因为忽视社会责任而起。如果说，企业的失败，过去是因为无知（不懂规律）和无奈（外部环境），今天的许多失败往往是因为无知（缺乏科技知识）和无良（丧失道德）！他的这些想法和实践，也受到了中央领导的肯定。

“实”是办企业的基础，是出发点。在此基础上，鲁冠球认为还要“新”，要不断地创新。

今天的中国，改革再出发。对企业而言，这是挑战，更是机遇。

他说，改革是企业最大的红利。但红利不等于红包，不是馈赠，不会自动兑现，更不是分掉存量资产。改革，也会给企业松绑，但松绑不是自动发展，不等于坐着就会获利。松绑后企业跑不跑、跑多快、跑多远，完全取决于企业自身，取决于企业的创新能力。

所以，改革只是红利的原点，创新才是红利的源泉。对企业而言，改革的实质就是创新，在国家政策的指引下，创造新的技术优势、管理优势、市场优势。

创造新的优势，需要当年的敢闯的勇气和敢拼的劲头，更需要新的智慧和高度的责任感。鲁冠球说：“时代已经发生了巨变，当年办企业解决的是有与无的问题，现在需要解决的是好与差的问题，而且是世界范围内的好与差。这就要求我们有宽广的视野、创新的思维，盯住世界的前沿。”

万向即将进入新的发展期，在考虑自身的发展战略时，其中一个重头戏是选择了发展新能源汽车。原因是什么？鲁冠球解释说：“从企业来说，它能延伸我们的传统产业优势；从国家来说，它服务于节能减排、治理大气污染的战略需要；而从世界的层面上来说，这是一个目前人们关注的产业热点，它催促着我们实行技术创新，缩短与发达国家在这方面的差距，同时也可及时引进他们创新的技术成果，从而形成资本、技术、制造的国际互动优势，以创新的技术攻下产业的制高点，抢占市场的制高点。”

在新能源汽车研发、制造的过程中，万向遇到了许许多多前所未有的困难，有的是世界性的难题，但鲁冠球认为，这何尝不是万向创新的一个平台呢？而正是这一选择，使万向在产业结构的调整中，寻找到了一个很好的创新契机，并且有可能推动万向的产业发生质的变化。

“改革正在深化，我们要在改革中自己解放自己，自己开发自己，自己创造自己，必须主动地、努力地创新。”

为此，鲁冠球提出，一要“实”，二要“新”，三还要“学”。

“实”在变化，“新”是变化的形态和动力，这都要人去推动和掌控。

他曾经看到一篇文章《央视的广告“老大”地位何以不保》，是说百度的年收入2013年首次超过中央电视台。这说明什么？说明互联网的威力。还有一篇文章是《汽车业正步手机业后尘》。大家知道，手机业的竞争非常残酷，多少企业和品牌红极一时，现在已无影无踪了。还有很多东西，像磁带、胶卷、电报等，几乎都不见了。好像不久前人们还在抱怨公交车拥挤，转眼就汽车遍地、高铁遍布了。这些说明什么？说明这个时代实在是进步太快了，一步赶不上，可能步步赶不上。

怎么办？鲁冠球说：“怨天尤人没有出路，消极悲观走向死路。我们没有办法知道明天是什么样，也实在找不到比别人跑得更快的捷径。我们能做的，只有回归最基本的路径，那就是不知则问，不能则学。”

他说：“万向有45年的发展历史，传统产业的思维和特点几乎根深蒂固。举个例子，尽管近15年来，鲁伟鼎总裁一直在给大家讲互联智能的社会与经济，大家也在努力通过互联网应用把传统业务做得更好。但是，面对互联网带来的冲击与机遇，我们的步子还是太慢了。”

就拿他自己来说，过去总觉得互联网仅仅是一种工具，企业里有人用就可以了，没必要每个人都懂都用。总觉得鼠标里点不出万向节的。现在不同了，孙子、外孙回来都跟他讲互联网，互联网已经从一种工具变成了一种思维、一种文化、一种工作和生活的状态，打印产品也已经近在眼前了。怎么办？只有下功夫学，善学者能，多能者成。

他说：“对互联网，鲁伟鼎比较熟悉，对这件事很重视，在许多场合讲，又用于我们的许多生产经营环节上。而我只能是认真地学，努力熟悉起来。我每天要看三四万字的材料，既是了解信息，又是学习。现在看来，三四万字不够了！”

1999年的时候，鲁冠球曾在报纸上发表过一篇文章，题目叫“用好业余时间”，讲他自己几十年中把全部业余时间都用于学习和工作所获得的提高；也讲了几十年培养人，很快派上用场的都是那些把业余时间全部用于学习和工作的人。

他认为，任何积累都必须花时间、下功夫，时间是最公平公正的。勤学如春起之苗，不见其增，日有所长；辍学如磨刀之石，不见其损，日有所亏。

在他看来，学习这件事，重要的不在于你有没有时间，也不在于有没有人教你，而在于你自己有没有觉悟和恒心。人到了一定的年龄，身体难以成长了，但精神可以继续成长。学习就是人的精神成长过程，它可以不断打破你目光上的界限，突破你思维上的局限，使你进入更高的层次和境界，所谓活到老学到老，提高到老。

他说：“好学出勤奋，勤奋出天才。回想我们过去的所有和所有的过去，都是靠学习得来的，向书本学，向他人学，向市场学。学习是成功的必经之路；展望未来的一切和一切的未来，都将取决于我们的好学精神和学习能力。学而不厌，持续不断，吃得起苦，受得起累，生命一分钟学习60秒，加倍地去学习，才能加快成长，加速成功。”

最后他又强调，企业成功，各有各的套路，只要遵循“实”“新”“学”，其余的大可不必遵循一个模式。常有好朋友上门来，要替他总结管理经验，他说：别！管理是一门科学，但更是艺术。万向的管理方式是集中大家的智慧“眯”（想）出来的，它适合万向，但不一定适合其他企业。其他企业的成功经验会给人们启发，也可以借鉴，但不必去如法炮制。

第37章 对农民工兄弟，我多说几句

问：“我是个农民工，不到20岁就进城来打工了，可几年下来还在打工。我也想做一番事业，当老板或白领，可我们的路该怎么走呢？”

鲁冠球说：“我向我的农民工兄弟致敬！听到农民工这个称谓，我感到十分亲切，我同你们应该称兄道弟，因为我原先就是个农民工，是农民工前辈。今天谁都知道，中国的经济社会少不了农民工这个群体，他们是支撑起中国经济社会的重要支柱和推动经济社会发展的强大动力。”

因为感到亲切，所以他想在这里多啰唆几句：

“年轻时，我就想进城当工人，相当于现在的农民工——这是我追求的第一个梦想，认为当了工人，就捧上了铁饭碗，虽然这饭碗也不那么锃光瓦亮，但总比泥饭碗好，这梦想实现了就有了福气。

“可在当时，这又谈何容易！历经磨难，几番曲折，我仍然没能进城。直到在农村办了铁匠铺，我才自己让自己当上了工人。

“年轻朋友们听了，或许会认为这是天方夜谭！你看，现在进城回村，来来去去，随我心愿。什么铁饭碗！你企业开出的工资低，劳动保障不健全，工作劳累，还时不时欠薪、加班，我才不要你的铁饭碗呢！”

现在，年轻的农民工被称为二代农民工或新生代农民工。他们的要求是工资要高一些，劳动条件要好一些，既要劳动权利又要休息权利，有妻子、儿子的，最好也能进城团聚在一起……

“这就是第二代农民工和第一代农民工的不同处，同那时的我们比，简直有天壤之别。”鲁冠球感叹道，“这是时代的大氛围，是时代的大进步。所以，你们是时代的幸运儿，我羡慕你们，真为你们高兴！作为早一辈的农民工，我非常理解、非常支持你们。”

他说，初创时期，厂里的工人几乎全是农民工，他们为企业发展做出了重要贡献。现在，万向半数左右的员工也是农民工，他们是企业的基石！

他这个老农民工现在当上了企业负责人，自然要为提高他的农民工兄弟的待遇尽心尽力。

所以，当金融危机袭来时，即使企业遇上了大困难，他仍然提出“不裁员，不减薪，不减少福利”。至于欠薪，万向40多年从来不做这种事。

2006年开始，万向实施员工收入“倍增计划”，希望能将员工人均年收入提前翻番。鲁冠球强调这项计划要向一线员工倾斜，而大多数农民工兄弟正是在一线工作。虽然这项计划曾因受金融危机冲击而受影响，但他们在尽全力。

“只要万向效益有提升，员工的收入也会提升，包括我的农民工兄弟。”鲁冠球说，“我这个老农民工，绝不敢愧对我的兄弟！”

回归正题，鲁冠球说，当年他是初中没毕业就进城去打工了，那是因为家里穷。不过现在他不主张农村的孩子过早中断学业去打工挣钱。现在有九年制义务教育，应该首先完成学业，最好在初中毕业后再继续读书，读高中、职业中学都可以，当然能考上大学那就更好了。

曾经有人说，你看鲁冠球初中没毕业，现在不是照样也成了企业家。他说：“其实他们不知道我文化水平低在工作中吃了多少苦头。”改革开放后迎来了大发展的机遇，为了抓住这一机遇，他到处请专家、学者、工程师来厂里指导，自己还常常从萧山宁围赶到浙江大学，当旁听生学习企业管理。因为原先的文化底子薄，现在他还有很多不懂的东西，甚至有读不准的字、词、句，对互联网更是知之甚少，经常要请教身旁的大学生，拜他们为师。

1999年，香港理工大学授予鲁冠球“博士”荣誉称号，他说：“虽然我不够格，但我很看重它。”在他的名片上，除了万向董事局主席这一职务，唯一印在上面的就是这“博士”。这不是为了炫耀，而是他把它当作一种追求、一种鞭策。

因此鲁冠球说，要劝农民工兄弟，一定要学好文化，多掌握知识。时代不同了，靠体力去拼、靠小聪明去取巧行不通了。现在已在工作的农民工兄弟最好在工作之余，抓紧时间多学习文化，多学习技术。人生的改变，许多是取决于对业余时间的使用。他不反对休闲娱乐，但也要利用业余时间多学习一些，使自己有所提升。

一个人要奋斗，就要有目标，或者说是梦想。目标要一步一步去设定，梦想要一个一个去实现，这就是人们常说的“人生规划”。鲁冠球觉得，做规划要“实”，从自己的能力、爱好出发；还要看社会的需要，即要抓住机遇。当初他的梦想就是当个工人，并为之奋斗了五六年，这是当时的环境决定的。但当他实现了这一梦想，虽然是一个小小的梦想，也就找到了向上的人生阶梯，这就叫突破。后来看到中国进口汽车那么多，但进口汽车的万向节没人生产，他又要试一试了，这就是抓机遇。有人认为“梦想”一定要多么宏大、多么伟大，其实并不是这样。他说，不妨先有小“梦想”，让一个个小“梦想”美梦成真，一步步地去积累，一步步地去实现大梦想。

人生要有梦想，但人不能只沉浸在“想”中，“美梦”不可能在睡梦中成“真”，它是干出来的，而且要用很长一段时间去苦干才能实现。鲁冠球常常对员工们说，天上不会掉下馅饼，地上没有免费午餐，从来就没有救世主，一切都靠自己创造。有播种才有收获，有付出才有回报。只有不断去干、去创造，才能更好地生存和发展。没有什么事可以随随便便成功！事实也是如此，即使在创业基本成功后，命运也没有特别眷顾他，要想进一步发展，仍须付出巨大的努力。为企业上市，他努力了10年；为创办财务公司，他争取了8年；为制造一流的电动汽车，他已奋斗10多年、投资50多个亿，现在还不能说成功……

鲁冠球认为：“改变命运的大门不会自动开启，它需要我们长期地去敲击它，不断地用探索精神去寻找开启的钥匙。环境是一个重要因素，但我们不能静待环境的改变，希望机遇从天而降，要有自己的准备和积累，因为机遇总是垂青有准备的人。只要你认为自己的梦想是美好的，对社会、对人民是有利的，那就要行动，而且要坚持。坚守自己的梦想，用自己的智慧，用自己的全部力量去接近它、实现它！”

在人生的经历中，他有一些体会，觉得不妨和兄弟姐妹们分享一下：

“做事，进一步海阔天空，退半步前功尽弃；做人，忍一时风平浪静，退半步海阔天空。

“干事情，不进则退，别无选择。当目标认定，就要百折不挠，充满信心，尽心尽力，坚韧不拔，勇于学习和改进，努力、努力、再努力，一步一步向前进，前面必定会海阔天空。相反，如果我们有半点投机的想法和懈怠的表现，存在一点侥幸的心理，我们就会前功尽弃，最后是死路一条。

“在工作、生活的道路上，我们还会碰到困难与挫折，那么如何去面对呢？要忍！这里所讲的忍，是指对思考问题的一种专注，对解决问题的知识的一种积累，是等待胜利的一种耐心和韧性，而不是冒进、急躁和冲动。忍过一时，困难排除，自然风平浪静。所谓退半步，不是说我们面对成功，停滞不前往后退，而是强调实干在前，享受在后，控制物欲，少考虑享受，因为我们还没有到享受的时候。保持这种心态，我们的未来也必将是海阔天空。

“出生在什么地方、什么环境，我们不能选择；但走什么路、实现什么样的人生价值，是由我们自己决定的。人生的路能有多长，我们不可能预见；但人生的路能有多宽，可以由自己去开拓。人生梦想的真谛是实现自己的人生价值，做一个对社会对人民有益的人，所以成就自己可以有许多种途径。你可以梦想成为企业家，独立创业或合伙创业，或者做所谓的‘白领’；当然也可以做一个出色的有创新能力的技术工人，在一些专业领域独有专长，干出一番事业……总之，要按照自己的实际情况‘量体裁衣’，量力而行，积累实力，奋发向上。在我们偌大的社会体系中早已不只有360行，但行行出状元！”

鲁冠球一直认为，有限产业产生的效益是有限的，无限产业产生的效益则是无限的。什么叫无限产业，全人类永远不可缺少的产业就是无限产业，农业就是其中之一。万向现在的“版图”上，农业是很重要的一块。他期待他的年轻的兄弟们，能在这领域一展身手，做一个新型的职业农民。

因此在这里，他要向农民工兄弟们提个建议：“你们进城去打拼、创业，我全力支持，十分赞成。但创业的路不只进城一条，在农村经营现代农业也大有可为。农业是永远的朝阳产业。你看，从河姆渡时期开始，至今已有7000多年，那时有稻谷，现在还是稻谷，未来呢？人们还是要吃五谷，再过多少年我看也变不了，这就是无限的存在。当然，农业不只是生产五谷，除了全人类的食物，还生产许多工业原料。未来的农业也不是现在这样的农业，一定会有新内容、新变化、新发展，所以，它又是可以无限发展的产业。在无限产业中打拼，人们也一定会有无限的发展和提升。”

一要有“梦”，二要苦干，三要坚持，四要踏实，“美梦成真”的路就在脚下！

第38章　大学毕业生在民营企业大有可为

问：“现在，大学毕业生对到民营企业就业还存在很多疑虑，主要是工资福利待遇较低，人力资源政策、制度执行不规范，发展平台较小等，您如何看待这些问题？”

鲁冠球说：“民营企业的发展是大趋势，大学毕业生到民营企业就业和创业是大潮流，他们在这里大有可为。”

鲁冠球介绍说，早在1984年，万向就用付培训费的办法引进了4个大学毕业生，从此，他们每年都会招收几位，而且人是越来越多，层次也越来越高，不仅有本科生，还有许多硕士、博士和博士后。万向这样做是真诚的。因为那时鲁冠球就在企业实践中深切地感受到，企业未来的竞争在知识、在科学技术，关键在人才。1995年，江泽民来万向视察，鲁冠球向江泽民汇报，现在万向平均每年要招收100个大学毕业生，可惜这一计划执行得不尽如人意，他觉得他们在这方面还有许多应该改进、完善、提高的地方。

鲁冠球承认，在民营企业工作，与在国有企业特别是与一些垄断企业相比，与机关公务员、行政事业单位相比，福利待遇等方面的条件相对是低了些。民营企业是发展中的企业，经济力量相对薄弱，世纪之交又连遭金融危机的冲击，企业经营情况更是雪上加霜。但是他想，这种情况一定会改变。随着企业的发展，福利待遇等肯定会水涨船高。

这里，鲁冠球还特别要与大学毕业生朋友说，越是企业在成长期遇到困难的时候，你能与企业同甘共苦、共克时艰，并为企业的振兴发展贡献智慧和力量，就越能显示你的价值，越能赢得企业的青睐和尊重。

同时，鲁冠球认为，企业更应为大学毕业生的发展搭建好平台。待遇留人、感情留人很重要，但“发展”留人更重要。20世纪八九十年代，万向招聘大学毕业生很难。第一次引进的4个大学生，不到一年就走了一个，后来其他三个也走了。这件事促使他不断反思：万向能为他们发展提供多大的平台，如何才能让他们人尽其才……这几年，万向在电动汽车、新能源、现代农业、金融、服务业等方面提前布局，平台大了些，也多了些，相对来说，招聘大学毕业生就容易了些。例如在新能源汽车产业化团队中，研发人员就有300人；从事新能源产业的1000多名员工中，大专学历以上的员工占了50%，不仅有本科毕业生、硕士，更有博士、“海归”、国内外资深专家的加盟。因为这些领域是走在世界前端的大平台，有“搞头”，现在看来成效也很大。有的企业埋怨大学毕业生要求高、难引进，这种情况有，但作为企业，他觉得首先反省的是企业如何提供能让他们施展才华的岗位和提升的空间。

很多人问鲁冠球：“你喜欢什么样的大学毕业生？”他的回答是：“我喜欢能想、肯干的人。”想，凌云壮志，干，脚踏实地。这句话还可以用另一种说法来表达，就是他喜欢既富有激情又踏踏实实的人。激情是一种对待生活和工作的态度，踏实是做人的一种风格和工作作风，从中又可体现能力。激情是对自己岗位和事业的热爱和忠诚，踏实是快乐地工作，亲近自己的事业，因而对工作产生提升、创新的意愿。这样的人必定是爱一行，干一行，在“行行”中争“状元”。

他说，在万向文化中，有这样一条，叫作“一天做一件实事，一月做一件新事，一年做一件大事，一生做一件有意义的事”。在万向，不论任何人、任何岗位，都以“事”、以“作为”评论贡献大小，考核价值如何，而不是其他。实事，指实实在在的事、日常工作；新事，指创新的事，在认识或方法上不同以往；大事，指岗位上的重点工作，能为企业带来良好效益；有意义的事，指不仅是对企业有效，而且要对社会、对人类有意义，这是一个人生活的终身目标。要做到这些，既要“想”，更要“干”。由此可见，“小事”也能成就大事业，平凡的工作是提升自己的必经阶梯。

至于福利待遇，鲁冠球说，万向早已注意到这个问题，并且在逐步改进、提高中。大学毕业生来万向工作，厂区里就有公寓，可以拎包入住。年轻人喜欢的文体活动也有场所可以举办。至于工资奖金，万向更想方设法不断提高。2006年，集团提出“员工收入倍增计划”，就是说要让员工工资奖金早日翻一番，而且是向一线员工、基层员工倾斜。当然这不是平均递增，要以绩效考核。所以只要你干得好，收入的提高是完全可以实现的。万向虽然家大业大，但根基扎实，这在两次金融危机的冲击考验中已得到证明，所以大学生的工作和创业的稳定性得到了保证。

现在大学越办越多，大学毕业生越来越多，这是件大好事，但也遇到了就业的难题。这是个结构性难题。鲁冠球认为，只要经济有发展，教育能改革，我们的年轻朋友观念有所转变，这个难题是能破解的。

最后，鲁冠球说，“风物长宜放眼量”。进入新世纪以来，万向在新能源、新技术等许多领域有大动作，有大规划，吸引人才、吸纳人才是当务之急。万向的大门始终向有志青年敞开着。他说：“大学毕业生们，万向热诚地欢迎你们，真诚地需要你们，这里就是你们大有可为的天地！”

第39章　走出去与拿进来、学回来

问：“万向集团是民营企业中‘走出去’最早、力度很大的民营企业，请问，‘走出去’会对企业产生怎样的影响力和推动力？”

鲁冠球说：“坚持‘走出去’与‘引进来’相结合，融通资源，是万向的重要战略。”

万向早在1978年到1979年间就曾尝试“走出去”了，那是去东南亚。当时国家还没有开放，他们钱也不多。后来，专家根据他们厂生产汽车零配件的这一实际，建议他们去美国。1984年，3万套万向节首次进入美国市场，这也是中国民营企业的产品首次出口美国。

“取胜美国，才能立足全球。”30多年过去了。万向现在在海外有几十家公司，大多数是在美国，其他的在加拿大、英国、德国、墨西哥、巴西、委内瑞拉等国家和地区。

走出去，海阔天空。万向的发展，有一种巨大的牵引力，就是在走出去、引进来中产生的。鲁冠球认为，“走出去”与“引进来”是密不可分的，走出去的过程也是引进来的最好时机。万向的做法是，既要走出去，也要拿进来、学回来。

万向“走出去”，经历了产品走出去、人员走出去、企业和资本走出去等由低到高的逐步发展、不断提高的阶段。

自1984年3万套万向节进入美国市场以来，万向集团每年都有各种汽车零部件销售到世界各地，为许多名牌汽车配套。这是产品走出去。

鲁冠球说：“起初，我们只把它看成是一种买卖，你买我卖，打开销路，赚取外汇。其实不然，产品走出去也能长见识。”

走出去，他们看到了原来世界各地需要这么多的万向节，有这么多型号的万向节，这就是商机。在买卖交易过程中，他们也见识了外商对产品的检测是如此严格，交货的时间是如此精准，销售的网络是如此发达。这对企业产品质量的提高、对企业的经营管理都是一种有力的鞭策和有益的借鉴。长期以来，万向的产品升级、质量保障和对外销售能与国际市场同步、同轨，这不是一日之功，是30多年产品“走出去”锻炼积累的功力。

接着，是人员走出去。百闻不如一见。人员走出去，置身于国际市场之中，感受就更加直观、更加深入、更加细腻。鲁冠球说：“人员走出去，要入境随俗，我们了解了对方国家的法律、法规甚至风俗习惯，结交了朋友，为以后逐步扩大的‘走出去’培养了人才，夯实了基础。”

平时，万向也会组织员工出去学习。这种学习不是走马观花的参观，而是要动脑筋的。比如当他们去参观美国公司时，带领他们的倪频往往会提出一些问题。当万向的经理们参观美国工厂后，倪频就让他们回答三个问题：第一个问题是，我们可以把什么卖给这家工厂？如果我们没有什么可以卖给他们，那么谁有？第二个问题，我们需要这些工厂的什么，在这些工厂中，是否有一家工厂的技术、工程、流程、软件、硬件等值得我们带回中国的工厂？最后，在成本控制和精益生产方面，这些所参观的工厂需做哪些改进？这种练习不仅能够集思广益，还可以产生增值产品和项目，帮助发现以前没有发现的协同领域。

鲁冠球说，在万向人员走出去的同时，他们更注重人才引进来。截至2013年，万向通过各种渠道引进的外国专家已达1000多人次，他们为万向的发展挥洒着汗水，做出了重要贡献，受到了万向员工的广泛赞赏，也得到了政府的褒奖。他们中获得国家“友谊奖”的有2位，获得浙江省“西湖友谊奖”的有10位，在2013年首届杭州“钱江友谊奖”中，万向又有一位外国专家获此殊荣，万向被誉为“国家引进国外智力示范单位”。

然后，是企业走出去，资本走出去。鲁冠球曾有一比：“单是卖产品好比是卖苹果。让企业走出去，走到国外去，那就是在那边种苹果树。”他的办法就是收购那里与万向产业链相关的企业，注入万向的元素，进行产品销售和生产。与单纯的产品走出去相比，这是在外国的土地上，利用外国的资源，做外国人的老板，赚外国人的钱。它的好处是，因为在当地生产，破除了贸易壁垒，规避了诸多“反倾销”之类的风险，能大大缩短产品在所在国的认同时间。因为万向收购企业，同时也收购了它们的品牌、技术，容纳了他们的员工和企业文化。虽然这已是万向的产品，但它的品牌文化依然为当地人们所熟悉，无须“脑筋转弯”。

“当然，我们也不是无所作为。”鲁冠球说。上面就说到要“注入万向元素”，这种“元素”，既有经营管理方面的，也有人文内涵的。应该说，像美国企业，他们的技术确实是先进的，经营管理上也有自己的一套方式方法，但“尺有所短，寸有所长”。美国有些企业之所以遇到困难和挫折，除了金融危机等因素外，自身的经营管理不善也有关系。而“万向元素”就含有背靠中国大市场等资源优势，又含有中华文化特色的管理经营经验和方式。当这些元素注入后，那些企业就开始显露生机。与此同时，万向更注重将他们的技术、专利和市场网络拿进来、学回来，作为提升万向、拓展万向的资源。

从2010年开始，万向加大了对外投资，特别是对美国投资的力度。力度的加大，一方面得益于国家扩大开放、鼓励“走出去”的政策；另一方面，此时国外正处于国际金融危机，不少企业手头较紧，不得已“缩手”了，而万向凭借前几年的实力积累，可以“出手”了！

这是不是“抄底”？鲁冠球认为，“抄底”是捡便宜货。东西好，价格又便宜，这当然好，但许多时候，便宜没有好货。而资本走出去，是要追求效率、效益，取得实际效果的。

企业和资本走出去，万向始终秉承三项原则：一是投资向外，眼睛向内，“外”服从“内”，服务“内”。资本走出去要达到双赢的目的，既要有利于投资的所在国，也要有益于提升我们国家的产业。从万向的实践看，要想进入普遍由外资控制或占主导地位的合资汽车主流市场，进入他们的配套体系，最好的办法是通过收购国外的原配厂家，获取渠道路线。所以对投资项目的选择，万向十分关注它们是否有利于万向和国内技术的发展，是否能满足内需。鲁冠球说：“说实在话，我在投资美国，心里想的是如何提升中国企业。”国家的需要，内需，是最大的也是最具发展潜力的市场。只有内外兼顾，才能双赢；只有内外兼顾，才能放大资本走出去的价值。

二是要看投资的对象是否具有较高的价值，例如是否具有先进的、一流的技术，可以为万向引进和吸收，来提升企业自身，这是万向投资的一个重要目的。

三是要看是否能融入万向的产业链，有利于万向产业链的延伸和提升，这是让投资效果在企业“落地”，是实实在在的投资回报。

这里，鲁冠球举了几个在美国投资或收购的项目，来说明万向是如何贯彻上述“三原则”的：

A123系统公司，美国著名的、世界一流的动力电池制造公司。大家知道，动力电池的研究和开发，是万向新能源产业中最优先考虑的项目，凡是世界上与此有关的先进技术，都会引起万向的兴趣。

菲斯科公司，这是一家著名的美国新能源汽车整车制造公司。A123公司研发的是电池，菲斯科公司生产的是整车，这样整个产业链就相对比较完整了。

史密斯电动车公司，美国著名的纯电动校车制造公司。它生产的校车具有可靠的安全性能，在美国许多地方被采用，同时它在停驶期间还可以发挥储电等多种功能。校车，一度成为国内舆论关注的焦点，校车的发展关系祖国的“花朵”能否健康绽放，而校车行驶的特殊性，决定了它用电驱动、闲时储电是最经济、合理的选择。

BPI公司，是万向与其他投资人共同收购的。BPI公司是美国著名的汽车零配件制造公司，它生产的刹车片质量很高，而汽车的刹车片对生命安全的保护作用不言而喻。

巨点能源公司，拥有世界先进的节水型煤制天然气技术，它将在万向在新疆的硝石钾肥生产基地的资源综合利用中发挥巨大作用。

……

内需、先进、产业链的延伸和提升——这些关键词在万向的资本走出去中得到充分体现，投资的共赢效应也显而易见。

鲁冠球说，现在都在说“回归”，企业家的回归，资金的回归。而资本走出去，把先进技术、先进理念拿进来、学回来，这又是另一种回归，是比资金更宝贵、更具价值的回归。

如果说，产品走出去是实现“点”的突破，人员走出去把“点”连成了“线”，那么，企业走出去、资本走出去则是将“线”拓展成“面”，从而使万向国际化的广度不断增大，速度不断加快，由此开始了“国际化万向”的新阶段。

他说:“应该承认，在制造业中，我们许多方面同发达国家有相当大的差距。以汽车为例，汽车本来就是舶来品。早在19世纪中叶，西方国家就开始制造和使用汽车，而我们中国差不多在半个世纪以后，即1901年才进口了第一辆汽车。再过了半个多世纪，新中国才制造出自己的汽车。虽然后来者居上的事是经常有的，但对西方国家100多年来的经验积累和技术创新，我们是不能小看的。别人的经验是我们的资源，可以转化为我们的财富。现在，新技术层出不穷，信息技术广泛应用，新能源探索方兴未艾，汽车工业正在发生深刻的变革，一种带有革命性的变革。我们没有学到的东西远比我们已经学到的东西多得多。国际化是敞开校门的大学校，我们要做勤奋的小学生。你不能左右国际化的环境，但你可以改变自己的态度；你不能引领国际化的进程，但你可以调整自己的脚步。在国际化中转变思维方式、行为方式，让变化的环境为我们实现既定的奋斗目标服务。”

鲁冠球认为，没有“走出去”，就没有万向的今天；没有国际化的万向，就没有万向的明天。民营企业要发展，要在转型中打造“升级版”，走出去、实行国际化是必由之路。

第40章　烟戒了三十多年，喜欢喝点小酒

问："您工作十分繁忙。那么您是怎样安排业余生活的？有哪些业余爱好？"

鲁冠球说："我最喜欢看书，特别喜欢研究一些经济信息。办公室每天都要为我准备两三万字的最新信息汇总，包括国内外重大事件、政策发布、经济领域的新动向、新发展、新问题等，我都仔细看，有的还作些思考，然后写在上面。我对企业做出的一些决策，相当一部分是来自对这些经济信息特别是对党和国家的重要政策的研读、分析和判断。我订了20多份报刊，中央台的《新闻联播》是我每天必看的节目。"

鲁冠球是个十分恋家的人。不论在国内或者是到国外谈生意，都是谈好了就立即往回赶，从不安排游览、休闲活动。最近几年，交通便利，他又有了车，于是凡是在杭州市区开会，他从不住宾馆，开好会就回家，宁可第二天再一早赶去。与家里人一起吃好晚饭，他就在院子里散散步，抬头看看月亮，阴晴圆缺、云遮云散，他都看，感觉别有一番情趣。然后，他就会坐在家中那间"特设"的办公室里，看白天来不及看的信息汇总，翻阅当天的报纸。鲁冠球对自己有个规定，对重要的文件、信息和重大新闻，不看完就不睡觉。他觉得这样心里很踏实，这个习惯连双休日也如此。

除此之外，他就是在家的庭园里侍弄一些花木。侍弄花木、蔬菜鲁冠球可算是内行。20世纪七八十年代，为了造房子，他种了些花木去换钱，向高手学习了不少技术。

平时，他还喜欢喝些小酒，但严格“自控”，从不过度。有朋友来访，喝些小酒，叙叙友情，还从朋友口中了解许多信息，对他来说是一大快事。

为什么不抽烟呢？许多朋友经常会问鲁冠球这个问题。这里倒是有故事可说说！

年轻时他是个“老烟枪”，十八九岁时就开始抽烟了。20世纪80年代初，流行凤凰牌香烟，他是整箱地买，一天要抽三四包。

有一天，鲁冠球带一帮人去杭州钢铁厂谈业务，向他们要点计划外的钢材。业务谈到一半，只见杭钢的人不断进进出出，好像坐不住的样子。鲁冠球问他们有什么事吗？他们说，没事，继续谈！后来鲁冠球出去上厕所，回来推开会议室，满屋子烟味，真呛人呀！他这才知道是自己带来的那帮人惹的祸！他当即说：“你们都把烟灭了，从现在起，我戒烟！”当时在座的还有杭州钢铁厂的章思明厂长，章厂长乘势用“激将法”来“激”他，说：“老鲁，你能把烟戒了，我给你增加30吨钢材。”跟着一起去的那帮小青年也起哄道：“鲁厂长你能戒烟，我们也戒，我们来个比赛！”鲁冠球说：“一言为定！”

回到厂里，他把凤凰牌香烟翻出来，一包包甚至整条地送给工人。工人们奇怪了，说鲁厂长怎么给我们送烟呢？抽烟是他的最大爱好呀！

如今鲁冠球回忆起刚戒烟那段时间的感受，还说：“真是难受，但我忍着，因为我许诺过。这虽然是小事，但也应该一诺千金！厂里那帮小青年在盯着我呢，他们甚至以团支部名义在青年员工中发了戒烟的倡议。”

不久，鲁冠球去北京参加全国劳模表彰大会，回来时，时任省长薛驹在大华饭店接见他。交谈中，薛驹省长递给了他一支烟，并为他亲自点上。鲁冠球不好推却，但又不敢吸，只好拿在手上让它自燃。后来，薛驹省长又递给他一支，这次他不让点燃了，接过来就放着。听说，事后薛驹省长还对人说："老鲁有什么心事，我看他烟也没心思抽，有机会你们了解一下。"

当时，杭州到萧山宁围乡还没有公交车。夜深了，鲁冠球只好留宿大华饭店。睡梦中，一股香烟味飘来，真香啊！他禁不住吸了一口："呀！我怎么又吸烟了？这可毁了我的诺言呀！"他突然惊醒了，一看原来是薛驹省长递给他的那支烟舍不得丢，正放在他的床头柜上呢！

从此，这个不抽烟的好习惯他一直保持到现在。"其实，一些老习惯要改也不难，就是要有决心！"

鲁冠球说："毕竟，我是老一辈了，业余爱好并不多。每天上午七点我到办公室，晚上六七点钟回家。我的办公室不大，十来个平方米，窗户面对职工宿舍区。工作一段时间我会站起来，看看窗外换换脑。看到职工宿舍区的篮球场上常有年轻人在打球，我真羡慕！我希望我们的年轻人有丰富的业余生活，有很多健康有益的业余爱好。"

第41章 企业交接班水到渠成

问：“民营企业的交接班问题，引起了社会关注、学者热议。您对此有何打算？您是交给家属接班还是交给职业经理人？”

鲁冠球说：“企业负责人要交接班，这是企业发展的需要，也是一种自然规律、社会规律。所以我对这一问题早有考虑，但并不着急，暂时也没有时间表。”

他的想法和做法是：岗位培养，顺其自然，逐渐加压，水到渠成。

他认为，现在的民营企业不少已上规模；而现代企业的经营管理需要丰富的知识，未来企业的掌管者应该接受先进的良好的教育，除了学校教育和各种进修培训，还包括实践的教育。

岗位培养，就是在专业学习的基础上，要在实践岗位上进行多方面锻炼。万向现在规模较大，产业涉及面广，又有制造、金融、贸易、服务、农业等跨领域的多个部门，虽说不能要求他对每个部门、各个产业都有很深的介入，但至少要有较多的了解，能找到感觉。其中有些岗位还得从最基层干起。

顺其自然，是指在岗位培养中发掘其亮点、智慧，保护其锐气，鼓励其创新，顺其“长”而培养其成长。鲁冠球听说有的企业负责人因其孩子不肯接班而纠结，他认为这事要进行具体分析。不搞企业而在其他岗位工作，同样可以为国家做贡献。有的孩子愿意搞企业，但不接父辈的“茬”，你搞制造，我搞IT；你做实体，我做“虚拟”……特别是有的孩子觉得你搞的产品陈旧，方式落后，他要“另搞一套”，更新产品，提升管理，这更要给他鼓励，因为这正是转变经济发展方式的重要推动力。鲁冠球觉得："做父辈的除了要把艰苦创业、诚实守信、实业报国等精神传承给他们外，千万不要为了'接班'而把他们'复制'成又一个'我们'，这样的'复制'，企业不会发展，社会不会进步。"

他说，古人说过，老师不必事事处处都比学生强，学生也不一定都比老师差。现在的"小字辈"或者说"创二代"们，他们文化水平高，视野开阔，见多识广，接受新观念、新事物快，而且也敢想敢闯敢做，好多方面都比老一辈强。因此，鲁冠球自己在工作实践中，也常常向他们请教，向他们学习。比方说，经营乡镇企业他有点经验，但对现代企业制度及企业文化的构建就需要向"小字辈"多多学习；他对制造业的管理还有点"套路"，但对资本运作等当初也不那么熟练，是后来慢慢熟悉的。

鲁冠球认为，从20世纪90年代开始，万向进行了新一轮的改革和制度创新，靠的就是"小字辈"。正是由于"小字辈"的努力，万向现代企业制度的建立和对企业文化的构建要比其他乡镇企业早。其他方面也是如此，如果没有"小字辈"，万向基于实业发展的资本运作就不会那么顺利；没有他们，面向世界，特别是面向美国"走出去"的步伐就不会那么快捷；没有他们，万向在贸易、农业等领域的版图也不会那么广阔；没有他们，万向在各方合作、信息的互动和渠道建设上也不可能那么通畅……有不少朋友疑惑地问过他，万向的"块头"也有点大了，事无巨细，你鲁冠球一个人怎么忙得过来？他的办法是要"抓"也要"放"，许多事要敢于放手让"小字辈"去做，只是在最后决策时他可能会提出决定性的意见。这一点恰巧是在所谓的"交接班"过程中最要紧的。"要做到这一点，关键是我们老一辈人的心态要摆正。"

逐渐加压，是指在培养观察过程中，不断给他压担子，一些事情让"小字辈”出面，一些项目让他去“单挑”，渐渐地，让他去分管一个大部门、大门类。这件事也可先从“小字辈”最喜爱、最擅长的领域入手。

水到渠成，是说民营企业的交接班是一个渐进的过程，不是一纸红头文件就立马交班，更不是一夜“革命”。此前把一些重要部门、重要事项让“小字辈”去牵头，让他去单挑，直至最后负全责，就意味着某些权限的逐步转移，是日积月累、循序而成。民营企业交接班是一件水到渠成的事，不应该让其成为一件“突发性新闻”。

至于问鲁冠球会把企业交给谁，他实话实说，家属中有优秀分子，他首先考虑交给家属，他认为这会大大减少企业成本，避免不必要的折腾。

他说：“中外企业的案例告诉我们，家属继承和职业经理人管理，各有利弊，一切要从实际出发。现在的万向，既有积累了企业管理经验、能掌握全局或各有专长的我的家庭成员，也有一大批热爱万向事业、长期以来与万向共成长的企业高管，更有在新时期加盟万向、掌握着前沿科技的各路英才。他们之间已建立良好的工作默契和深厚的创业情谊。”

鲁冠球觉得，自己的家属已在推动企业发展中挑起了大梁，展露了才能，并且成效显著，让其接班，顺理成章，何乐而不为？他也相信，在其接班后，将以一以贯之的开放包容的心态、海纳百川的胸襟，与各路人才组建起与时俱进、推动企业新发展的强大的创业团队，继承和不断创新万向的各项事业。而他特别感到自信的是，在万向，他们已经建立了这样的机制。

他认为，家属接班与“家族制”有本质不同，关键就在于这个“制”，要看这个制度产生的领导、管理层、重大事项决策层是不是排他性的，是不是家族内部封闭运行，由家族掌管一切、决定一切，最终也仅仅是为家族谋利益。倘是这样，那是与现代企业管理制度格格不入的，必将落伍于时代，并且有可能毁了企业。

第42章　经济危机中靠什么引领复苏

问：“国际金融危机对民营企业造成了巨大的冲击，不少民营企业遭到了重创，但万向沉着面对，从容应战，继续保持了平稳增长，可以让大家分享你们的经验和心得吗？”

鲁冠球说：“1997年亚洲金融危机的时候，由于金融体系的封闭，中国躲过了某些灾难。2008年这次却不同，各国之间的政治经济紧密交织，国家之间相互影响，上下游企业彼此牵绊，百年老店轰然倒塌，优质企业忽然变脸等现象迭现。虽然中国设了好多个隔离带，但隔离不能隔绝。因为，中国经济是开放的，市场是国际化的，在全球系统性的危机面前，中国不可能独善其身。”

但是，这并不可怕，更不用悲观。他说：“经济永远都是在成长、衰退和危机之间循环往复的，从乐观的高峰跌到失望的谷底，又在某种契机下东山再起。这样的循环，我们经历过多次了，只是这次危机严重一些，达到了空前的程度，但不会是绝后的。因为，危机是经济不适当的高速增长的必然结果，又是下一轮调整增长的必然过程，是不可抗拒的规律。”

他说：“我们搞企业的，不能只埋头搞产品，还要时时抬头看形势，国际的、国内的，宏观的、微观的，都要关注，要时时有一种如履薄冰、如临深渊的感觉和准备。”按他的经验，产品热销、大销，连用个“小铁镐”都能掘出一大桶金的时候，就要当心了。产品热，经营者的头脑不能热。说不定正是此时，国内要整顿调整了，国外要反倾销甚至隐伏着危机了！

当然，形势也不是那么能看清的。他说：“看不清不要紧，你看不清，许多人也看不清。但是，自己一定要看清自己。特别是在赚钱太容易、做什么都赚钱的时候，就很容易偏离了自己的核心业务，分散了自己的核心竞争力。”现在经济下行了，赚钱困难了，怎么办？鲁冠球认为，无非就是两条路，一是保眼前利益，二是谋长远发展。

怎么保眼前利益？他说，回归核心业务，挖掘核心业务内最强大、最与众不同的优势，实现利润的持续增长，这是企业应对风险最传统，也是最有效的办法。同时，顺应趋势，凝聚核心竞争力，以企业战略目标为依托，发挥创造力，布局长远发展。眼前和长远两者既相互矛盾又互为因果，不同的外部环境或者企业不同的发展阶段，要有不同的侧重。

深耕核心业务、确保眼前增长的关键，是如何认清自己的核心业务。按鲁冠球的理解，核心业务不是一只产品、一项技术，而是一种系统能力。简单地说，就是同样的资源要素通过你的组合，可以产生比别人更大的价值。

他说：“当金融危机到来时，我们许多企业的日子一下就难过了。主要问题是产能过剩，出口和内部消费不足，但这是个结构性的问题。举一个简单的例子，过去我们出国带着方便面去，买电视机等家用电器回来。现在我们出国没有人再带方便面了，也不买电视机了。买回来的是什么呢？化妆品、奶粉，甚至是牙签等生活用品。为什么？因为我们有钱了，不仅是‘大件’要用好的了，连日用品都要用比较高档的了。所以不是消费能力不足，而是产能结构与消费结构严重不平衡。低端产品过剩，没人买；高端产品缺乏，做不出。结果，先是代工企业倒闭，微利企业倒闭，民营企业出问题，后来，甚至是国有企业、央企的日子也不好过了。这样的‘严冬’可能会持续较长的时间。”

怎么办？鲁冠球的想法是，首先是静下心来，修正自己在高速增长时跑偏的方向，重新定位自己的核心业务。然后，把各种资源集中起来，对核心中的核心进行再投资，牢牢确立自己的龙头地位，挖掘潜能，实现再增长。

以万向为例，汽车零部件是核心业务，40多年来，他们围绕这个核心，一步一个脚印，十年一个台阶。从传统汽车的零部件到部件到系统模块，主导产品国内占有率为60%～70%，国际占有率为12%，成了中国名牌、世界名牌，确立了行业龙头地位。2008年的时候，国际市场不好，国内市场很好；后来是国内市场不好，国际市场很好，这种循环交替是常有的事。由于万向是内外互补，实现了40年间年均25.89%的增长。延伸这个核心，作为行业转型升级的一个“节点”，他们投资清洁能源，从电池、电机、电控到电动汽车，现在，万向拥有世界上最先进的锂电池生产设备，是国内掌握了三大关键技术的领先企业之一。2013年年初，万向收购了美国A123公司，后来又收购了菲斯科公司。这两件事反响很大，美、英、德、法等国家的主流媒体都发了消息，强调：万向的投资是中国进军清洁能源战略的一部分。

转型升级是企业永恒的主题。转型升级要主动，这就要居安思危。在鲁冠球看来，经济形势好的时候或许是转型升级的最好时机。因为经济形势好的时候，企业盈利能力强，财力、人力，以及对失败的承受力都强，相对来说转型升级会容易些；经济形势不好的时候，企业生存都难，转型升级就更难了。

万向从1999年开始做转型升级准备到现在，产业结构调整已基本到位。主要特征是抓住时机，把一些在非主流市场销售的产品提升到主流市场的畅销产品，作为配件成为名牌汽车的抢手货。与此同时，在创新上坚持不松手。到2012年，万向搞电动汽车已经12年了，包括北京奥运会、上海世博会、广州亚运会他们都有供货，并且受到党中央、国务院的表彰，国家发改委、科技部、省、市、区各级政府都积极支持他们。这10多年来，万向累计已投入50多亿元了，但还没有赚过钱。能够坚持下来，是因为他们对这个产业的信念和对自己实力的信心，最重要的是对转型升级的布局和对社会责任的承担。现在万向在国际趋势、国家政策支持、延伸自身优势这三个条件下，又确定了发展清洁能源和农业两个战略目标，这两个目标，未来都是会赚大钱的。

坚持国际化道路，是布局长远发展的重要一招。国际金融危机发生以来，有人对国际化道路产生怀疑，甚至动摇。鲁冠球的感觉正好相反。他觉得，现在是中国企业国际化发展的最佳时机，中国企业真正的国际化挑战在未来10年，真正的国际竞争优势形成也在未来10年。也就是说，10年以后，中国一定会有一批企业进入世界优秀企业的行列；在世界最受尊敬的公司排行榜上，也一定会有更多的中国公司。当然，前提是企业现在就要根据国内外比较优势的变化，调整国际化战略，做好全面布局。

以万向为例，在中国改革开放的大背景下，万向“走出去”，在美国、德国、英国、巴西等国家建立了涵盖汽车零部件制造、资源开发、远洋捕捞等领域的多家公司。即使在金融危机的大形势下，他们的国际化步伐也没有停止，特别是与美国等发达国家的优秀企业继续并且深度地开展灵活的合作，形成了股权、技术、设备、市场等多点位、多层次的融合。

鲁冠球清楚，从2008年起到2012年，金融危机袭来已长达5年。全球经济、中国经济什么时候复苏谁也说不准，但是，靠什么引领复苏已经形成共识，那就是科技创新。比如美国的页岩气革命，就是一个典型的技术革命对社会发展产生重大影响的案例。由于页岩气的开采，美国从液化天然气的进口国转变为出口国，页岩气革命还改变了世界能源的前景。现在美国制造业正在强势回归，他们很有可能就是下一轮科技创新的引领者。

他说：“其实，我们思考的重点不是经济什么时候好转，而是新一轮经济起飞的时候，我们靠什么跟上去。当年日本和亚洲四小龙利用发达国家的产业转移，维持了近40年的快速增长。万向就是要在中国将坚持并深化改革开放的大政策、大背景下，通过各种渠道与美国等发达国家进行合作交流，缩小与世界先进技术、管理、商业战略等方面的差距，跟上世界新的科技革命和产业革命的步伐，实现自身的快速增长。”

鲁冠球深有感触地说：“过去，我们总怕‘企业办社会’。现在我倒越来越感到，一切关乎企业前途命运的问题都与社会责任息息相关。企业危机，往往是因为忽视社会责任而起；企业兴盛，常常得益于对社会目标的推进。也就是说，企业承担社会责任已经从一种美德变成为一种必须。”

他认为，企业承担社会责任，不仅体现在为社会公益事业出了多少力、捐了多少钱，更体现在企业经营者尊重商业原则获得的持续盈利能力和发展实力上，把企业的经营目标和国家需要衔接在一起，就能实现企业发展与社会进步的良好互动。万向投资清洁能源，投资现代农业，正是为了适应国家的需要，为国家发展出力，这既是企业理想，又是企业担当。

在鲁冠球看来，企业家的首要责任是一心一意把企业办好。现在的企业规模小的有几十、几百员工，规模大的有几千、上万人。企业的兴衰不只是企业家个人的事，而是涉及几百、几千、几万名员工及其家庭的利益，关系到社会的稳定和发展，这是企业经营者时时要考虑的大事！财富从社会中来，必然要回到社会中去。经济的稳定增长、社会的协调进步、企业的良性发展，越来越呈现出一种互为依存的关系。企业是财富的创造者，不是掠夺者；更高的利润率只有与更强的道德意识紧密结合，才能赢得更持久的未来。

说一千道一万，面对危机、困难、挫折，作为企业经营者，自己首先要树立信心。还是那句老话，怨天尤人没有出路，消极悲观走向死路。今天的世界，比以往任何时候都更加密切地关注着中国；今天的中国，比以往任何时候都更加迫切地需要企业的发展；今天的企业，比以往任何时候都更加拥有国际化发展的独特优势。乘势而上，在世界经济的复苏中，一定会有更多的中国企业崛起。

第43章　积小梦想为大梦想，融入中国梦

问：“你经常会提到梦想。你的梦想是什么？它对你起着什么作用？”

鲁冠球说：“梦想是一盏灯，它照亮我眼前的一切，更引导我往前走，去看看比我现在更美好的风景，激励我去实现我的追求。”

他说：“岁月会磨去人的许多记忆。我办企业这么多年了，日常事务也越来越多，过去的许多事忘了，许多事不去想了，也没有时间去想了。但心中怀揣的梦想我从来没忘，特别是那些至今尚未实现但我仍在不懈追求的梦想，更是不敢忘记。”

鲁冠球最初的梦想是进城去当工人。严格地说，这算不上梦想，只不过是一个小小的愿望，但它对他十分重要。倒不是要“工人”这个名分，他相中的是工人每个月能发工资，虽然不过十来元钱，但能让他温饱，每个月还能贴补些家用。而那时的农民，在夏、秋收获时还能有粮吃，春荒时就只能半饥半饱了。至于买些日用品的钱，更是要掐了又掐。

城里进不去，他和伙伴们一起办了个铁匠铺，自己让自己当了工人，日子果然好过多了，引来不少人的羡慕。

想想自己走过的路，再看看他的乡亲，鲁冠球有了第二个梦想，把由原先的铁匠铺发展起来的农机修理厂做大，让更多的乡亲在本地当工人。

他拼命跑原材料，跑销售，还去了解其他产品的市场情况。到后来，环境越来越好，他们的小厂也渐渐扩大了，乡亲们到厂里做工的人也越来越多，这个梦想的实现也开了个好头。

党的十一届三中全会后，国家制定了许多好政策，鲁冠球切身感受到，是时代、是党的好政策改变了企业和他个人的命运。他怀着“知恩必报”的心情，总想着为国家做点事——这是他的又一个新的梦想。

所以，听到进口汽车的万向节没人做，他就想方设法去做，即使是微利，即使是亏本也做；听到国家号召要创汇，他抓住时机把产品销到国外去，赚外国人的钱……

渐渐地，这个梦想成了他的自觉行动，成了他们企业发展的战略规划——这就是从万向的实际出发，顺应国家的需要去发展企业。

鲁冠球说，他们的企业叫“万向”，但只有时时牢记“国家需要，为国效劳”这一“点”，“万向”才有“方向”。

基于这一点，万向耗巨资研发新能源电池、电动汽车；他们实践“以工补农”，投巨资开拓农业版图……

在鲁冠球的创业过程中，总有梦想相伴。他觉得，人一定要有梦想。开始时，梦想可能小一点，有人以为这是卑微的，其实不然。

为自己能生活得好一些，为家庭创造一个好的生活，是许多人梦想的开始，当初鲁冠球也如此。这是很现实的，因为大家都是平常人，是凡人。一要生存，二要发展，只有生存了，才能有发展。创业之初，有这样的梦想，并不低俗，更不用为此感到羞愧。

但他觉得，梦想要提高，要升华。当自己有了好生活，家庭美满了，我们就该想想周围的人，特别想想还在贫困线上挣扎的人，想想自己能为他们做些什么，伸出援手帮助他们也能实现自己基本的梦想。

当然，这里讨论的梦想，是美好人性的梦想。那些瞎想、胡思乱想、歪想、邪想不在此列。

我们现在所处的时代，是人人可以自由拥有美好梦想的时代，是经过努力可以实现自己美好梦想的时代。怎么去实现？鲁冠球说，一要看清，二要想通，三要实践，四要坚持。

看清——天上不会掉下馅饼，地上没有免费午餐。播种才有收获，付出才有回报。幸福美好的生活是要靠自己的双手创造的！想通——怨天尤人没有出路，消极悲观走向死路。世上没有救世主，唯有自己才能救自己。与困难狭路相逢，勇敢地面对它、战胜它！看清了、想通了，就坚决地去实践——实践就是劳动，就是创造性的工作，并且全身心地投入。坚持——百折不挠，永不自满。开始是为自己坚持，到后来要为更多的责任而坚持。坚持下来，既成就了自己，又使他人和国家、社会受益。总之，要实在，不要空想；要拼搏，准备付出经受挫折、失败的代价；要有恒心。人有恒，万事成；人无恒，万事空。

有人问：“那么，你现在的梦想是什么呢？”

鲁冠球说，首先，还是要把企业做强做大。或许，与那些位列世界500强前列的企业巨头相比，万向与它们还有相当大的差距，还需要付出巨大的努力。但有一点要尽快做到，那就是万向要做一家在全世界能广受尊敬、有高度责任感的企业，造福企业员工，造福社会。

企业是基石，依靠企业的收入，他打算继续扩大慈善事业。现在万向在做“四个一万”的项目，达到这个目标，每年要投入1亿多元，以后或许还要做“四个二万”“四个三万”或更大的慈善项目。

他还要持续不断地扩大对农业的投入，创新“以工补农”的路径。他说过，最难忘的是他的农民兄弟，“四个一万”项目中绝大部分也涉及农村、农民。

要实现这些梦想，必须有强大的实力，这也是鲁冠球使尽全力要把企业做大做强的终极目的。

做强企业，做好慈善，为农民谋利益——这就是他前面所说的“至今尚未实现但我仍在不懈追求”的三大梦想。其他的任何诱惑，都取代不了这三大梦想。

梦想的最高境界，是把个人的梦想，融入中国梦之中。

“到2020年，当我们全面建成小康社会时，全中国人民无论在城市还是在乡村，无论是在平原还是在山区，无论是在东部发达地区还是在西部边疆，无论你有健康的体魄还是身患残疾……都齐刷刷地迈进小康，快乐地分享着小康的幸福成果。”

这就是鲁冠球现在的梦想。

·｜附 录｜·

用好业余时间

鲁冠球

人们对业余时间的利用，有一种习惯心理或习惯行为。这种习惯心理或习惯行为不可小瞧。几十年的工作经历告诉我，业余时间的利用，业余时间价值的发挥，对一个人事业的成功至关重要。

大家常说，人最宝贵的是生命。我认为，生命最宝贵的是时间。因为生命是由时间构成的，是一分钟一分钟积累起来的。每人每天，无论职位高低、相貌丑俊、收入多寡，都同样拥有24小时。24小时中，1／3的时间工作、1／3的时间休息，大家差异都不是很大。但是，另外1／3的时间的利用和支配，差异就大了。我每天早晨6点起床，6点50分到公司上班，晚上6点45分回家吃饭，7点看《新闻联播》《焦点访谈》，8点处理白天没有处理完的文件，9点左右开始看书看报看资料。大约到10点半感到疲倦的时候，我冲个澡再继续学习，到12点上床休息。天天如此。可以说，我的业余时间，全部用于学习和工作。这几十年业余时间的学习和积累，成全了我8小时内无法完成的思考和提高。我也曾用心培养过很多人，在相同的条件和环境下，有的人很快就派上用场了，而有的人则迟迟派不上用场。我常常在想，这是为什么？通过多方面的观察，我发现他们最大的差异是对业余时间的利用不同。有的人把业余时间当作最有效的学习和工作时间，因为业余时间和工作时间长短相当，并且，外界干扰少，人的精力相对集中。在这段时间里，他们夜以继日地读书钻研；而有的人则认为业余时间就是要好好地享受现代生活，卡拉OK、打牌、玩保龄球、洗桑拿，似乎也忙得不亦乐乎。他们认为读书是文化人和在校学生的事，自己是经济人，只要懂经济就行了。岂不知，经济形势是飞速发展的，你懂的经济，转眼就会成为过去；如果不继续学习，现在的和将来的经济你肯定不懂。

有人说，现在是知识经济，不是“革命加拼命”的时代了，不会休闲的人就不会工作。我看过一篇题目为“不眠的硅谷”的文章，文章这样描写硅谷人：在阳光灿烂的日子里，你很难看到有人在外面闲逛；也很难看到有人在午夜之前上床睡觉。这些人坚守“睡着了，你就会失败”的信条，喝着大杯的咖啡在电脑前一直工作到凌晨四五点钟，有时甚至到6点，而不是舒舒服服地躺在床上。硅谷人作为当今世界上最先进科技的发明者和应用者，他们视睡眠为一种奢侈。他们说，如果你离开这条高速公路，哪怕一秒你也会失去机会，也会有人抢先得到专利、升职、项目、资金和市场份额。硅谷人尚且有如此强烈的生存危机和发展危机，我们有什么理由让生命的另外1／3时间白白流逝呢？记得1995年5月15日，江泽民来万向集团视察时，特意把集团年轻的管理者鲁伟鼎叫到身边，握着他的手说：“年轻人要珍惜时间，好好学习，多读书，我每天晚上还要学习到12点以后。”

载于《人民日报》1999年8月21日第6版

·|后记一|·

讲一个完整而新鲜的万向故事

周荣新

《万向重心——鲁冠球和他的中国梦》的出版，是我人生的一桩大心愿。

作为《浙江日报》的记者，从1983年8月第一次采访鲁冠球算起，我与鲁冠球的交往已整整30年。每年我去万向集团至少10次以上。20世纪90年代初，为了采写《鲁冠球笑谈猴子与老虎》一文，一个月内我去了万向5次，其中与鲁冠球就谈了3次。后来，这篇反映国有企业改革和民营企业发展辩证关系的报道被广泛转载，还获得中国新闻奖二等奖。当然，并不是每次我去万向集团都是为了写稿，更多的是了解情况、积累资料。但凡有些空闲时间，鲁冠球都会与我交谈，谈国内外的经济趋势，谈万向的改革举措，海阔天空，畅所欲言。正因为如此，我对万向的创业、创新的历程有较多较深的了解。

与鲁冠球交谈是一种享受。访谈开始，他会很沉静，反而会问你有什么新信息。不久，他便渐入佳境，切入正题。谈到兴奋处，他的声音就高亢起来，妙语连珠。他不仅讲理论，更会讲故事，把他的理念融于故事中。有时候，我听得入迷，竟然会忘了记笔记。不过这不要紧，我只要记下几个关键词，核实一下数字，至于故事，它早已深深烙入我的脑海，因为他讲得实在是太生动了，听过是不会忘记的。

为他写一本书是我早已有的心愿，但总被他婉拒。他说，他的那些事不值得写。

退休后，我立志要完成这一心愿。有一天，我邀了著名财经作家吴晓波一起去万向，要他帮我“压阵”。吴晓波是鲁冠球、鲁伟鼎的好朋友，万向的创业经历，是他研究的一个重要案例。

我们说，老鲁呀，从1969年算起，你创业有40来年了，有些事不妨回顾、总结一下。

老鲁一听，一口回绝说：“万向还不大，也不强，我搞的这些，都是‘小儿科’，不用写，不用写。”

我们说：“你的经营管理那一套，就很有创意，很值得别人借鉴。”

他说：“经营管理有内部规律，是一门学问很深的学科，但我认为，它更是一门艺术，许多是各人根据各自的实际情况‘眯（想）’出来的。办企业成功的路有千条万条，我走的路让人家来走，不一定对路。”

我们说，时间久了，许多事不记下来，要忘记了。

他竟然说：“忘记了好，忘记了好！我现在想的是现在和将来。一个人就一个脑袋，一个脑袋就这么大，脑细胞就这么多，想过去的事多了，想现在、想将来的脑细胞就不够用了。”

结果，可想而知。

后来，我从侧面了解到，他的工作实在太忙了，一年365天，他天天在忙。每天从早晨7点忙到下午6点，晚餐后，看过《新闻联播》，他又会在家庭办公室里忙着看下属为他专门整理的各类信息，阅读当天的报纸。他不可能正襟危坐在沙发上再给你讲“过去的事情”。不少事他对来访者已讲过多次，或许“复述”的疲劳比“审美疲劳”更难受。

这时候，我的一个想法产生了。我请万向集团负责宣传工作的莫晓平总经理安排一下，我想与老鲁聊聊，只要半小时。

见到鲁冠球，我说：“老鲁，我跟踪采访万向有30年了，向报纸读者讲了不少万向的故事，但都是碎片，没有讲过一个完整的故事。你和万向集团有许多精彩的故事，故事里有许多动人的细节，我还没有机会讲，有的当时还不能讲。全国各类媒体报道万向已多达数百万字，但迄今为止还没有人讲过一个完整的万向故事。而讲一个万向40多年来不懈奋斗的完整故事，讲一个新鲜的鲜为人知的万向故事，是我的一个大心愿，也是不少读者的期待。据我了解，这也是许多专家、学者的一个期待。”

我说：“写这个故事，我不会过多打扰你的工作。

“倘若人家来写，可能要请你从头至尾讲一遍，但我不会。因为这30年间，我对你访谈过至少有100多次了，你讲的许多话、许多故事，都在我的采访本上，在我的脑海里。

“同时，万向的档案工作相当完整、细致。许多重大改革的过程，你的内部讲话，都在那边留存着。有些事我的记忆不清楚，我可以查档案，找莫晓平等长期在你身边工作的同事核实。

“当然，有些重大的事、重要的理念，还是要请你谈谈……”

当即，我拿出写作提纲讲了一遍，还把要写在书前面的一段引白读了起来……

这些话，我必须在10分钟内讲完，如果这10分钟内不能打动他，那就难办了！

幸运的是，鲁冠球有点兴趣了，他还向在座的年轻人讲了为什么“只盼年关有猪头”，以及过年送猪头的含义。

他说，那试试看吧，不过不要急，一定要写得准确。

“准许证”领到了！

我迅速行动。也许蓄积得太久了，记忆的闸门一旦打开，往事奔涌而出！当然，我不可能把所有的事都写上去，我要挑挑拣拣。我尽力去挑老鲁跟我讲过的许多有生动细节的故事，特别是幕后的、鲜为人知的故事，以增强可读性；我尽力拣新近发生的许多富有时代特色的大事，例如2008年的金融危机、2012年至2014年万向收购著名的美国A123公司和菲斯科公司这样轰动国际市场的大事，从时间上拉近心理距离。我努力去“接地气”，特别是年轻人；人们称鲁冠球不仅是民营企业的常青树，还是中国农民创业的“教父”，所以增加了许多“农”的篇幅。但他又是闯荡世界市场而且广受尊敬的“国际范”的现代企业家，他在国际市场风生水起的一桩一桩大手笔，早已引起人们的兴趣……

“这是一位早年的农民工与当今农民工的全心沟通，这是一位自学成才、纵横国内外市场的博士与莘莘学子的真诚互动，这是一位以‘农’为荣的成功创业者对农民的深情牵挂，这是一位常青企业家与‘创二代’的坦诚交流。”——这是我整理的“基调”。

但也有遗憾。当我在梳理材料时，发现在我掌握的素材中，少了一位重量级人物的身影，他就是鲁冠球的爱子鲁伟鼎。在我的整理过程中，曾为我提供宝贵意见的莫晓平也多次指出这是一个薄弱点，十分可惜。

作为万向集团总裁的鲁伟鼎，在万向事业的开拓发展中，充分展现了他的魄力和智慧，在企业改制、转型升级、资本运作、新能源产业的研发等各方面做出了巨大贡献。他是个工作狂，工作起来经常通宵达旦；但他为人低调，很少在公众场合露面。即使像我这样经常出入万向的人，也很难碰到他。有时碰到他，他会热情地向我问好，但当我提出采访的议题时，他总会说，这事主席最清楚，请您去问他好吗？鲁冠球是万向集团董事局主席，而万向集团总裁鲁伟鼎在公众场合就这样称呼父亲。我也曾向老鲁问过伟鼎的情况，老鲁只是含蓄地赞赏几句，真所谓爱之愈深，要求愈严。既然如此，作为访谈的整理者，我只能真实记录。不过，在本书的“互动”篇章中有所涉及。读了，你懂的！

整理工作进行了10个月，我将已经多次修改的书稿送给鲁冠球。老鲁对这件事十分重视，尽管他工作繁忙，来不及审读，他还是把书稿请高管们看，请年轻人看，要他们把读后的意见和建议汇总到莫晓平处，请莫晓平修改校正。

虽然整理的时间并不太久，但我对此书的采写实际长达30年。作为整理者，我竭尽全力，希望能准确地再现万向的创业历程，能正确地传达出鲁冠球的治厂理念，而且在讲述语气上尽可能地保留他的气韵——老鲁讲话很有特点：语句精短，有时候还有节奏感。但有些情节毕竟是过了十几年、二十几年的往事；有些话，我有清晰的记忆，还有文字的速记，但到今天能否精确地“拷贝”呢？尽管我写出初稿后又反复进行了核对，但肯定还存在许多缺陷或叙述的不当之处。特别是在重大事件上，对鲁冠球内心感受的体会远不够到位，因而在叙述中存在相当距离，甚至可能出错。对此，我要特别说明，倘若在行文中出现这种情况，应由我负全责。

在整理这本书的过程中，我得到了强大的助力：

万向集团的莫晓平、周菁和田欢等同志给了我很多帮助，他们为我搜集材料，一次又一次校阅文稿。特别是莫晓平同志，他是万向集团对外宣传的总负责人。1980年，在万向向全县招聘人才时，他以高分和一手好书法考入当年的萧山万向节厂，30多年了，他一直在鲁冠球身边工作，是万向发展最直接、最深切的见证者。他为我提供了许多原始材料，协调各方，解决我整理过程中的难题。而鲁冠球将“把关”重任交给了他，使他备感压力。他为这本书耗费了大量心血。

浙报集团的领导和我的同事十分关心这本书的写作，他们经常给我鼓励，并表示愿意成为这本书的“第一读者”。

当我确定要写作这本书时，红旗出版社就介入了。鲁强、徐澜、竺大文、陈桔、庞茹等同志给我出了很多好点子，不时地关心整理的进程。

我的好朋友吴晓波在百忙中阅读了这本书的初稿，为书写了序言，屈波同志精心地对全书进行了编辑。

在此，我向他们表示最诚挚的谢意！

鲁冠球，这位“从田野走向世界，又从世界回归田野”、在田野与世界之间“穿越”的著名企业家，在世界市场上努力拓疆，又在田野上勤奋耕耘；而万向集团，改革、开放的路子越来越宽广，发展的步伐越迈越大。相信在未来，万向将继续开拓进取，为建成受世界尊敬的百年企业而不懈奋斗！

2014年6月

· | 后记二 | ·

我的父亲

周　菁

这天下午，我接到了红旗出版社徐澜总编辑的电话，约我第二天去她这里讨论书稿的事。犹豫再三，我还是在晚饭的时候和母亲说了这事，慢慢地，母亲放下了手中的碗筷，眼眶红了，我知道，母亲又在思念父亲了……

这本书是我父亲在生命最后几年，拼尽全力创作的心血结晶，我和母亲视之若珍宝，仿佛父亲再生。

从我有记忆的时候起，父亲就是那种生来拿笔杆的才子。

父亲还在读大学的时候，就在浙江日报《钱塘江》副刊上发表了他的微型小说《一张毕业照》。进入浙江日报社参加工作之后，他作品无数，也获奖无数。写稿子对他而言，已不只是工作那么简单，即便是在退休之后，他仍旧每日摇着笔杆，不知疲倦。我常常问他，你怎么不学学别人，搞点业余种花打牌的爱好，放松一下？他笑而不语。现在想来，他的爱好与职业，已经融为一体。

父亲曾参与过浙江省许多重大新闻报道，他最引以为傲的，就是早年对步鑫生、鲁冠球、冯根生等改革先锋人物的深度报道——1983年采访鲁冠球初创业的两位浙江日报记者之一的便是他，并在之后与这几位企业家成为至交。

为万向，为鲁冠球写一本书是父亲多年以来的心愿。然而，当他正式动笔后没多久，2012年年初，一场大病使他不得不放下了手中的笔。住院、各种检查、手术、艰难的术后恢复、化疗……经过了大半年的努力，父亲的病情终于逐渐趋于稳定，母亲和我才稍稍放松了紧绷的神经。

一天，我刚来到病房，父亲就对我说："跟你商量件事，我已经和你妈妈商量过了，我现在精神好些了，每天的治疗就是打针、挂盐水，也没别的事情了，我打算继续写书。你明天多带点纸笔来，记得把我那些材料都带来！"我担心写书太辛苦费神，会影响他身体的恢复，而父亲却说："做这个我不累！"这哪里是在和我商量啊！

于是，在病房里，靠在病床上，父亲又开始了"爬格子"的日子。每天，除了看完我带去的一大堆报纸，打完针、挂完盐水后，父亲便捧着一叠稿纸，奋笔疾书。浙医一院老年病房的医生和护士也知道了周老在写书。要真心感谢这些白衣天使，体贴的护士们每天都尽量早一点给他挂上盐水，好让他尽快解放双手，安心写作。父亲的好朋友沈宝龙、俞彩英夫妇每日变着花样送来好吃的饭菜为父亲补身子。母亲则一直守在医院里日夜照顾父亲，渐渐地累弯了腰。

父亲写好的初稿，由我帮他录入电脑，然后再定期打印出来，供他修改。父亲说过，这本书是写给今天的年轻人看的。所以他有时会问我："你觉得怎样？现在的年轻人会爱看吗？"我说，多写一些有意思的小故事，比如江边连夜修车差点被潮水淹，比如当年禁止外国人过钱塘江的事，这些事现在的年轻人不一定知道，肯定喜欢看。他听了很开心。

当初稿收尾时，正赶上万向完成了对美国A123公司的收购。父亲兴致勃勃地抱病赶往宁围的万向总部与老友鲁冠球详谈，了解收购细节，询问未来计划。不久之后，父亲又开始着手在书中添上万向收购菲斯科这一大事。看到万向连连书写的大手笔，父亲由衷地佩服和高兴。

父亲的治疗一直在持续，治疗的过程是紧张而痛苦的。但我深切地感受到，写作的时候，父亲则是兴奋的，开心的，充满活力的。几经修改，书稿初成，他提笔写下了本书的《后记》，满心期待着正式出版这一天的来临。然而，病魔还是抢先一步带走了他，终未能让他亲眼看到这一刻，这成了永远无法挽回的遗憾！

母亲如今经常感叹，“要是你爸爸还在该多好……”是啊，如果父亲还在，母亲会烧好多父亲爱吃的菜，一家人开心地坐在一起吃饭；如果父亲还在，他会欣喜地发现，鲁主席多年以来坚持投入的新能源汽车已经不是当年的冷门，而是当下最热的产业之一；如果父亲还在，他会看到在美国的菲斯科公司停产许久的卡玛轿车经过升级之后重新面市，甚至我们家小区门口的公交线路也用上了万向生产的电动大巴车；如果父亲还在，他必定会亲笔添上万向的最新发展！但是，时间定格在2014年10月20日，他永远地离我们而去……

如今，这本书出版在即，距离父亲搁笔此书已过去了三年，事实上，那年9月父亲接受最后治疗的时候，他已经无力提笔整理文字。但是，我始终认为自己既无能力，也从内心深处不愿对父亲的作品做大的改动，因此，本书的内容就截止于2014年9月。

我要感谢万向集团的莫晓平总经理和红旗出版社的各位编辑们，是他们一直鼓励我继续整理父亲留下的书稿，努力完成父亲最后的心愿，以告慰父亲在天之灵。尤其是莫总，他工作十分繁忙，但仍认真仔细地数次审阅此书，并帮助收集需要补充的资料和照片，他为此书付出了大量精力。在出版方面，我是个门外汉，徐澜总编辑给了我很多用心的指导，也为此书提出不少建议，感谢她一直以来对我的关怀、理解和信任。我还要感谢本书的责任编辑陈桔、周婷婷，美编戴影，为此书做了大量细致繁杂的编校设计和改稿工作。需要致谢的名单很长：父亲的好友吴晓波先生为本书写了序，作家屈波先生对全书提纲做了编排，鲁强、竺大文、庞茹等先后参与了本书的策划，万向集团的田欢、王燕帮忙搜集了资料，傅通先叔叔在出版过程中给了我一些指点……对于大家的付出，我唯有给予诚挚的感谢！

明年是改革开放40周年，万向走过了48载，正值壮年。万向正如父亲所预想的那样继续开拓进取、与时俱进，不断超越自我。如今万向有一个新的目标——十年，2000亿元，一个万向创新聚能城。若父亲在天有知，想来也是会开心的！

2017年9月

图书在版编目(CIP)数据

万向重心：鲁冠球和他的中国梦 / 周荣新著.
—北京：红旗出版社，2017.11
ISBN 978-7-5051-4325-8

Ⅰ.①万… Ⅱ.①周… Ⅲ.①鲁冠球—生平事迹
Ⅳ.①K825.38

中国版本图书馆CIP数据核字(2017)第252734号

书　　名　万向重心：鲁冠球和他的中国梦
作　　者　周荣新

出 品 人	高海浩	特邀编审	周　菁　屈　波　希　言
总 监 制	蒋国兴	责任校对	王　荧
总 策 划	李仁国　徐　澜	责任印务	金　硕
责任编辑	陈　桔　周婷婷	封面设计	戴　影

出版发行　红旗出版社
地　　址　(南方中心)杭州市体育场路 178 号
邮　　编　310039　　编 辑 部　0571-85310271
E-mail　672329804@qq.com　　发 行 部　(北京)010-57270296
(杭州)0571-85311330
欢迎项目合作　项目电话　(北京)010-57274627
(杭州)0571-85310806
图文排版　杭州美虹电脑设计有限公司
印　　刷　杭州长命印刷有限公司

开　　本　710 毫米×1000 毫米　1/16
字　　数　307 千字　　印　　张　18.5　　彩　　插　1
版　　次　2017 年11月北京第1 版　2017 年11月杭州第1 次印刷

书　　号　ISBN 978-7-5051-4325-8　　定　　价　58.00 元